マニラの都市底辺層
変容する労働と貧困

青木秀男 著

大学教育出版

マニラの都市底辺層
——変容する労働と貧困——

目　次

序　章　経緯と構成 …………………………………………… *1*

第 *1* 章　**都市の変容** ………………………………………… *7*
　1.　視座の転換　*8*
　2.　概念枠組み　*12*
　3.　グローバル都市マニラ　*17*

第 *2* 章　**労働と運動** ………………………………………… *29*
　1.　労働の趨勢　*30*
　2.　労働のインフォーマル化　*37*
　3.　新労務の実態　*42*
　4.　新貧困の実態　*45*
　5.　運動と政治　*48*

第 *3* 章　**労働の実態** ………………………………………… *63*
　1.　建設労働者　*64*
　2.　工場労働者　*68*
　　2.1.　A 工場　*69*
　　2.2.　B 工場　*78*
　　2.3.　結果の解釈　*86*

第 *4* 章　**空間の移動** ………………………………………… *91*
　1.　海外出稼ぎ　*92*
　2.　出稼ぎの動向　*95*
　3.　政策と実態　*100*
　4.　地域的背景　*103*
　5.　個人的背景　*107*
　6.　もう2つの国外流出　*112*
　7.　研究の展開　*115*

第 5 章　居住と運動　……………………………… 119
1. スクオッターの動向　*120*
2. スクオッターの政策　*126*
3. 居住権運動　*131*
4. 運動の条件　*134*
5. 運動の展開　*138*
6. 市民社会　*140*

第 6 章　ストリートの貧者　……………………… 149
1. 問題の所在　*150*
2. ストリートの人々　*151*
3. ホームレス像の構築　*159*
    3.1. ストリート・チルドレン　*160*
    3.2. ホームレス　*165*
4. ストリートへ　*168*
5. グローバリゼーション　*172*
    5.1. ニュー・ホームレス　*172*
    5.2. ホームレスの形成　*173*
6. 途上国のホームレス研究　*175*

終　章　**都市底辺に入る**　……………………………… *181*

謝　辞　……………………………………………………… *185*

参照文献　…………………………………………………… *186*
フィリピン関係用語リスト　……………………………… *197*
索　引　……………………………………………………… *204*

地図　マニラ首都圏の市・町構成

序　章　**経緯と構成**

つる禿げで　無精髭で　ぎょろ目の
おっさんが
タオルで汗を拭き拭き　ハンドルを握る
はい運賃です　客が小銭を差し出す
おっさんが　片手を背に回して受け取る
どこまでじゃ　おっさんが　ドラ声で呟く
おっさんが　運転台のミラーを覗いて
右側を　もっと詰めんかい
客が　従順に　後続の客の　隙間を作る
赤信号で　（乗合）ジープが止まる
オートバイの男が　おっさんに道を尋ねる
おっさんが　ぶっきら棒に答える
その先を　右に曲がらんかい
男が　小さな声で礼を言う
客も　叱られたように　聞いている

でも　おっさんは　優しい人なのです
おっさんが　ジープを止めて　叫ぶ
そこ　そこ　そこを曲がらんかい
男が　畏まって　小さく頷く
客が　笑っている

バオオンと　白煙を上げて
ジープを飛ばし　軋み音を立てて止まる
客が　いっせいに　横に倒れる
クラクションを　鳴らして
そこをのかんかい　とばかりに
隣の車線に　ぐいと割り込む
客が　はらはらする
対向車の行く手を遮って　ユーターンする
客が　はらはらする

でも　おっさんは　凄腕の運転手なのです
客が何人乗って　どの客が　どこから乗って
どこで降り　いくら払って　いくら足りないかを

すべて頭に入れ　次つぎに　釣銭を渡しながら
　　路上の通行人に　手招きして　あと何人乗れると
　　ドラ声を飛ばす
　　おっさんは　一人三役の　運転手なのです

　　家に帰ると　おっさんの逞しい腕に
　　何人の子が　ぶら下がるのだろう
　　そのとき
　　おっさんは　どんな目をするのだろう

　著者が、フィリピン・マニラの底辺の人々に出会って久しい。1985年に初めてマニラを訪れ、その後、日本とマニラを往復してきた。その間、1987～88年に1年、2006～07年に8カ月、マニラに長期滞在した。その前後を合わせて、都市底辺層の調査を行ってきた。そして、マニラの人々に魅入られた。貧しさから抜け出たい。その一心で身を粉にして働く人々。突然の闖入者を優しく迎えてくれた人々。1人、また1人と大切な友だちになった。

　経済のグローバル化の中、都市が変動し、底辺世界が変容している。著者の関心は、その変容の方向と人間的意味を問うことであった。そこには、著者が日本で研究してきた都市下層との比較という関心が伏在していた。国境を跨る人々の生の世界は、通底している。著者には、そのような確信があった。本書は、この間に書かれた論文を合成し、推敲し、新たに補充して編んだものである（ゆえに、記述とデータが一部重複する箇所がある。記述の文脈を考慮して、そのままにした）。

　本書は、途上国都市マニラの底辺層を研究対象とする。同時に、そこには研究の普遍化への志向もある。本書は、「経済のグローバル化と途上国都市」の1つの事例研究である。本書は、マニラの底辺層の実態の、若干の諸相を解明し、そこから、途上国都市研究の諸課題へ関心を拡張する。まず、現代の都市底辺研究の新たな概念枠組みを提示する。次に、それを導きの糸となし、都市底辺層の労働と生活（貧困）の実態を分析し、解釈する。そして、その変容が経済のグローバル化の産物であることを示す。とはいえ、実態の分析は、概念枠組みをダイレクトに検証するものではない。それは、概念枠組みから理論へ

上昇するワンステップでしかない。

　本書で用いるデータは、おもに1990〜2000年代前半のものである。とはいえ、都市底辺層の労働と生活は、その変容の方向と意味において、2010年代、とくに08年のリーマン・ショック以後も、いささかも変わらない、それどころか、その方向は加速している。著者は、このような認識に基づき、その上で、その後のデータを適宜挿入する。データは、労働者・スクオッター住民・ホームレス・ケースワーカー・行政職員・労働組合員・NGO職員、調査協力者への聞き取り、ストリート・スクオッター・会議・集会・示威行進での参与観察、先行研究の論文・著書、行政・民間の報告書・パンフレット・文書、新聞記事、ウェブサイト、さらに友人のEメール情報等の資料からなる（情報提供者は原則として仮名とし、観察や聞き取りの年月日等は、本文〔　〕内に記す。参与観察データも文中に記す）。

　本書は、さまざまな統計資料を用いるが、資料により（行政資料の間でさえ）同じ事象について数値が異なる場合がある（例えば、インフォーマル部門の就労者数や海外在留フィリピン人の人口、スクオッターの地区数等）。資料を厳選し、批判的に分析するとしても、著者に数値の正誤を確定する術はない。必要な場合は、異なる数値を、出典を明記して、併記することとする。数値の差異は、事象の調査方法や確定・カウント方法の差異を意味するだけではない。それはしばしば、事象に対する理解の差異（定義の問題等）を表している。本書が対象とする、都市周縁の底辺層の労働と生活について、直接援用できる統計データは多くない。そのような制約のもと、本書は、データを読み、関連する資料と照合しつつ、事象の中心傾向を読み、その動向を把握することに専念する。データの読み違いや勘違いがないことを祈念する。

　本書は、都市底辺層の労働と生活のマクロ分析に集中する。著者は、都市底辺層の人々の参与観察と聞き取りを行ってきた。それらの質的データを用いるものの、本書は、それらをむしろ統計データの解釈の脈絡に沿って用いる。質的データよる都市底辺層の生活史や意味世界の分析、エスノグラフィックな記述は、著者の（もう1つの）仕事である。心は急く。しかし、それは「次」に譲ることとする。参与観察や聞き取り、質的データの方法をめぐる議論も、同

様である。まずは、都市底辺層の全体の骨格を提示し、人々の生活を型取り、運命を律する、その変容の正体を見極めたい。これがその理由である。

　本書が、途上国都市研究のパラダイム転換を促し、変容する都市底辺層の行方を予見する一助になることを祈念する。本書は、具体的に次のような構成をとる。

　　序　章　経緯と構成
　　第1章　都市の変容　　都市底辺層の研究の先行枠組みを検討し、新たな鍵概念と分析枠組みを提示する。
　　第2章　労働と運動　　1990年代以降の都市底辺層の労働および労働運動の諸相を分析し、それを前掲の枠組みに沿って解釈する。
　　第3章　労働の実態　　建設業と製造業を事例に、労働の実態を分析し、もって、前掲の枠組みの検証の1つとなす。
　　第4章　空間の移動　　海外出稼ぎの背景を分析し、海外出稼ぎ者が、都市底辺層の上限ないしそれより上層の人々であることを示す。
　　第5章　居住と運動　　スクォッターの動向と住民運動を分析し、都市底辺層の居住権をめぐる政治について考察する。
　　第6章　ストリートの貧者　ホームレスの実態を分析し、その出現の意味を問い、都市最底辺からする前掲仮説の検証の一つとなす。
　　終　章　都市底辺に入る　都市底辺層の調査の体験的アポリアを提示し、都市底辺層研究における著者の位置を問う。

　本書で、フィリピンの人名・地名・団体名等は、日本語表記とする（引用文献の人名を除く）。本文中で、フィリピン関係用語の右肩に＊印を付し、その英語表記を本書最後の【フィリピン関係用語リスト】に掲げる。
　注記は各章の最後に掲げ、参照文献は巻末に一括して掲げる。

第 *1* 章 都市の変容

　本章では、途上国都市研究における支配的な視座（過剰都市化論 over-urbanization theory）に代わり、対抗的な視座（グローバル都市 global city theory）を措定し、それに基づき、新たな概念枠組み（新労務 new labor、新貧困 new poverty）を提示する。そして、フィリピン・マニラ（本書では、マニラ首都圏*を指す時は、たんにマニラまたはマニラ首都圏と表記し、首都圏の中のマニラ市*を指す時は、マニラ市と表記する）を事例とする、その援用可能性を検討する。もって、途上国都市研究のパラダイム転換の必要を説く。

1. 視座の転換

グローバル都市

〈経済のグローバル化〉[1]は、今日、途上国都市研究の有力な説明原理としてある。そのような認識のもと、従来の(先進)産業国／(発展)途上国、都市／農村、経済のフォーマル部門(formal sector)／インフォーマル部門(informal sector)等の二項図式による都市研究の妥当性が問われている。そして、途上国都市研究の視座の転換が、促されている。J・フリードマン(John Friedmann)は、I・ウオーラースティン(Immanuel Wallerstein)の世界システム論(world system theory)[Wallerstein & Hopkins.1977=91]や、S・サッセン(Saskia Sassen)の資本と労働の国際移動の研究[Sassen.1988=92]等と歩を一にする方向で、グローバル経済に見合った都市研究の必要を説いて、世界都市(world city)仮説を提起した[Friedmann.1995=97][2]。ここで世界都市とは、資本・商品・情報・人間の国境を越えた移動において、主導的な位置と機能を担い、かつ、それらの移動の結節と媒介をなすような都市を指す。世界都市仮説は、現代の産業国および途上国の中枢都市[3]に生じた諸変容を統一的に説明する意図を持つ。その主張は、3点に要約される。1つ、産業国および途上国の中枢都市の変容は、新国際分業(new international labor division)[4]が都市を把握し、都市に結果した表徴である。都市の発展自体が、グローバル化した。2つ、世界都市は、都市が世界経済に編入される世界都市化(global urbanization)の過程でもある。世界都市化とは、「資本・人間・情報の国際移動において主導的な位置と機能を担うような都市の形成過程」[Knox & Taylor.1995=97:192-200]を指す。諸都市は、その過程への参入の度合に応じて、互いに序列化される。3つ、新国際分業のもと、「中心」の産業国の中枢都市に新たな底辺層という「周縁」が生まれ、「周縁」の途上国の中枢都市に新たな中間層(富裕層)という「中心」が生まれた。今や「中心」対「周縁」は、幾重もの対抗軸からなる諸過程を包含するものとなった[5]。

世界都市化には、もう1つの側面がある。世界都市化は、「周縁」が世界経済へ編入され、「中心」の経済システムにダイレクトに服属する過程でもある。その結果、「中心」による「周縁」の支配や収奪が強化される。世界都市を（水平的な）ネットワークの機能・結節と見做す理解では、経済のグローバル化による都市の中心／周縁への二極化過程が、十分に把握されない［Baum.1998:14］。経済のグローバル化とは、新自由主義の資本競争のもと、世界的規模で、経済の支配（収奪）／隷従（被収奪）の関係が深化する過程をいう。その結果、リージョン・国家・都市間の経済格差が拡大する。世界秩序は、従来の南北格差の拡大に加えて、「勝ち組」「負け組」として、序列的に再編されつつある[6]。

　このような世界都市論は、その後、グローバル都市論として継承された。ここで、〈グローバル都市〉（global city）は、世界都市と次のように区別される。世界都市とは、世界経済において大きな機能を果たす（個別の）都市を指す。それは、元来、経済がグローバル化する以前からあった。これに対して、グローバル都市とは、世界の経済構造の有機的で不可分な一部（結節）となった都市を指す［Baum.1998:2］。そこで、経済のグローバル化は、一層深く都市を掌握した。とはいえ、都市の変容と都市間の関係再編を説く論旨において、世界都市論とグローバル都市論は連続している。

都市貧困層

　途上国の首座都市の労働と生活は、「一九五〇〜六〇年代の途上国都市を範として」［北原・高井.1989:56］、過剰都市化論の中で研究されてきた。過剰都市化とは、「地方から流出した人口が、大都市のフォーマル部門によって包摂される人口を凌駕し、定職につけない人々がインフォーマル部門に向わざるをえない現象」を指す［永野.2001:49-50］。過剰都市化論は、今なお、途上国都市研究に大きな影響を与えている。つまり、農村の困窮者が都市へ流入するが、工業基盤を欠く都市においてまともな（decent）仕事に就労することができず、都市貧困層（urban poor）となってスクオッター（squatter）[7]に滞留し、インフォーマルな仕事に就労してようやく生計を支える、という説明図式であ

る。それは、農村および都市の過剰人口論であり、途上国都市の貧困原因論である。その背後には、近代化政策および社会開発に則って途上国の経済を底上げし、富を蓄積し、もって貧困の解消を図るという政策的含意がある[8]。

　このような脈絡において、都市貧困層の労働の研究は、インフォーマル部門の研究とともにあった。〈インフォーマル部門〉の定義は、国際労働機構（International Labour Organization, ILO）によるものが最初と言われる。国際労働機構は、インフォーマル部門を「物的・人的資源の制約や、技術的制約にもかかわらず、その参入が雇用と収入を得ることを目的として、商品やサービスの生産・流通にたずさわる小規模な生産単位から構成される経済活動又は事業体」［Sethuraman.1980:17］と定義した（訳は新津晃一による［新津.1989:51］）。それは、参入が容易で、競争が激しく、不安定で、零細な事業規模で、未登録（地下経済で営業税を払わない）で、労働集約的で（技術水準と生産性が低く）、稼ぎが小さいような仕事群を指す［Soriano & Sardafia.1998:28］。またそれは、分割可能な仕事で、だれでもいつでも直ちに参入できる「貧困の受け皿」として機能する。つまり、インフォーマル部門は、失業者や半失業（underemployment）の状態にある者、学校に行けない若者、子ども、女性等の周縁的な（過剰）労働力を吸収する労働部門である[9]。その後、このような理解は現実と合致しないとして、インフォーマル部門の概念が修正されてきた。そこでは、フォーマル部門との関係が再考され、また、インフォーマル部門の動態や部門内部の階層が分析されて、都市経済におけるインフォーマル部門の積極的な役割や、インフォーマル部門と法・政治の関わり等が、議論されるようになった［池野・武内.1998］。その議論の要点は、次の通りである［池野.1998a:14;1998b:163-172］［児玉谷.1998:101］。経済の全般的危機のもと、フォーマル部門が雇用を縮小し、そこから多くの人が排出されて、インフォーマル部門へスキッドした。今や、インフォーマル部門は、農村流入者の受け皿からフォーマル部門から排出された人々のそれへ変わりつつある。政府によるインフォーマル部門のフォーマル化（産業構造の近代化）政策が、それに拍車をかけている。こうして、フォーマル／インフォーマルの区分が流動化しつつある。

実際、インフォーマル部門は変容しつつある。経済のグローバル化のもと、地方都市が工業化し、農村の過剰人口がそこへ吸収されて、中枢都市への人口流入の増加率が、低減しつつある[10]。その結果、中枢都市の労働力の中心は、農村からの移住者ではなく、都市で生まれた人々により補填されつつある[11]。また、フォーマル部門／インフォーマル部門の固定的な構図が、崩れつつある。まず、フォーマル部門を担う階層が分化しつつある。その上層で、商工業の経営職種を担う旧中間層（old intermediate）または旧富裕層（old rich）に加えて、新たな経営・管理職種やサービス職種を担う新中間層（new intermediate）または新富裕層（new rich）が現れつつある[12]。他方で、下層部分では、（旧来の）商工業の賃金労働者に加えて、新たな経営・管理部門や製造・サービス経済部門が生む（雑多な）零細職種を担う雇用労働者が現れつつある。次に、インフォーマル部門を担う階層が分化し、その上層で、零細経営が事業として成長して、経営層が富裕化しつつある。そしてその一部が、フォーマル部門に「昇格」しつつある。また、フォーマル部門から資本を携えてインフォーマル部門に参入する者もいる。さらに、インフォーマル部門就労者の子弟の一部が、中高等教育を経てフォーマル部門の賃労働者となりつつある。他方で、インフォーマル部門の下層に、零細事業を担う人々（旧来の自営的労務層）がいる。それに加えて、企業や新中間層（新富裕層）に労務的サービスを提供する雑多な零細職種（新たな労務層）が現れつつある。さらに、その下層にインフォーマル部門にさえ留まることのできない人々が現れている（その代表がホームレスである）。

　途上国の中枢都市において、農村からの移住者が減少し、その都市人口比が低減する一方で、移住者の二・三世である都市出生者が増加して、そこから労働者階級および雑業層の中心部分が形成されつつある。中枢都市は、低い工業化水準にありながら、サービス部門が膨張し、新たな経営・管理職種やサービス職種が増加して、新中間層のみならず、新たな労務層が生まれつつある。多国籍企業にサービスを提供する労働者や、それらの企業やそこで働くホワイトカラーに対事業・対個人のサービスを提供する労働者が、増加しつつある。労働階層の構成の重点は、フォーマル部門／インフォーマル部門の分化ではな

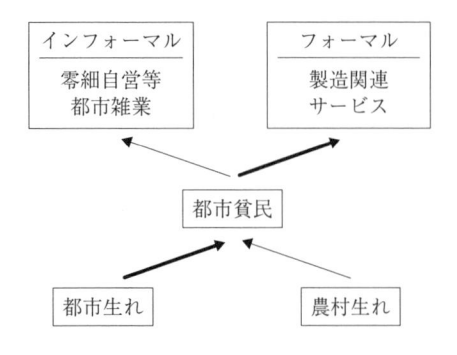

```
        ┌──────────┐      ┌──────────┐
        │インフォー │      │フォーマル│
        │マル      │      │製造関連  │
        │零細自営等│      │サービス  │
        │都市雑業  │      │          │
        └──────────┘      └──────────┘
              ↖              ↗
                ┌──────────┐
                │ 都市貧民 │
                └──────────┘
              ↗              ↖
        ┌──────────┐      ┌──────────┐
        │都市生れ  │      │農村生れ  │
        └──────────┘      └──────────┘
```

(細線—従来の特徴的な析出・就労過程)
(太線—近年に特徴的な析出・就労過程)

図1-1　都市貧困層の析出と就労の過程

く、両部門にまたがる旧い中間層・労務層／新たな中間層・労務層の分化に移りつつある。こうして途上国の中枢都市は、過剰都市化と（半）失業状態の共有、つまり、都市インヴォリューション（urban involution）[13]の段階から、それと並行しつつ、次の段階、つまり、グローバル都市化と失業の個人化の段階へ移行しつつある［伊豫谷.1993:.157,184］。そして、このような労働編成の変容とともに、貧困の原因と意味も変容しつつある。

　このような労働諸階層の析出と就労の過程を図示すると、図1-1のようになる。従来の首座都市研究において、このような労働市場の変容は、十分に注目されてこなかった。フォーマル部門／インフォーマル部門（の上／下層）の区分の溶解（両部門間の労働移動や労働力配置の再編）も、十分に説明されてこなかった。

2. 概念枠組み

新しい概念

　本書では、過剰都市化論に立つ議論と袂を分かち、都市労働の進行する動態に焦点を当て、その分析のための新たな鍵概念を設定し、その全体からなる枠

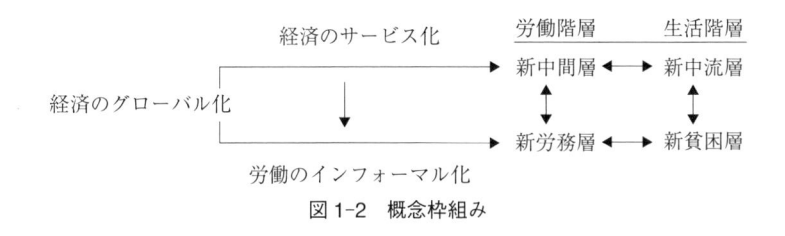

```
                経済のサービス化    労働階層    生活階層
                        ┌──────→ 新中間層 ←→ 新中流層
    経済のグローバル化 ┤    ↓         ↕         ↕
                        └──────→ 新労務層 ←→ 新貧困層
                労働のインフォーマル化
```

図1-2　概念枠組み

組みを構成する。図1-2を見られたい。図は、次のように説明される。経済がグローバル化し、産業構造が変容して、労働階層が分極化しつつある。一方の極に、新中間層、および新富裕層または新中流層（new middle）が生まれつつある[14]。途上国の新中間層・新中流層・新富裕層についての研究は、すでに少なくない[15]。他方の極に、〈新労務層〉が生れつつある。ここで新労務層とは、グローバル経済のもとで「新たに劣悪な就労状態に置かれた」人々の全体を指す。そこには、労働のインフォーマル化（informalization of labor）を被った、つまり、フォーマル部門にありながら、インフォーマル部門と同様の劣悪な就労状態に陥った人々、およびインフォーマル部門の諸職種（都市雑業 miscellaneous jobs）に就労する人々が含まれる。グローバル経済のもと、資本と近代的な雇用契約を結んで就労する人々の多くも、不安定な雇用地位、劣悪な労働条件、低位な賃金、団体交渉の無権利等、実質、インフォーマル部門と大差ない労働環境の中にある。今や、雇用上の地位や職種の中身は、労働実態に照応しない。つまり、新労務層とは、経済のグローバル化のもとで「劣悪な就労実態」にある広範な人々を指す。それは、都市底辺層の変容の諸相を特定する分析および記述概念である。そこには、フォーマル部門（近代的雇用）／インフォーマル部門（伝統的雇用や自営業）を横断した、つまり、（大）企業の非正規雇用者からストリートの物売りまでの、それ自身が再分類される、多様な労働者が含まれる。このような新労務（層）の概念は、まだ先行研究に登場していない。しかし、グローバル都市の労働階層の研究が、もっぱら新中間層の研究に集中されるのは、論理的にも実態的にも不備である。新中間層を支える新労務層の分析を欠いては、労働市場の動態を把握することはできない[16]。これが、著者の初発の問題意識である。

新労務は、(新たな) 貧困を結果して、その貧困に喘ぐ人々、つまり、〈新貧困層〉を生む。産業国・途上国を問わず、新貧困 (層) の出現を指摘する研究は、すでにある。P・アロック (Pete Alock) は、労働の「不適格者」(undeserving) と烙印されて、労働市場から排除される人々の貧困を「新しい貧困」と呼んだ [Alock.1993:26]。Z・バウマン (Zigmund Bauman) は、消費社会にあって、消費競争に参加することができず、社会から廃棄されたアンダークラス (underclass) の貧困を「新しい貧困」と呼んだ [Bauman.1998=2008]。M・カステル (Manuel Castells) は、ヨーロッパの都市の空間を占拠する新来移民および「ストリート・ピープル」(street people) の貧困を「新しい貧困」と呼んだ [Castells.1999:236] [17]。本書の〈新貧困〉は、経済のグローバル化の産物であるという点で、それらの定義と重なる。しかし、貧困を概念化する脈絡が異なる。ここでの新貧困は、新労務に対応する概念、つまり、新労務層の生活過程を把握する概念としてある。また、新貧困層は、新中間 (流) 層を支える人々でもある。ゆえに新貧困は、先行研究がいう「新しい貧困」より広義の概念である。それは、まともな生活が叶わない水準 (操作的には、政府が定める貧困線 poverty line 以下の水準) [18] にある生活状態を指す。そこには、狭義のアンダークラスやストリート・ピープルの貧困だけではなく、企業労働の下層部分や、さまざまな都市雑業に就労する人々等、それ自体さらに階層化される広範な人々の貧困が含まれる。さらに新貧困は、(従来の) 客観的・絶対的な貧困に加えて、主観的・相対的な貧困 (の認知) を含む概念としてある。今日、貧困は、人間の認知の産物という側面を強めている。こうして新貧困は、貧困の実態とその人間的意味の双方から構成される概念としてある [19]。

　図1-2の中の↔は、互いに支えあう関係を示している。新労務層は、労働の変容を把握し、新貧困層は、貧困の変容を把握する。それらは、労働と貧困の変容を経済のグローバル化の産物として、相互媒介的に解釈する概念としてある。しかもそれらは、経済のグローバル化のもとで現れた労働と貧困を指すのみならず、これまで過剰都市化論と都市貧困層概念により説明されてきた劣悪な労働条件と貧困を、経済のグローバル化という脈絡で解釈し直す概念とし

てもある。工場の劣悪な労働条件もスクオッターの貧困も、以前からあった。しかし今、そこに新たな労働や貧困が加わるだけではなく、グローバル経済の中で、「劣悪」や「貧困」の意味が変容しつつある。過剰都市化論からグローバル都市化論への転換とは、このような労働と貧困自体の解釈の転換を包含する。これが、本書の仮説の要点である。本書は、第2章以下において、マニラの労働の全体を俯瞰した後、建設業・製造業の労働者、海外出稼ぎ者、スクオッター住民、ホームレス等を対象に、人々の労働と貧困の実態を、この概念枠組みを導きの糸として分析する。その実態分析は、逆に、概念枠組みの1つの検証としてある。

　こうして本書は、フォーマル／インフォーマルの固定的な二分法を廃棄する。ただし、「フォーマル」「インフォーマル」の語は、放棄しない。本書は、「フォーマル」を、近代的雇用関係のもと相応の労働条件・賃金が保障される（はずの）仕事群を指し、「インフォーマル」を、雇用が雇用主の恣意に委ねられ、また、零細な自営業のもとにあり、労働条件や経営条件、賃金や収入が劣悪な状態にある仕事群を指すものとする。フォーマル部門／インフォーマル部門の再編を論じた研究は、すでに多い（[Joshi.1997]［池野.1998a:14］［池野.1998b:163-172]［宮本.1999:11]［不二牧.2001:12-23]）。そこでは、全般に、両部門の境界が消失して、両部門が繋がったことが強調されている。フォーマル／インフォーマルの分類自体が無意味になったとする議論もある。本書は、これらの議論を踏まえ、労働移動の下降圧力と、労働階層の新たな分節化と流動化を分析する操作的な概念として、フォーマル／インフォーマルの語を用いる。この点に留意し、かつ、以上の議論に踏まえて、新労務層／新貧困層、およびフォーマル部門／インフォーマル部門の関係を図示すると、図1-3のようになる。労働のインフォーマル化とは、図中の斜線が垂直化する過程をいう。それにつれて、フォーマル部門がさらに階層分化されて、その一部が新中間層になっていく。また、インフォーマル部門がさらに階層化されて、その一部が最底辺層（ホームレス）になっていく。

　このような概念枠組みに合わせて、本書では、〈都市貧困層〉ではなく、〈都市底辺層〉（urban bottom）の語を用いる。その理由は4つある。1つ、都市

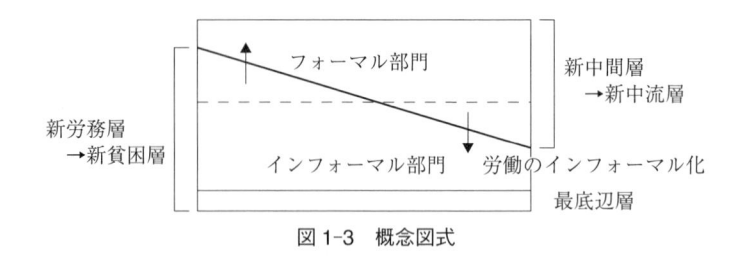

```
              ┌─────────────────────────────┐
              │↑    フォーマル部門    新中間層 │
      新労務層 │                    →新中流層 │
      →新貧困層│─ ─ ─ ─ ─ ─ ─ ─ ─ ─ ─ ─ ─ ─ │
              │    インフォーマル部門↓        │
              │         労働のインフォーマル化 │
              │                      最底辺層 │
              └─────────────────────────────┘
```

図1-3　概念図式

貧困層は、過剰都市化論およびスクオッター研究の鍵概念である。しかし本書は、その立論の前提を異にする。2つ、都市底辺層は、スクオッター居住者だけではなく、困窮状態にあるより広範な人々を包含する。3つ、都市貧困層は、貧困という生活階層を表す概念であり、労働の側面を含まない。都市底辺層は、労働（新労務層）と生活（新貧困層）を包含する階層概念としてある。4つ、「底辺」には「周縁」も含まれる。つまり、階層的底辺は、階層的周縁でもある。都市底辺層は、収奪され、排除される人々（その典型がホームレス）である。都市底辺層は、そのような排除の視点を内包する[20]。

新概念の意図

　このように定義される新労務層と新貧困層は、本書の仮説の鍵概念であり、また、変容する途上国都市の労働と生活の分析概念である。それらは、途上国都市研究の新たな視座を提起する。そこには、4つの理論的意図がある。1つ、新労務層と新貧困層は、途上国都市の労働と貧困の変容に焦点を当てる。それらは、労働と貧困の変容の本質を見極め、変容の方向を予見する概念としてある。ただし、途上国都市の労働と貧困が「すっかり変わった」ということではない。労働と貧困を過剰都市化や都市貧困層の表徴として説明可能な部分は、依然として大きい[21]。問題は、過剰都市化や都市貧困の意味が変わったという点にある。2つ、新中間層（労働階層）と新中流層（生活階層）が、途上国都市の新たな階層状況を把握する概念であるとすれば、新労務層と新貧困層は、それぞれに照応する概念である。新中間層は、新労務層の支えなくして存立できない。新中流層も、新貧困層と同時に生まれた。3つ、新労務層・新

貧困層仮説は、途上国都市が近代化・工業化しようと、厖大な人々の失業や貧困が消失することはないという予見に発している。この意味で、それは、過剰都市化論が前提とする近代化論や社会・経済開発論とは相入れない。このような判断の妥当性は、例えば、産業国のアメリカやヨーロッパ、日本に（おいてさえ）出現した多様な、ホームレス等の「底辺」「周縁」層の出現により裏づけられる。4つ、新労務層と新貧困層は、途上国／産業国都市の下層労働と貧困の変容を統一的に把握する枠組みである。経済のグローバル化は、国により浸透の仕方を異にする。それは、つねにグローカリゼーション（glocalization）の形で進行する。その上で、「先進国の貧困を途上国の貧困と同じ地平線上で議論しようという試み」［太田.1997:44］、つまり、経済のグローバル化に伴う新たな諸事象を構造的に関連させて（たんに事象の異同を比較することではない）、解釈することは可能である［青木.2012:132-133］。今、世界の労働や貧困に何が起こり、その中でマニラはどこに位置づくのか。新労務層・新貧困層仮説は、このような労働と貧困の国際比較研究への途を拓く。「先進国の『新しい貧困』問題も低開発諸国の深刻な『貧困』問題も、おもに経済や市場の一層のグローバル化という同じ環境・要因から生じていることを考慮するならば、この両者をリンクさせた議論は一層重要になっているといえる」［太田.1997.:59］。

3. グローバル都市マニラ

中枢都市マニラ

　マニラは、世界の経済システムの一角を担い、同時に、フィリピン経済を牽引する首都圏（National Capital Region）をなす[22]。資本・商品が、世界を流通する。その流通を担う人間（労働力）が、世界を還流する。そしてマニラが、そのネットワークの一角にあって、それらの流通と還流を媒介する。経済のグローバル化は、この過程を加速する。マニラが、その媒介的な戦略性を一層高める。こうしてマニラは、世界とフィリピンの資本・商品・人間の有機的な関

係構造の一結節をなす、グローバル都市となる。このネットワークの中で、世界（産業国）は、フィリピンを経済（および政治）的な収奪の標的（の1つ）とし、マニラは、その番頭の役を担うことになる。グローバル経済は、経済的な権力関係を本質とする。フィリピンから世界への人間（労働力）の流出は、その表徴の1つにすぎない。マニラのビジネス地区マカティ*に、金融・産業の多国籍企業の高層ビルが林立する。それらは、フィリピンの企業と取り引き（または収奪）しつつ、フィリピンの富を世界に移転する。また、マカティには、国内金融・産業の大企業の高層ビルが林立する。それらは、地方の支店を通してフィリピンの富を（世界企業を介して、または直接に）世界に移転する。1980～90年代には、大型の建設事業（商業施設、高層住宅・ビル、高速道路、高架鉄道*、環状道路等の建設）が進んだ。マカティに隣接するエドサ*～オルティガス*に副都心が出現し、ビジネス地区が広がった。マカティには、フィリピンの銀行の57％、在フィリピンの国際銀行の90％、56大使館のうち48、および国連関係機関が集中する［Banzon & Cyntia.1998:24］。それは、世界に直結するグローバルな経済地帯（global economic zone）である。

マニラの、対国際・対国内の経済における媒介的なグローバル性（globaliness）は、具体的に、どのように把握できるだろうか。そのためには、本来は、複数の指標によるグローバル度のスケールが構成されなければならない。しかしここでは、産業生産・物流・人流の若干の数値を掲げ、マニラのグローバル性を一見するに留める。まず、対国際経済におけるマニラの位置である。外国貿易の輸出入において、マニラ（国際貨物港、マニラ南港、ニノイアキノ国際空港*）を経由した物流の総額は、2003年に、8億2,730万ドルであったが、それは、フィリピン全体の29.6％、マニラが位置するルソン島*全体の32.7％を占めた［NSO.2006a:790］。ちなみに、ルソン島を経由した物流の総額は、フィリピン全体の90.7％に及んだ［NSO.2006a:790］。フィリピンの国際貿易は、ほぼルソン島を舞台に行われている。また、国際空港の乗降客数において、マニラ（ニノイアキノ国際空港）は、2003年に1,310万人であったが、それは、フィリピンの航空機乗降客数の63.8％、同じく国際空港の乗降客数の83.0％を占めた［NSO.2006a.:813］。フィリピンを訪れた外国人観光客

は、2002年に70万3,000人で、その数は毎年増加している［IBON.2005:2］。飛行機の発着回数において、マニラ（ニノイアキノ国際空港）は、2003年に、15万9,708回であったが、それは、フィリピン全体の飛行機の発着回数の42.7％、国際空港の発着回数の63.7％を占めた［NSO.2006a:813］。

　次に、対国内経済におけるマニラの位置である。（当時の価格で見た）国内総生産（Gross Domestic Product）に占めるマニラの比率は、2006年に37.2％であった［NSCB.2007a:2］。（当時の価格で見た）産業における総付加価値に占めるマニラの比率は、同年に37.2％であった［NSCB.2007a:18］。分野別に見たマニラの比率は、製造業42.1％、サービス業47.6％、運輸通信54.1％、販売ビジネス30.9％、金融79.2％、対個人サービス関係61.8％であった［NSCB.2007a:26.38.42.46.50.58］。金融の比率がとくに高い。さらに、水路・空路・鉄道によりマニラから地方に出た物流の総額が、フィリピン全体のそれに占める比率は、2002年に26.4％であった［NSO.2002a:xviii］。また同年に、地方からマニラに入った物流の総額が、フィリピン全体のそれに占める比率は、25.8％であった［NSO.2002a: 9］。

　このように、対国際・対国内の双方について、フィリピンの産業活動・物流・人流におけるマニラの戦略的な位置は、明らかである。貨幣・資本・情報、それらを操る人間が、マニラに集中している。世界に開かれたマニラと地方に君臨するマニラ。マニラは、このような2つの顔をもち、世界によるフィリピン経済の支配と収奪を媒介している。では、そのようなマニラの位置は、マニラ自体にどのような結果を生じているだろうか。次に、それをマニラの労働・生活階層の側面から一見しよう。

階層の構成

　経済のグローバル化は、マニラの人々の労働と生活（そして居住）に、どのような影響を与えているだろうか。これを都市底辺に焦点を当て、その変容の方向を分析することが、本書の主題である。フィリピンは、政治権力の基盤が脆い「弱い国家」（weak state）と言われる[23]。そのため、政府が世界金融や多国籍企業に対抗して強力な経済政策を採る余裕が小さい。その分、経済のグ

ローバル化の影響はダイレクトで、マニラの産業構造と労働市場の変動は大きくなる。フリードマンによれば、マニラは、半周縁国に位置づく第二次都市である[24]。同時にマニラは、フィリピンの中枢都市である。そこでは、多国籍企業や金融センターの現地本社が集中し、新たな経営・管理・事務職種やサービス職種が生まれて、そのための労働市場が形成される。周辺から都心部へ通勤する人も増加する[25]。一方で、資本が郊外化し、農家人口が製造業の賃労働者として雇用されて、マニラの労働市場が拡大する。他方で、地方からマニラへの移住人口が減少する。そして、マニラの人口増加率が低減する。マニラ人口の年間平均の増加率は、1970〜80年4.10％、1980〜90年2.98％、1990〜2000年2.25％と低減した。それは、全国平均（2.34％）を下回る水準になった［NSCB.2005:14］[26]。その原因は、自然増加率の低減もあるが、地方からの流入者の減少によるところが大きい。これは、次のことを示唆する。つまり、マニラの貧困層は、農村出身者ではなく、マニラ生まれの二・三世によって補填されつつある[27]。困窮した農民がマニラに流入し始めて、半世紀が過ぎた。しかし二・三世（の多く）は、マニラで、祖父母・両親世代の貧困を脱出することができていない[28]。こうして、困窮した農民がマニラでインフォーマル部門に入り、スクオッターに住むという過剰都市化論は、説得力を失いつつある。

　経済のグローバル化により、マニラの産業・労働・居住が変容しつつある。1つ、産業構造がサービス化しつつある。マニラの総生産額に占める製造部門の割合は、2000年38.8％、04年35.9％であった［NSCB.2005:28］。これに対して、サービス部門の割合は、2000年61.2％、04年64.1％であった。1990年代以降、産業構造のサービス化の傾向が続いている。それにより、まず、マニラに経済の中枢管理機能が集中し、新たなサービス職種が増加した。それとともに、それらの仕事を担う職業階層が現れた。新中間層（および新中流層）の出現である。次に、その新中間層にサービスを提供する仕事が増加した。フォーマル部門におけるインフォーマルな、つまり、雑業的職種の増加であり、新労務層の出現である。マニラでは、経済のグローバル化は、製造業の発達ではなく、対事業所・対個人のサービス産業部門の膨張として進んで

いる［Sardana.1998:65］[29]。また、マニラの雇用率は、2006年に、過去最低の85.3％に落ちた［TPS.Dec.16th,2006］。その原因（の1つ）は、サービス部門の自営業層が増加したことにある。店舗での販売就労者は、2005〜06年に13万5,000人増加した［TPS.Dec.16th,2006］。それとともに、週40時間以上働く人は0.5％減少し、週40時間以下働く人は3.2％増加した。つまり、半失業（underemployment）[30]の状態にある人が増加した。

　2つ、経済のグローバル化は、資本間の新自由主義的な競争を加速している。その結果、労働のインフォーマル化が進んでいる［Ofrenco.1995:22-23］。その実態については、2章および3章で詳しく分析する。3つ、経済のグローバル化は、居住の変化を生じている。それは、土地の資本投資を加速している。一方で、公有地が民間に払い下げられ、他方で、私有の休閑地が資本活用されつつある。その結果、地価が高騰し、マニラ中心部から、スクオッターの撤去が進んでいる。そして、スクオッターが郊外化（suburbanization）またはドーナツ化（doughnutization）しつつある。その中で、住民の一部が、住む場所を確保できず、ストリートに排出されつつある。

　以上の階層動態の趨勢から、マニラは、どのような労働・居住の階層編成として描かれるだろうか。図1-4を見られたい。図は、収集できた情報・資料をもとに、また居住階層を中心に、マニラの階層編成をラフに描いたものである[31]。そこで、階層ごとの人口比率は、考慮されていない。図は、次のように説明される。まず、マニラで、生活階層の格差が開きつつある。新自由主義の経済競争に「勝った」富裕層や新中流層は、ますます豊かになり、「負けた」人々は、窮乏化の度を深めている。所得配分の不平等を表すジニ係数は、マニラで2000年に0.4462であった［NSCB.2005:65］。地区ごとの内訳を見ると、中間層と下層が混在するケソン市＊を含む第二地区は0.4734で、富裕層や中間層が多いマカティ市と下層地帯を含む第四地区は0.4491と数値が高く、富裕層や中間層（ビジネスや商業）が多いマニラ市で、スクオッターがほぼ撤去されたとされる地区を含む第一地区は0.3757で、マニラ市北西部の下層地帯からなる第三地区は0.3962と数値が低い。全体の数値は、2003年に0.4130に低下した。しかしそれでも、数値は依然として高く、市民の間でも、所得格差

が縮まったという実感はほど遠い[32]。

次に、全般に、階層的な下降圧力が強まっている。社会情勢観測所の調査によれば、2006年に、マニラ（首都圏）の全市民の4%が自らを「極貧」、42%が「貧乏（poor）」、16%が「ぎりぎりの生活（on the line）」、38%が「まあまあの生活（well-off / wealthy）」と思っていた［Tabunda.2007:17］[33]。また、マニラの全市民の61%が、去年より今年の方が、暮らしが厳しくなったと感じていた［Tabunda.2007:18］。マニラの全市民の窮乏感は、2001年以降、連続して深まっている［Tabunda.2007:22］。市民の主観的認識は、客観的状態と大きく乖離するものではない。実際に下層の人々が窮乏化している[34]。そのような事態は、居住の場面で可視化される。まず、スクオッターの撤去が進んでいるにもかかわらず、スクオッターが増加しつつある、または少なくとも減少していない［Banzon & Cynthia.1998:27］。次に、仕事も住居もない人々がホームレスとしてストリートに現れつつある。その数は急増中である。そこには、サービス業の膨張により、ストリートにおいて雑業的仕事や食料を得る機会が増加したという事情もある。しかしホームレスは、なによりも、労働階層の下層から最下層へ放逐された〈流動的貧困層〉である。他方で、中間層／中流層の人々の生活も逼迫しつつある。フォーマル職種で生計を支えることができない人が、増加しつつある。ある者は、インフォーマル職種に転職する。彼ら彼女らには僅かなりとも資金があるので、転職は比較的容易である[35]。ある者は、インフォーマル職種の副業を持つ。また、住居費が高いため、中流層に属しながらスクオッターに住む者もいる[36]。社会情勢観測所の調査によれば、2005年に、15歳の時に成育家族が「まあまあの生活」だったと答えた回答者の48%が、現在は「極貧」状態にあると答えている［Tabunda.2007:27］。これが、マニラのラフな労働・居住の階層編成の見取り図である。

本書は、次章以下、都市底辺層、つまり、新中間層＝新中流層より下層の人々、図1-4の居住階層でいえば、スラム[37]より下層の人々を対象に、彼ら彼女らの労働・生活・居住・移動を分析する。もって、マニラの階層変動の一端を明らかにする。

第1章　都市の変容　23

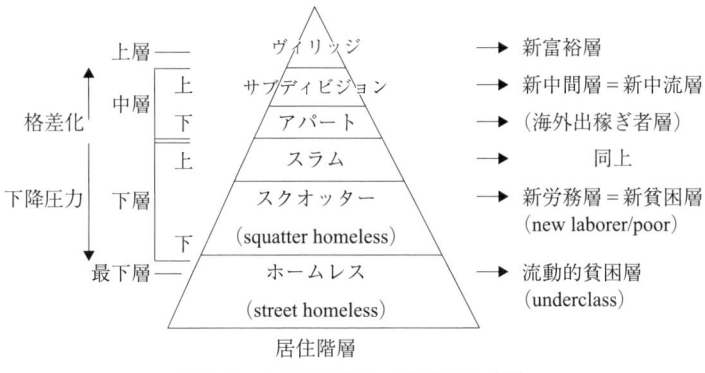

```
              ヴィリッジ        → 新富裕層
上層──    サブディビジョン    → 新中間層＝新中流層
     中層 上  アパート        → （海外出稼ぎ者層）
格差化    下
         上  スラム           → 同上
下降圧力 下層
         下  スクオッター      → 新労務層＝新貧困層
            (squatter homeless)    (new laborer/poor)
最下層──  ホームレス        → 流動的貧困層
            (street homeless)     (underclass)
              居住階層
```

図1-4　マニラの労働・居住階層（略）

注
1) 経済のグローバル化とは、「社会主義」の崩壊、金融市場の膨張、情報産業の技術革新を条件とする、資本と労働の世界市場の（無限）拡大としての、世界資本主義の一段階を指す［Hirsch.1998=98: 24-25］。経済のグローバル化は、各国の内的な諸条件を介して、その経済構造に浸入する。「地球規模で相互依存が進む。それとまったく同時に、リージョン・国家・都市次元の中および間でシステムが分化する。都市は、グローバル秩序の構成部分をなし、それ自身の相対的に自立的な軌道に沿ってグローバル化を受容する」（傍点は原文）［Hill & Fujita.2003: 212］。本書では、経済のグローバル化自体についての議論は行わない。著者の経済のグローバル化論については、次の論文を参照されたい［青木.2012:128-131］。
2) 日本では、田坂敏雄が、いち早く過剰都市化論から世界都市化論への視座転換の必要を説き、タイ・バンコクを事例に、世界都市化仮説を展開した［田坂.1998:1-41］。世界都市論の研究のレビューは、次の論文に詳しい。［Friedmann.1995=97］［Hall.1996］
3) 中枢都市（central city）は、過剰都市化論において首座（位）都市（primate city）と呼ばれてきた。首座都市とは、「首都に代表される巨大都市が地方都市をその規模・機能ともに大きく引き離し、一極集中型の大都市圏を構成するに至った都市」［永野.2001:49］をいう。それは、「工業化なき都市化（urbanization without industrialization）」ゆえに、失業者がスラム（スクオッター）に滞留する人口過剰都市でもある。ウオーラースティンやフリードマンも、1970～80年代の都市の現実に依拠したため、都市自体の理解は、過剰都市化論の枠内にあった。
4) 新国際分業とは、世界的規模での潜在的労働力のプールの形成、生産過程の単位工程への分割、生産の立地と管理の地理的制約の消失等の条件が成熟し、企業内・間の国際的分業と単一の世界労働市場が成立するに至った状態を指す［Fröbel.1980: 34-36］。

5) 世界都市論の問題点も、指摘されている。例えば、世界都市論は、経済のグローバル化という流通主義的な視点に立っているため、一国内の独自の資本と賃労働の矛盾的な生産構造や、国家や都市の歴史的背景が軽視されている、という批判がある［松岡.1992: 8-9］。
6) M・チョスドフスキー（Michel Chossudovsky）は、経済のグローバル化が産業国による途上国の収奪の強化を生み、途上国の産業国への従属性を強めたとした。「いったん（世界銀行が要求する－引用者）構造調整を受け入れると自立経済への道が塞がれ、国際債権団の監視のもと、多国籍企業による自国市場・産業・企業の収奪が際限なく繰り返され、世界的規模で見るならば、一部の富裕者・国と圧倒的多数の貧者・国へと二極分解していく」［Chossudovsky. 1999: 3］。
7) スクオッターは、日本で「不法占拠居住地区」と訳されてきた。穂坂光彦は、それを「無権利居住地区」［穂坂.1997:16］と訳し直している。スクオッター問題は、居住の法的権利の問題を越えた人間の生活総体の問題としてある。近年は、スクオッターの語が持つネガティブな意味合いを回避するとして、informal settlement の語が一般化している。それは、「非正規居住地区」という意味だろうか。しかし、「非正規」の語は多用され、多義的で、また意味が一般的にすぎて、スクオッター問題の本質をぼかしかねない。これらの事情を踏まえて、本書では、「居住権および居住に関わる生活問題を抱える人々が住む土地」を指す学術用語として、スクオッターの語を用いることにする。
8) 今日でも、産業国政府（日本も）による途上国支援（政府開発援助 Official Development Assistance, ODA）の政策的意図は、過剰都市化論に立脚している。
9) インフォーマル部門には、例外的に、参入が容易でなく、技術水準が高く、フォーマル部門に匹敵する収入をもたらす仕事もある（それは、富裕層に個人サービスを提供する職種に多い）。ゆえに、インフォーマル部門の就労者やスクオッターの居住者には、裕福な人々も含まれる。
10) 地方都市の工業化とともに、地方都市で貧困層が増加しつつある。人口増加は100万都市より中小都市で著しい。マニラ周辺のダスマリニャス*、カビテ*、サンタロサ*、ラグナ*では、年に10％以上の増加率を見ている。それは、地方都市におけるスラム・スクオッター人口の増加を意味する。「貧困問題は、大都市から中小都市へ移りつつある」［TPS. Oct.1st,2006］。
11) 田坂は、すでに1980年代に、タイのバンコクについてこの事象を指摘している［田坂.1989:14］。松薗祐子も、バンコクを事例に、スラムに生まれた移住者二世が中等教育を受け、フォーマル部門に雇用されて賃労働者になる過程を分析している［松薗.1998: 201-202］。
12) 中間層の定義は一様でない。例えば高山正樹は、中間層を、1つ、平均以上の所得を得ており、2つ、職業は中小企業経営者、大企業管理職、医師、会計士等の専門職および公務員で、3つ、中高等教育を受け、4つ、郊外・都心近くのコンドミニアムやアパートに

住み、都市的ライフスタイルを持ち、5つ、貯蓄や資産を投資活動に振り向ける層である、と定義している［高山.2000:80］。
13) 都市インボリューション（urban involution）とは、「都市化が正常な発展の場合にみられるような生産的賃労働者の形成を伴わず、商業・サービス的雑業部門（中略）従業者だけを増やす」［北原・高井.1989:63］ような事象を指す。
14) 途上国都市研究において、一般に、新中間層・新中流層・新富裕層は、その人々の労働と生活を包括する概念として、互換的に用いられている。本書では、新中間層を労働階層概念として、新中流層／新富裕層を生活階層概念として理解する。その方が論理的であり、かつ、本書の仮説の説明に適合的である。
15) 例えば［宮本.1999:15］［古屋野・北川・加納.2000］［田巻.2000:84］［高山.2000:80］［服部・船津.2002:10］等がある。新中間層・新富裕層論の背後には、論調の強弱はあるものの、途上国における経済的離陸と政治的民主化のコースを予見するという共通の関心がある。しかし、アジア諸国では、急激な経済開発のため、欧米モデルと異なる経済過程を辿り、その結果、旧中間層は縮小するどころか膨張している［服部・船津.2002:10］。フィリピンでも、新中間層の形成が緩やかで、旧中間層は、製造業においてだけではなく、インフォーマル部門を含むサービス部門においても膨張している［木村.2002:177.181］。これら（新・旧）中間層の出現や膨張に、下層労働者やインフォーマル部門の就労者の増加が照応する。このような事態は、近代化が経済成長を招き、経済成長が新中間層を形成し、それが政治の民主化をもたらすとする、近代化図式にそぐわない結果を生んでいる。
16) S・サッセンは、ニューヨーク州のサービス業の下位職種として、次のものを列挙している［Sassen.1988=92:234］。家政婦、清掃人、ビル等の管理人、荷物運搬人、銀行内走り使い、炊事場手伝い、食料貯蔵室係、サンドイッチ／コーヒー係、食事サービス、客室係、切符もぎ取り、在庫管理事務員、洗濯人、機械洗濯人、手洗いのドライクリーニング従業者、しみ抜き作業要員、プレス作業要員、洗濯物をたたむ係、敷物洗濯人、靴修理人、配達労働者、駐車場管理人、害虫・鼠等の駆除業者、包装作業労働者等。驚くことに、このほとんどがマニラの都市雑業にも見られる。マニラではこの他に、大型店舗の販売員や運転手等、フォーマル部門の下層サービス・販売職種等がある。これらの大半が、新労務職種に含まれる。経済のグローバル化は、産業国都市と途上国都市に同時に新労務職種を生んだ。
17) MA・L・G・レブリダ（MA. Laurdes G. Rebullida）は、マニラがアジアの巨大都市（Megacity）になり、貧困に新たな様相が現れていると指摘している［Rebullida.1999:1］。しかしそれは、過剰都市化および都市貧困層の脈絡で述べられており、そこでの「新たな貧困」概念の中身は、不明である。
18) フィリピン政府が算定する貧困線は、貧困の実態に合わない、つまり、算定基準が低すぎるという批判がある。貧困線の算定めぐる問題については、第2章で議論する。

19）NGOの社会情勢観測所*は、毎年、市民に生活状態の自己評価（自分は貧しいと思っているか否か）について意識調査を行っている。そして、「貧しい」と思っている人が多いとの結果を報告している。人々の貧困認識は、主観的・相対的な評価、つまり、状況の定義（definition of situation）としての貧困の側面を強めている。

20）日本では、排除の視点から、都市下層概念が構築された。それは、伝統的な「都市下層社会」概念とは異なる。都市下層（とくにホームレス）と排除については、次の書を参照されたい［青木.2010］。

21）中枢都市は、実際には3つの過程、つまり、過剰都市化の過程、製造業が成長して近代的な労働者階級が形成される工業化の過程、およびグローバル都市化の過程が同時に進行する重層的な歴史過程の中にある。山崎圭一は、これを「複合的都市化complex urbanization」と呼んでいる［山崎.1991:36-42］。服部民夫と船津鶴代は、アジア諸国の社会発展の型を論じて、フィリピンでは、農村の過剰労働力は、工業ではなく都市サービス部門に流入したとしている［服部・船津.2002:19-22］。都市化は、社会発展の型と深く関わっている。

22）マニラ首都圏は、マニラ市を含む16の市と1つの町からなる。本書の冒頭に掲げた地図を見られたい。産業化や都市化の度合は、市町ごとに異なる。本書ではそれを承知の上で、首都圏の次元で分析を進める。

23）フィリピンは、地主や外国資本等の支配的な経済・政治勢力の力が強く、政府（国家権力）がその恣意を統制して公共圏を確保することが困難な「弱い国家」である［田巻.2000:102-103］。

24）フリードマンは、半周縁国の第二次の（第一次都市より規模が小さく、機能が特化された）世界都市の1つにマニラを挙げている［Friedmann.1995＝1997: 193-194］。

25）マニラの交通渋滞は激しい。それは、経済発展と人口の集中に追いつかない交通インフラの整備の結果である。マニラでは、高架鉄道Ⅰ・Ⅱ、道路整備、交通規則の徹底等により、渋滞の解消が図られており、少しずつその効果で出ている（かに思われる）。信号等の交通ルールを遵守する車も人間も、増加した。それも、意識の都市化の一表徴だろうか。

26）マニラのインフォーマル部門で就労する人の内、過去10年内に農村から来た人は5％にすぎないという報告がある［Joshi.1997:8］。

27）タギッグ市*のフィリピン国有鉄道*の線路敷のスクオッター（5,000世帯）では、住民の60～70％がそこで生まれ、移住した人であり、居住の長い人で35年であった。また、三世代家族も少なくない〔NGO活動家の話。2006年11月5日〕。

28）ピープルズ・パワー開発研究所*の調査によれば、2005年に、15歳の時に成育家族が「極貧」（very poor）だったと答えた人の87％が、今も「極貧」の状態にあると答えている［Tabunda.2007:27］。

29）途上国の経済のサービス化は、経済のグローバル化によるだけではない。途上国では、

植民地としての歴史的経緯に規定され、もともと製造業が十分に成長する産業基盤を欠いていた。新中間層は、製造業ではなく、インフォーマル部門を含むサービス部門において増加した［木村.2002:177.181］。そして途上国は、欧米モデルと異なる経済過程を辿った。旧中間層は消滅するどころか増加した［服部・船津.2002:10］。このような展開は、過剰都市化論や社会開発論の予見から逸れた。

30）半失業とは、より多くの就労時間を望む、またはより多くの就労時間の仕事に変わりたい、つまり、現在の仕事では十分な収入が得られない状態にあることを指す［NSCB.2003:18］。半失業は、途上国に特徴的な失業問題としてある。「失業はこれまで雇用問題の中心課題ではなかった。貧困の中では失業の余裕すらなく、低所得・不安定な就労であってもその日のために働かざるをえないからである。その意味で『不完全雇用』こそ雇用問題の核心であり、失業が中・上層の家計出身者に許された『贅沢』と見なされてきた」［山本.1999:175］。フィリピンの統計では、調査前1週間以内に1時間でも働いていれば「雇用」、調査後2週間以内に仕事に就労する予定の人は「雇用」とされている［Rhea.1999:3］。反対に、週に1時間も働けなかった人、仕事への就労予定が2週間以上ずれ込む人は、「半失業」とされている。さらに、まったく仕事に就労しておらず、その予定もない人は「失業」（visible unemployment）とされている。このように、「雇用」の定義が緩やかである。半失業の状態にある人は、実際は、政府統計をはるかに超えると思われる。

31）1990年の行政資料をもとに、マニラの近隣（barangay）住民の社会経済的地位構成を分析した論文［Banzon & Cynthia.1998:31］がある。それによれば、Aクラス（富裕層上）とBクラス（富裕層下）を合わせて0.7％、Cクラス（中流層）45.8％、Dクラス（下層）38.6％、Eクラス（最貧層）14.8％であった。これに図1-2を重ねると、A・Bクラスが「新富裕層」、Cクラスが「新中流層」、Dクラスが「新貧困層」、Eクラスが「流動的貧困層」にほぼ照応する。中枢都市マニラの階層構成であるだけに、Cクラスの幅が大きい（前掲論文では、大きすぎるとも思われる）。社会全体の階層比率の算出については、他にも試みがある。田巻松雄は、職業上の地位を指標に階層比率を算出した［田巻.2000:83-90］。今野裕昭は、職業上の地位と従業上の地位のクロスにより階層比率を算出した［今野.2000:65］。そして、「専門・技術的、管理的、事務的の職種に就く被雇用者」を新中間層と定義した。このような階層区分には、新中間層を含め、階層化の目的や基準をめぐる方法的な問題が関わっている。

32）2006年の台風（Milenyo）の時、金持ち（「新富裕層」）は高級ホテルに避難し、市民（新中流層）は、災害グッズを買おうとスーパーマーケットに殺到したが、貧乏人（新貧困層）には避難する場所がなかった。「台風は、木々や広告塔、電柱をなぎ倒しただけではなく、フィリピンの深まる階級的亀裂を浮き彫りにした。とはいえ、貧乏人は、いつも電気を差し止められているので、闇夜の生活には慣れている」［PDI. Oct.2nd,2006］。新聞に、このよ

うな貧富の格差を伝える記事が散見される。

33) この「極貧」の自己評価4％は、少なすぎると思われる。貧困の自己評価は、相対的剥奪感（relative deprivation）の表出であり、そこには、自尊感情や他者の視線等の心理的要因が介在する。その限りで、主観的認識と客観的状態は別物であり、両者は一致することもあれば、しないこともある。政府資料によれば、マニラの2003年の貧困発生率は4.8％であった［NSCB.2005:64］。この数字と主観的認識の乖離は、大きい。2007年にマニラの5人世帯の貧困線は、8,061ペソ／月であった［PDI.Mar.6th,2007］。これに対して、主観的貧困線は10,000～12,000ペソであった［PDI.Dec.20th,2006］。このような事情から、政府の貧困発生率（poverty incidence）の算出方法には、批判が多い。その中身については、第2章を見られたい。

34) 社会情勢観測所によれば、2006年9月に、調査世帯120の内、フィリピン全体の16.9％、マニラの17.7％が、調査前3カ月に飢餓（hunger）を体験していた。マニラでは、調査世帯の46％が自らを貧困者と思っていた［TPS. Nov.2nd, 2006］。このような調査結果に対して、政府や議会から、貧困は軽減されている、飢餓率は「実態」から乖離しているという批判が出された。それに対して、社会情勢観測所は、それは人々の「主観的な」貧困認識であり、問題は、「実態」（貧困の現実）とどうして乖離しているかにこそあると、反論した［PDI.Nov.22nd,2006］。

35) アフリカのザンビアで、フォーマル部門の男性労働者が副業としてインフォーマル部門に参入し、その結果、女性がより劣悪な収入の職種に追いやられた［児玉谷.1998:136-137］。そしてインフォーマル部門は、「増大する貧困な人々の生き残りのための場」となった。それは、「希望のインフォーマル部門（informal sector of hope）」ではなく、「絶望のインフォーマル部門（informal sector of despair）」になった。同様のことは、マニラについても指摘できる。

36) 地方自治省*によれば、全国12万人の警察官の62％が、給料が安く、貧困線以下の暮らしに甘んじ、粗末な家に住んでいる。彼ら彼女らは、「ホームレス警察官」（homeless policeman）である。7万4,000人の警察官は、わが子を義務教育の学校に送ることができていない［TPS.Oct.26,2006］。このような新聞記事がある。警察官を中間層（下層）と見做すとして、この実態はいかにも厳しい。他の下・中級公務員も類似の境遇にあると思われる。給料が定額の公務員は、物価の高騰に直撃されている。

37) スラムとは、都市の、貧困者が居住する劣悪な居住環境の地区をいう。しかし、彼ら彼女らは、その家屋や土地に居住する権利を持つ。スラムは、居住階層において、住民が居住権を持たないスクォッターより上層に位置づく。

第2章　労働と運動

　本章では、マニラの都市底辺層における労働の趨勢（労働のインフォーマル化）、およびそれに抵抗する労働運動の状況を一見し、その中での最低賃金の決定をめぐるポリティクスについて議論する。もって、新労務層仮説の検証の1つとなす。

1. 労働の趨勢

労働人口

　マニラ（首都圏）の人口は、1975年497万人、95年945万4,000人〔NSO.1997a:320〕、2000年993万3,000人で、2000年にフィリピン人口の12.9％〔NSCB.2007b:2〕であった。マニラは、1960～70年代に全国から出稼ぎ人口を吸収して膨張した。その後も人口増加を続けたが、増加率は漸減した。マニラの人口増加率は、1970～80年4.10％、1980～90年2.98％、1990～2000年2.25％であった〔NSCB.2007b:1-4〕。フィリピンの都市への人口流入は、年間100万人を超えた。2006年に、フィリピン人口の52％が都市に住んだが、2010年には60％に及ぶと予測された〔TPS.Oct.1st,2006〕。しかし当時すでに、人口増加は、大都市ではなく、工業化が進展する中小都市で進んでいた。国家経済開発局*によれば、マニラ周辺のダスマリニャス*やカビテ*、サンタロサ*、ラグナ*において、2000年に10％を超える人口増加率を見ていた〔TPS.Oct.1st,2006〕。これとともに、貧困問題も大都市から中小都市へ比重が移りつつあった。では人口増加の中身は、どうだったろうか。1985～90年に地方からマニラへ流入した人口は、46万3,000人であった〔NSO.1997a:402〕。マニラから流出した人口は、33万5,000人であった。その結果、純流入は12万8,000人、年平均で2万6,000人であった[1]。マニラ人口における新来者の割合は、1970～80年37.0％、1980～90年16.3％であった〔Pernia.1994:40〕。これに対して、この間のマニラ人口の自然増（誕生人口－死亡人口）は、年平均20万5,000人であった〔NSO.1997a:368〕。ゆえに、増加人口に占める流入人口率は11.3％となる（2.6÷(2.6＋20.5)×100）。つまり、この時期すでに、マニラの人口増加に占める流入人口率は1割強にすぎなかったことになる。人口増加は、ますます自然増に依るものとなっていた。これは、スクオッター人口にマニラ生まれの人々が増加している事実に照応する。例えば、ケソン市の第二居住区バランガイ[2]の調査によれ

ば、1997年に、人口の50％がマニラ生まれで、80％がマニラに10年以上住んでいた［Endeiga.1999:.31］。他方で、マニラの企業数は減少した。全国におけるマニラの製造業の比重も、低減した。それは、地方都市において製造業が成長した結果である。人口流入の歯止めの主因は、このような産業基盤の拡散（decentralization）に伴う、地方都市における就労機会の増加にある。とはいえ、マニラの労働人口は漸増している。それは、1990年316万5,000人［NSO.1996a:162］、94年358万6,000人［NSO.1996a:166］、98年436万1,000人［NSO.1998:xxxvi］であった（各年10月の数字）。この労働人口の増加の大半も、マニラの中で生じたと思われる。

　マニラの失業率は、2000年に17.8％で、「可視的な半失業」（visible underemployment）の率は4.0％であった［NSO.2000:1.4］[3]。失業率は、1997年14.5％、98年15.1％、99年16.0％［NSCB.2000:11-14］、2005年14.1％［NSO.2005:xlii］であった。不安定な雇用状態にある人は、これに留まらない。雇用人口は労働力人口の88.2％を占めたが、上述したように、ここには、統計上の「雇用」の定義が広すぎるという問題がある。

　実質的な失業ないし半失業の比率は、統計を上回り、雇用人口率はかなり低減すると思われる。また、雇用人口には非正規雇用の人口が含まれる。国家統計局[*]によれば、2000年に、雇用人口の12.5％が「期間・季節」雇用で、1.7％が「日雇・週雇」であった［NSO.2000:258］[4]。これに先の失業・半失業人口を加えると、雇用人口の33.5％（144万2,000人）が不安定な雇用状態にあることになる。それは3人強に1人である。労働者は、失業しても無収入では生きることができない。なんらかの収入を求めて活動する。その意味で、失業と半失業は連続している。これに、劣悪な就労条件や低位な賃金等の要因を加えると、苦しい就労状態にある人は、さらに増加する。

雇用人口

　マニラの産業構造が、変容しつつある。まず、インフラストラクチャが整備され、集中的な工業化が行われてきたが、1980年代以降、そのペースは落ちた。全国の製造業生産に占めるマニラの比重は、1980年44.7％、92年39.0％

表2-1　産業別労働人口比（マニラ）

	マニラ			全国
	1988*	1995**	1998***	1998***
第一次	1.7	3.5	1.0	40.3
第二次	28.0	25.5	23.8	15.3
第三次	70.3	71.0	75.2	44.4

* ［DOLE. 1991: 23-24］
** ［DOLE. 1994: 38］
*** ［NSO. 1998: 69］

［Balisacan.1996:25］で、それは製造業投資額の減少に照応する。これに対して、マニラのサービス業の比重は漸増してきた。全国のサービス業生産に占めるマニラの比重は、1980年36.7％、92年41.3％であった。マニラの総生産額に占める製造部門（製造、建設、電気水道等）の割合は、2000年38.8％、04年35.9％であった［NSCB.2005:28］。これに対して、サービス部門（運輸通信、販売、金融、不動産、対個人サービス、公務員等）の割合は、2000年61.2％、04年64.1％であった。これらの数字に、マニラの産業別雇用人口の動向が照応する。表2-1を見られたい。

　雇用人口の第二次産業の比率が、全国より高い水準にありながら低減し、第三次産業の比率が増加している。第三次産業は、全国の水準よりかなり高い。

表2-2　職業別労働人口比

	マニラ			全国
	1991*	1995**	1998***	1998***
専門・技術	10.4	10.3	9.1	6.0
経営・管理	3.3	3.7	4.3	2.0
事　務	11.5	11.2	10.8	4.5
販　売	19.9	21.0	20.3	14.7
サービス	18.9	20.6	23.5	10.6
農林漁業	1.1	1.1	0.9	39.6
製　造	34.9	32.5	31.1	22.6

* ［DOLE, 1991: 38-41］
** ［NSO, 1995a: 31 & 34］
*** ［NSO. 1998: 31 & 33］

表 2-3　職業別所得型（マニラ 1998 年）

	賃金給与	自己所得	未払家族	計（千人）
専門・技術	86.6	12.5	0.9	336
経営・管理	63.1	34.4	2.5	160
事　　務	97.0	1.9	1.1	401
販　　売	32.9	56.9	10.1	752
サービス	90.1	8.2	1.7	873
農林漁業	62.9	31.4	5.7	35
製　　造	81.2	17.2	1.6	1,150
計	74.7	21.9	3.3	3,707

［NSO. 1998: 76］

　ここに、雇用人口のサービス化が指摘される。次に、マニラの雇用人口を職業別に見ると、表2-2 の通りである。
　1990年代を通して製造職の率が低減し、サービス職および販売職で増加している（事務職の率の低減は、製造職のそれに伴うと思われる）。しかしそれでも、製造職の率は全国平均より高い。ここに、工業化の高い水準を保ちながらサービス経済化するという、マニラの就労構造の二重の変容を見ることができる。次に、職業別の所得形態について、表2-3 を見られたい。
　まず職業別に、所得の型では全体に「賃金給与」の率が高い。これには、企業規模から零細事業に至る雇用者が含まれる。また、「自己所得」が5人に1人に及ぶ。それには、零細事業者が多いことを窺わせる。販売職で「自己所得」および「未払家族」の率が高い。これも、零細な卸小売業者が多いことを窺わせる。経営・管理職の「自己所得」の多くは、企業者と思われる。また行政資料により、所得型を女性について見ると、「自己所得」で販売職が61.0％と高い（次いで経営・管理職が21.3％である）［NSO.1998:78］。それは、販売職（および経営・管理職）の中心が、零細な卸小売業であることを窺わせる。最後に、代表的職業について、1995年における月額の平均賃金を見ると、表2-4 の通りである。
　賃金は、専門・事務・熟練工の一部で5,000～6,000ペソ台、サービス・半熟練工で4,000～5,000ペソ台、事務補助・サービス・未熟練工で3,000ペ

表2-4 代表的職業の月額平均賃金（マニラ．1995年．10人以上規模企業．ペソ）

専門職	看護師	4,627		生産職	職工	5,005
	学校教師	6,328			縫子	4,543
事務職	簿記会計	6,889			パン職人	3,420
	連絡係	3,659			機械工	4,966
	一般事務	5,833			オペレータ	4,675
販売職	販売	4,674			電気工	7,865
サービス職	給仕	4,252			土管工	4,656
	門衛	3,814			大工	4,254
	警備	4,096			仲士	4,990
					運転手	4,950
					一般作業員	4,566
				平　均		4,935

[NSO.1998: 142]

ソ台である。同年のマニラの公定最低賃金は145ペソ／日で、月に22日（土曜・日曜休み）働いたとして月額3,190ペソになる。これを見る限り、いずれの職種も最低賃金を上回る額にある。しかし、同年のマニラの公定貧困線は、月額6,074ペソ／人（1世帯6人平均として）であった［MMHP,1996:12］。とすると、事務職や熟練工でさえ、賃金は最低生活水準に及ばないことになる[5]。そのため、一世帯に複数の稼ぎ手が必要になる。

　新自由主義経済のもと企業間の競争が激化し、弱小企業が淘汰される。企業のリストラクチュアリングやアウト・ソーシング、倒産が増加する。その中で、企業は、人件費削減のため労働者の雇用調整（期間雇用や一時帰休、解雇）を行う[6]。1995年に、マニラの半失業者は23万8,000人（7.7％）、失業者は63万4,000人（17.0％）であった［DOLE.1996:18］。1998年に、半失業者は34万1,000人（7.8％）、失業者は66万人（15.1％）であった［NSO.1998:1］。1995～98年に、半失業率・失業率がほぼ同水準であったとしても、毎年労働人口が増加するため、それらの実数は増加している[7]。その分、人々の目に状況は厳しく映る。マニラで1997年に、経済的理由による倒産企業は575で、対象雇用者は2万9,000人であった（解雇63.0％、一時帰休26.8％、輪番制10.2％）［DOLE.1998:113］。この背後には、膨大な数の非

正規雇用（臨時casual/project、契約、仕事割りjob division、出来高払い、小回り）[8]の労働者が控えている［Nera-Lauron,1999:13］。

2000年代に入って、雇用人口の動向は、次の通りであった。マニラの就労人口は、2005年（4月）に406万9,000人で、失業率は14.4％であった［NSO.2005: xlii］。就労人口の割合を産業別に見ると、製造業22.1％、サービス業76.7％であった［NSO.2005:28］。職業別では、サービス職種65.0％、製造職種33.5％であった［NSO.2005:11］。就労者の所得形態は、賃金・給料2.4％、自己計算25.1％、無給家族従業者2.6％であった［NSO.2005:38］。その内、私企業・家族経営就労者について産業別に見ると、卸小売修理等16.7％、運輸通信関係13.6％であった［NSO.2005:56］。同じく自己計算では、卸小売修理等57.2％、運輸通信関係10.7％であった。また、職業別に見ると、私企業・家族経営就労者では、一般・未熟練工23.4％、サービス小売17.9％で、同じく自己計算のそれでは、一般・未熟練工27.7％であった［NSO.2005:38］。さらに、賃金・給料取得者と自己計算の人（計396万3,000人）について、雇用上の地位を見ると、常雇・無給家族就労者77.6％、短期・季節・無給家族就労者20.3％、日・週ごとに雇用主が変わる人2.0％であった［NSO.2005:139］。

これらの実態から、次のことが指摘される。1つ、産業構造ではサービス部門、職業構造ではサービス職種の比重が大きい。2つ、全体に、小規模・自営・低位な条件のもとでの就労がめだつ。具体的に、①賃金・給料を貰う人の中に、家族経営就労者が含まれる。自己計算の人の多くも、家族経営規模の就労者と思われる。②賃金・給料取得者に、産業別では卸小売修理サービスや運輸通信関係の就労者、職業別では一般・未熟練工、サービス小売が多い。③自己計算の人にも、卸小売修理等や運輸通信関係の就労者が多く、また一般・未熟練工の人が多い。④賃金・給料および自己計算の就労者における雇用上の地位で、無給の家族就労者、短期・季節・無給の家族従業者が多い。これには、日ごと・週ごとに雇用主が変わる人も含まれる。

インフォーマル部門

　マニラの60〜70％の人が、日々、ストリートの露店やヴェンダーから食べ物を買っていると言われる［Nera-Lauron.1999:69］。インフォーマル部門による安価な商品の供給が、フォーマル部門就労者の低賃金を可能にしている［Indon,1998:7］。また、貧困者の「多くにとって、路上で食品を買うことは食物を用意し調理する時間を節約することになる。その時間を、金を稼ぐ方に振り向けた方が得だと彼らは考えている」［不二牧.2001:31］。このように、インフォーマル部門には積極的な経済機能がある。しかし、インフォーマル部門には、見えない屋内での仕事や移ろいやすい仕事が多い。インフォーマルな事業体と雇用人口の実態を直接に教える資料は少ない。入手可能な資料として、国家統計局が1995年にマニラのインフォーマル部門を調査したものがある［NSO.1995a］。国際労働機構（フィリピン支部）は、その概要を要約し、かつ自らの事例調査を取り込んで、マニラのインフォーマル部門の全体像を描いた[9]。その結果は、次の通りであった［ILO.1997: Foreword & Chap.1］。

　（調査の網にかかった）マニラのインフォーマル部門就労者は、1995年に53万9,000人であった。その内、事業者（10人以下の従業員の事業体の経営者）は65.1％であった。事業内容は卸・小売業47％（その内、サリサリストア[*10]30％）、サービス業（洗濯・掃除・修理等）14％、製造11％（その内、繊維・衣料・皮革が50％）、ホテル・レストラン10％、交通（運転・助手等）9％、建設（土工）3％、農業3％、その他3％であった。卸小売業の比重は、前掲の表2-3の「販売」×「自己所得」率の高さに照応する。事業者の81％は、1人で働く程度の事業規模である。女性の事業者は、全体の49％を占める。これは、前掲の女性の「販売」×「自己所得」率の高さに照応する。インフォーマル部門の雇用者は18万8,000人で、その内、女性は44％であり、雇用者の3分の2は非親族からなった。インフォーマルな事業体は増加した。一方で、マニラの労働人口の増加率が、人口増加率を上回る（4％台＞3％台）。他方で、フォーマル部門の雇用創出率が低減する（1988年の28％から93年の13％へ）。この結果、インフォーマル部門への参入者が増加した。それは、マニラにおける職業構造のサービス職種への傾斜に照応する。また、地方からマ

ニラへの流入者は減少している。1995年に、インフォーマル部門就労者で過去10年以内にマニラへ移住した人は、5％に留まった［Joshi.1997:8］。今やマニラの労働力は、（マニラ移住10年以上の者や移住二世・三世の）都市住民から補填されている。

　インフォーマル部門の事業体と就労者の増加に伴い、部門内の階層分化が進んでいる。中西徹は、職種への参入障壁と生産性を基準に、インフォーマル部門を低生産性部門と高生産性部門に分類したが［中西.1991:130-137］、今、その分化が進んでいる。一方で、少なくとも事業体の1割余は成長し、労働者に雇用と収入の安定を保障している。インフォーマル部門就労者を世帯収入で見ると、月額5,000～1万ペソの人が33％いる。これは、貧困線をやや上回る階層である。さらに、1万ペソ以上の人が23％いる。これは、安定した生活階層である。中には、フォーマル部門からインフォーマル部門の「高生産性部門」に流れた者もいる［Yu.1996:5］。この人々は、収入が貧困線を上回る非貧困者である。他方で、1988年に、インフォーマル部門就労者の70％が、貧困線以下の収入であったが、それは95年には39％に低減した。これは、富裕層が増加したためというより、月額5,000～1万ペソ水準の、貧困線をやや上回る階層が増加したためと思われる。

2. 労働のインフォーマル化

　マニラの労働が変容しつつある。その変容は、労働のインフォーマル化として論じられてきた。本書では、新労務仮説に基づき、労働のインフォーマル化を、広義に3つの意味を含めて呼ぶことにする。1つ、フォーマル部門の就労実態が、インフォーマル部門のそれと大差なくなったという意味である。2つ、フォーマル部門に付随して新たなインフォーマル職種が現れたという意味である。3つ、旧来のインフォーマル職種が膨脹したという意味である。これらの労働のインフォーマル化には、共通の特徴がある。それは、その職種の多くは、サービス経済化とともに隆盛した企業、また、そこで働く新中間層・新富

裕層の需要により創出された、という点である。本書では、これらの職種を新労務、それに就労する人々を新労務層と呼んでいる。

フォーマル部門のインフォーマル化

　労働のインフォーマル化の1つは、フォーマル部門のインフォーマル化である。その中心は、雇用の契約化（contractualization）にある。市場開放と自由競争のもと、企業間の競争が激化し、弱小企業が淘汰される。企業は人件費を切り詰めて、製品をコスト・ダウンすることで競争を凌ぐ。これが、雇用者の人員整理と就労の契約化を促進する。契約労働とは、就労期間が契約により定められた雇用を指す。それは、フィリピンでは歴史的にネグロス*の砂糖黍農園に始まったと言われる［IBON.1996b:2-4］。そして、1960年代に門衛や警備員、水商売に広がり、その後、製造業・建設業・卸小売業・運送業に広がった。労働雇用省*によれば、1994年に、（調査対象とされた）マニラの10人以上規模の企業について見ると、契約労働者は、製造業、建設業、金融・保険業、サービス業に多く、全体で19万7,000人、雇用人口の7.9％であった［IBON.1996b:5］。契約率は、建設業が34.3％で群を抜いて高かった。建設工事が終わるたびに飯場が解体され、労働者が解雇される建設業において契約雇用率が高いのは、首肯できる。しかし、労働雇用省による産業全体の契約雇用率の算定は、実態よりかなり低いと思われる。とくにサービス業が6.1％、小売業が3.9％の比率は、実態から大きく乖離していると思われる。その理由の1つは、10人以下の零細企業が外されているという統計上の制約にある。労働雇用省によれば、1988～90年にマニラの製造工場の40％で、期間雇用が導入された［Tujan.1998:12］。そのおもな工場は、外資系電子産業の企業であった。非正規雇用者どころか正規雇用者でさえ、事業所の閉鎖や人員整理のため雇用が不安定化している。サービス業はもとより、製造業でも正規雇用者は少数派になった。このような実態を指摘する報告は、少なくない（例えば［IBON.1999b:5-6］）。労働者は、周旋業者や個人的な縁故を介して雇用契約を結ぶ[11]。地方雇用局*に登録された周旋業者は、全国に252社で、その内188社がマニラにあった［Valbuena.1996:6］[12]。マニラで、1995年に、5万

1,558 人の労働者が登録され、その内 4 万 9,055 人が就労した。未登録の業者はこの 2 倍と推測された。それらの労働者に加えて、縁故等で直接就労した者を含めると、契約労働者は 20 万人をはるかに凌ぐと思われる。契約労働者は、低賃金で、劣悪な雇用条件（労働時間が長い、労災補償がない、地位が不安定である）のもとで就労する人々であり、また、労働組合を作る法的権利を持たない[13]。業者を介して就労する場合、雇用主が賃金を業者に預け、業者は賃金の 10 ～ 15％を周旋料として徴収する。そのため労働者の手取りは、最低賃金水準以下に落ち込む。しかしそれでも、労働者には、業者が仕事を宛ってくれる契約雇用は、簡便で確実な就労方法である。また、契約雇用は、正規雇用に「上昇」する夢を育む。その結果、労働者は、不利な雇用条件に耐えることとなる。このような臨時雇や日雇等は、企業との契約雇用ではあっても、その就労実態は、不安定で劣悪な就労条件という点で、インフォーマル部門のそれと変らない。零細経営が多いサービス業、元請－下請の重層構造をとる製造業や建設業に、この傾向が顕著に窺える。労働者は、近代的資本に雇用されながら、就労実態においてマージナルな境遇に置かれている。そもそも製造業の 4 分の 1 は、事業規模からして実質インフォーマル部門に属する［Ofreneo.1995:23］。衣料や玩具、機械部品、靴、工芸品、家具等の製造の多くは、非正規の周縁労働力により支えられた零細家内工業としてある。

フォーマル部門の新インフォーマル職種

次に、フォーマル部門に付随する新たなインフォーマル職種の出現である。マニラの建設業は、1990 年代には停滞期であった。しかしそれでも、ビル・ホテル・住宅の建設や、高架鉄道Ⅰ・Ⅱ、高速道路等のインフラの建設と、建設工事は多かった。マニラで 1996 年に、104 件の大規模工事（大部分が交通インフラ建設）があり、180 億ペソが投資された（その内 78.9％が外国資本であった）［Belgosa.1997:57］。1997 年に、全国の建設事業投資の 40％がマニラに集中し、その内 85.2％が、マニラ首都圏のマカティに集中した。マカティからオルティガス*を経てクバオを繋ぐエドサ通り*に、高層ビル群が現れた。この建設ラッシュは、マニラの国際・国内の経済活動が活発だったことを

示す。建設工事の発注者の中心は、消費産業と情報産業である。このような産業の隆盛の中で、今、二群の新たなインフォーマル職種が生まれつつある。

1つ、マニラの随所に、レストランやコンビニエンス・ストア、モール、ブランド品専門店等が増加した。これらの消費産業に対して、フィリピンの企業とともに、外国企業（とくにアメリカ）の投資がめだつ。消費産業は、販売員、調理人、掃除人、駐車場管理人、商品運送係等の新たな職種を生んだ。労働集約産業である消費産業の雇用創出力は大きい。しかし雇用の多くは、正規雇用ではなく契約雇用である。また、賃金は低位で（消費産業を含め、マニラ全体で、労働者に最低賃金さえ払っていない企業が、20.8％に及ぶ［IBON.1999b.11:10］）、労働時間は不規則かつ長い。その例として、次のようなケースがある。1999年11月、大手スーパーマーケットであるシューマート*の正規雇用者が、賃上げのストライキを打ち、会社に平均賃金273ペソ／日に65ペソを上積みさせて、勝利の内に終結した。しかし、同じ仕事をしながら企業との団体交渉権がない契約労働者や研修生の賃金は、最低賃金以下の平均189ペソ／日に据え置かれた［KMU.1999.11.12］。消費産業の契約雇用自体は、近年の現象ではない。しかし、新中流層の人々を顧客とする消費産業の成長と契約雇用の急増は、明らかに1990年代以降の現象である。フィリピンでは工業の基盤が弱く、労働者階級の形成が押し止められている。その傍らで、経済のサービス化が進んでいる。その結果、契約雇用や最低賃金に及ばない雇用が増加している。

2つ、情報産業の隆盛に伴い、IT（Information Technology）関連職種の需要が増加しつつある。そのため、プログラマーを養成するIT関連の大学や専門学校、職業訓練校が増加し、それらはすでに400校に上るといわれる［朝日.2000.5.22］[14]。若者の間に、コンピュータ・ブームが広がっている。とはいえ、プログラミング技術を使える仕事に就労できる若者は、ごく一部である。コール・センターに就職できる者は幸運な方で、多くはコンピュータ関連職種の下働きや、コンピュータ・カフェやショップの店員に留まる。それらに就労できた場合でも、契約雇用で賃金や労働条件は劣悪である。その実態は、飲食等の消費産業の場合と変わらない〔調査協力者Aの話。2009年11月27

日〕[15]。これらの労働者は、フォーマル職種がインフォーマル化したというより、正規雇用であると非正規雇用であるとに関わりなく、最初から劣悪な条件で雇用された人々である。

インフォーマル部門の膨張

最後に、旧来のインフォーマル部門が膨張した。インフォーマル部門の就労者が増加したことについては、先に見た。経済のサービス化に伴い、対事業・対個人サービスの職が増加した。その中心は、新津晃一のいう「フォーマル部門直接依存部門」〔新津.1989:53-57〕の職種群である。そこにはまず、企業に雇用されるインフォーマル職種であるサービス職種（清掃、警備、門衛、運転手等）が含まれる。次に、フォーマル部門に就労する新中間層の人々に対する個人サービス職種（家事・育児・庭師・美容師等）が含まれる[16]。表2-3で「賃金給与」を得る「サービス職種」の多くに、これら対企業・対個人サービス職種の人々が含まれる。それらが旧来のインフォーマル職種に加わり、その結果、インフォーマル部門が膨張した。サービス業関連のさまざまな労務職種（清掃、警備、門衛、運転手等）や、新中流階級への消費サービス（家事・育児・運転手等）、家内製造（機械部品、縫製、皮革等）、販売等の職種がそれである。いずれも、劣悪な労働条件と低位な賃金の職種である。近年、マニラで、情報処理、事務機器組立て・修理、ビル清掃、警備、駐車場管理、運転手・助手、大型店舗従業員等の仕事が増加した。著者の路上観察においても、情報専門学校、コンビニエンス・ストア、ショッピング・モール等が急増した。

1980年代後半〜90年代にかけて、製造業の就労者が減少し、その分、卸小売業の就労者が増加した。その場合、地方からの流入者が減少していることは、すでに見た。経済のサービス化に伴い、インフォーマル部門は内部で分化して、その上層部分が増大した。そこへ、フォーマル部門から人々が資本を携えて参入した。インフォーマル部門は、周縁労働力の受け皿としての経済的機能を担うだけではなく、労働市場全体に対する雇用調整機能が高まっている。他方で、下層の人々は、インフォーマル部門の伝統的職種に滞留する。これ

に、フォーマル部門下層の不安定就労層が隣接する。こうして、インフォーマル部門の中で上層／下層、伝統的職種／新たな職種の分化が進む。インフォーマル部門上層は、大きい収入稼得力を持つビジネスとしての性格を強める。他方で、下層部分は、相対的過剰人口のプールとして、生存維持的な性格を持続する。こうして、フォーマル部門とインフォーマル部門は繋がった。貧困層はインフォーマル部門に、労働者や中間層はフォーマル部門に就労するという、二重化された労働市場は崩れつつある。

3. 新労務の実態

雇用の不安定

　経済のグローバル化の中、企業間の競争が激化する。その結果、企業の倒産が相次ぎ、労働者が解雇される。2002年1～2月だけで、マニラの企業倒産は152件、雇用を削減した企業は671社、解雇労働者は約3万人に及んだ[Padilla.2002:6]。企業は、生き残るために労務費（賃金、諸手当、諸保険）を削減する。労務費を削減する方法の中心は、雇用形態の正規から非正規へのシフトである。非正規雇用者は、研修員や見習と同様、雇用が安定せず、賃金が低位で（最低賃金以下が多い）、手当や保険等の保障がなく、労働組合員としての団体交渉権がない[Tujan.1998:11]。残念にも、非正規雇用の労働者数を示すまとまった資料がなく、断片的な情報が散見されるだけである。国際労働機構（フィリピン支部）によれば、すでに1992年に全国の企業の73％で契約雇用を導入していた[IBON.2001a: 8]。民間の研究団体イボン*によれば、2000年に、全国で377万8,000人が労働組合に組織されていたが（雇用労働者の12％）、その内、企業との労働協約*の対象者であった労働者は12.9％に限られた[IBON.2001a:6]。つまり、労働組合員の87.1％が、雇用主との労働協約が成立していない組合の労働者であった。フィリピンで雇用の規制緩和が進んで、マニラで1995年に、252の人材派遣会社が労働雇用省に登録された。未登録の業者はその2倍に及ぶと言われた[Tujan.1998:13]。マニラの派

遣労働者は、1995年に31万9,000人であった[Nera-Lauron.1999:57]。これらの数字から、この時点ですでに、契約・派遣雇用が相当広がっていたことが分かる。ところが、先の国家統計局の統計にみた通り、マニラの派遣雇用(臨時・季節雇、日雇・週雇)は、2000年に14.4％であった[DOLE.1998:53]。この比率は、雇用の実態よりかなり低いものである。例えば、ショッピング・モールのシューマート*で、1998年に雇用者が2万余人いたが、6カ月契約の派遣労働者は、その9割を超えた[Tujan.1998:5]。国産ビールの製造会社サンミゲル*のマニラ工場に、雇用者が2002年に2,200余人いたが、その内、半数が契約労働者であった[KMU.2002.1.4]。大手企業でこの状態である。中小零細企業においてはなおさらと思われる。政府統計で契約雇用率が低く抑えられているのには、先に言及した調査方法の制約のみならず、さらに2つの理由がある。1つ、契約雇用であっても、実際は継続して反復・延長されるケースが多く、それが正規雇用並みに(間違ってまたは意図的に)カウントされている。その分、契約雇用の暗数が多くなっている。2つ、フィリピン労働法典*(1974年改定)の規定によれば、契約雇用は3カ月を最長とし、それを超えて雇用する場合は、正規雇用にしなければならない。同様に、見習雇用は6カ月を超えた場合は、正規雇用にしなければならない。どのような形態の雇用も、1年を超えた場合は正規雇用とし、その業務が存在する限り雇用関係は継続されなければならない[福島.1994:109-110]。しかし実際は、短期の雇用契約を反復して業務を継続する。何年働いても契約雇用という労働者が多い。これは労働法規違反である。ゆえに、行政機関に申告されにくい。

不安定雇用の帰結

　労務費の削減は、不安定な雇用を生み、不安定な雇用は、3つの事態を帰結する。1つ、低位な賃金である(手当のカットや保険の未加入も含む)。2つ、労使関係の悪化である。3つ、世帯の多就労化である。まず賃金である。政府の算定によれば、1997年のマニラの最低賃金(非農業)は、185.0ペソ／日であった[Haywood.1999:2]。これに対して、前掲のイボンが算定した(6人世帯に必要な)最低生活費は、402.8ペソ／日であった。最低賃金による最

低生活費の充足率は、46.0％であった。同様に、1998年は44.8％、2002年は50.9％であった。いずれも、最低賃金は最低生活費の半分前後の充足率でしかない。政府が算定した最低生活費は、2002年に309.1ペソ／日であった［Yu.2002:5］。この場合でさえ、最低賃金は85.7％の充足率であった。しかも労働雇用省によれば、マニラの企業のほぼ4分の1は、労働者に最低賃金さえ払っていない［Paddila.2002:5］。非正規雇用の労働者では、手当はもとより最低賃金も貰えない。低位な賃金の生活への圧迫は、明らかである。

次に、労使関係である。企業の労務費削減は、不安定な雇用や低位な賃金を生じ、さらに、雇用・労働条件の改善や賃金の上昇を図る労働組合の活動に対する弾圧を結果する。正規雇用者が減少し、非正規雇用者が増加した結果、正規雇用者の地位さえ安泰でなくなった。劣悪な就労状態は、労働組合の活動を惹起する。これに対して、雇用主による組合活動の弾圧は激しくなる。組合潰しや御用組合の結成、ロックアウト、組合活動家の解雇、労働協約や行政機関の勧告の無視が頻発している［IBON.2001a:6］。マニラのストライキ・ロックアウトは、宣言件数・突入件数のいずれも減少している［Tujan.1998:15］。また、新規の労働協約の締結件数も、減少している。正規雇用が減少して、組合活動は困難になっている。それに加えて、労働法典をめぐる問題がある。雇用主による契約雇用の固定化、最低賃金支給の不履行、種々の違法な労働慣行、組合活動の弾圧、そして労働協約の違反等は、いずれも違法である[17]。しかし、政府機関にそれを監督し、企業を強く指導する力はない。それどころか、政府の中に労働法典の改定の動きさえある［IBON.2001a:5］。政府は、資本の国際競争力を高めるとして、企業による労働の契約化や柔軟化（flexibilization of labor 多能力労働力化へのシフト）を容認する姿勢にある。

最後に、世帯の多就労化である。世帯のおもな稼ぎ手の賃金が低位なため、家計を支えるには、兼業・副業や複数の稼ぎ手が必要となる。第二の稼ぎ手の中心は女性である。フィリピンで、女性はもともと重要な稼ぎ手であった。近年、経済のグローバル化における労働の女性化（feminization of labor）が、世界的に指摘されている［足立.1999］［雑賀.2001］。フィリピンでも同様である。企業は、「従順で」適応力がある女性を低位な賃金で雇用する［Philomel

& Padilla.2002:1-6］。仕事の規範や中身は、伝統的な仕事の延長にあり、補助的な職種が中心である。それには、次のような職種がある。①紡績・衣料、電器製品、半導体等関連の工場労働（例えば、マニラの、電気製品の部品を作る外資系企業Ohlips Components会社の雇用者3,000人の7割が女性であった）。②下請けの家内労働。衣服、下着、皮革、ハンディクラフト、宝石装飾品等の製作である。③卸小売関連の仕事。小売店、デパート、モール等の販売員である。④サービス業関連の仕事。ホテルやレストランの従業員、看護婦、保健婦等である。⑤各種技能職の仕事。美容師、マニキュリスト、ヘルパー、子守り等である（フィリピンに、家政婦・夫が100万人いると言われるが、そのほとんどが女性である）。⑥自営業の家族従業員。縫製やハンディクラフトの製作、食品関係の仕事が多い。⑦各種の性的労働（近年、ビキニ姿で客の車を洗う仕事が、新聞でひんしゅくを買った）。契約・期間雇用（とくにパートタイマー）は、女性が多い職場で多い。このように、企業は安価な労働力を求め、世帯は追加収入を求めて、女性を労働市場へ送り込んでいる。

4. 新貧困の実態

貧困の動向

　不安定な雇用や低位な賃金は、生活の困窮化を帰結する。マニラの貧困線は、1997年184.6ペソ／日、98年207.8ペソ、2002年295.0ペソであった［Haygood.1999:3］［Yu.2002:5］。貧困線の上昇は、最低生活費の上昇と歩を一にしている。政府は、賃金を抑えて外国の投資を誘うために、貧困線を低く抑えていると言われる［Yu.2002:4］。実際、政府機関による貧困線の算定方法に対して、多くの批判がある［World Bank.1996:61-62］。しかも、契約雇用の労働者には、多くの場合、最低賃金さえ支給されていない。このような実態から、労働者世帯の貧困は、容易に推察できる。しかし、政府によれば、全国の貧困世帯の発生率は、1991年13.2％、94年8.0％、97年が6.4％であった［DOLE.1996:228-229］［NSCB.2000:40］。その比率は、貧困の実態からほ

ど遠い。ただし、契約雇用の労働者(世帯)の大半が貧困者であるとしても、インフォーマル部門の就労者のすべてが貧困者ということではない。国際労働機構(フィリピン支部)によれば、1988年に、インフォーマル部門の就労者世帯で月収5,000ペソ未満の世帯は44％、1万ペソ未満は33％、1万ペソ以上(生活余裕層)は23％であった［Joshi.1997:12］。インフォーマル部門就労者は、生存維持層と貯蓄・投資可能層に分化しつつある。同じことは、雇用労働者についてもいえる。つまり、正規雇用が減少し、契約雇用が増加するにつれて、正規雇用と契約雇用の労働者の所得格差は拡大しつつある。今や、正規雇用者の地位は、エリートと化しつつある。このように労働のインフォーマル化は、自営業層や雇用労働者の階層分化を結果している。その過程で、多くの人々が、貧困層として沈殿しつつある。

貧困の定義

都市貧困層とは、具体的にだれを指すのだろうか。これまで、この問題が厳密に問われることは、あまりなかった。経済のサービス化のもと、都市貧困層は変容した。本書は、第1章において、その変容に着目し、都市貧困層に換えて都市底辺層の概念を提示した。では、肝心の貧困をどう捉えたらよいのか。その問題は、都市底辺層および新貧困の理解にとって、重要な論点となる。貧困の定義は、普通、政府が設ける貧困線(poverty line)が尺度とされる。それは、フィリピンでは、貧困の合理的・明示的な指標として、政策・社会運動・研究に大きな影響力を持っている。貧困線は、国家統計調整局*により、地域の物価と住民の消費型を考慮し、世帯収入を単位として算出される[18]。そして、貧困線に達しない収入水準にある世帯が貧困世帯とされる。これに基づいて、貧困発生率が算出される(貧困世帯÷全世帯×100)。

国家統計局は、1994年のマニラの貧困線(世帯月収)を1万1,312ペソとし、貧困発生率を8.0％とした［NSO.1996b:135］。貧困発生率は、1985年23.0％、88年21.6％、91年13.2％であった。政府統計によれば、貧困発生率の低減が著しい。ところが、大統領への政策諮問機関である都市貧民問題大統領委員会*[19]によれば、1990年にマニラ人口790万人の35.4％が貧困者であ

り、95年に人口910万人の36.3％が貧困者であった［PMM.1996:2］。これに よれば、貧困発生率は低減するどころか、上昇している。この期間に、マニラ人口は増加しているから、貧困者の実数も大幅に増加しているはずである。では、このような貧困の実態認識の差異は、どこから生じたのだろうか。その原因は2つ考えられる。1つ、貧困の定義が異なることである。政府の貧困定義は、「基本的な消費ニーズ（そのもっとも重要なものは、エネルギーと栄養の摂取）の充足に必要なモノやサービスの消費に及ばない最低の収入水準」［Balisacan.1994:14］とされる。これに対して、貧困問題の専門機関やNGOは、人間の尊厳（dignity）に見合った生活ができる収入水準（decent level）、つまり、基本的な消費ニーズプラス社会生活に必要なニーズに及ばない状態を貧困と見做している［World Bank.1996:62］。2つ、貧困の定義に主観的要因を含めるか否かである。政府の貧困概念は、基本的な消費ニーズを基準とする客観的定義である。これに対して、専門機関やNGOは、経済生活に対する人々の自己評価を含めて貧困を捉えている。他方で、国家統計局によれば、マニラ市民の世帯平均年収は、1991年13万8,256ペソ［NSO.1994:1］、94年17万3,599ペソ［NSO.1996c:1］、97年27万993ペソ［NSO.1999b:1］であった。世帯平均の貯蓄額は、1991年3万2,525ペソ、97年に6万3,153ペソであった。1993年に71万7,328世帯あった貧困世帯は、95年に43万2,450世帯に減少した［URC.1997:7］。著者の聞き取りでも、マニラの暮しが「よくなった」という人は少なくない。ところが、マニラにはもう1つの顔がある。1999年の最低賃金は、223ペソ／日であった。これは、1989年来据え置きのため、購買価値は152ペソにしかならなかった［IBON.1999c］。さらに労働団体によれば、それは78ペソにしかならなかった［KMU.1999.10.6:］。著者の聞き取りでも、暮らしは「よくならない」どころか、「悪くなった」という人が多い。失業は減少しないし、経済成長の恩恵は貧困者に届いていないという感情が、都市底辺層の間に広まっている［Balisacan.1997:1］[20]。

　こうして問題は、次のようになる。つまり、客観的な生活条件がどうかとともに、人々の暮らしに対する自己評価も、貧困の認識において重要となる。つまり、人々の「状況の定義」が、貧困に対する態度を形成し、適応行動を促

す。貧困の主観的認識をもって生活を評価する。すると、やはり生活は「よくなっていない」。これは、R・K・マートン（Robert K. Merton）のいう「予言の自己成就」(self-fulfilling of prophecy)［Merton.1957=61.chap.11］の心理的サイクルの過程である。こうして、貧困の現実的意味は、貧困の客観的状態とその主観的な感得の相互作用の中で決まっていく。ならば、このような貧困評価の相違は、何を意味するのだろうか。そこには、貧困を評定する人の都市貧困の問題に対する態度が投影されている。評定者が、状況が問題解決に向けて前進していることを強調したい時、貧困の定義は狭くなり、貧困発生率の算定は控え目になる。これに対して、問題の深刻さを強調したい時、定義は広くなり、発生率の算定は厳しくなる。前者が政府の一般的態度であり、そこでは、バラ色のマニラ像が強調される。後者が労働組合やNGOの一般的態度であり、そこでは、グルーミーなマニラ像が強調される。そこに、社会的立場に規定された、状況の定義のせめぎ合いがある。いずれの認識が「真正の」リアリティとして力を得ていくのか。それは実に、都市貧困問題をめぐる社会諸勢力の間の闘争により決定されていく。まさしく定義はポリティクスである[21]。

5. 運動と政治

労使関係

　都市底辺層の人々は、このような労働のインフォーマル化と生活の困窮化に、どのように対応しているだろうか。そこでは、どのような貧困定義のポリティクスが展開されているだろうか。次に、その実態を、労働組合運動の一端を通して見ておこう。経済情勢が厳しくなれば、労使関係も厳しくなる。雇用主は、企業の雇用調整を組合潰しの手段に用いる。正規雇用者を解雇して工場を閉鎖する。その時、組合指導者を優先的に解雇する。そして、工場を再開して、臨時・契約の労働者を雇用する。マニラで、このような事態が続発している[22]。その事態の数例を挙げると、次の通りである。電子製品関連A社は、バレンズエラ*の工場を生産性が低いとして閉鎖し、正規雇用者200人

を解雇して、ラグナに契約労働者だけの工場を設立した［Tujan.1998:6］。食品関連B社は、1988年以来、正規雇用の採用を停止し、95年には契約労働者が従業員の3分の2に達した［Tujan.1998:15-16］。同年、会社は組合指導者11人を解雇し、組合との団体交渉も拒絶した。1997年にさらに10人を解雇し、200人を一時帰休とした。その後、組合はストライキに突入した。食品関連C社は、1999年に正規雇用者300人中190人を解雇した［KMU.2000.6.8］。その中に、ほとんどの組合指導者が含まれた。組合はストライキに突入した。2000年に82人の組合員、78人の非組合員を職場復帰させ、160人の契約労働者を正規雇用にすることで妥結した。これは、争議がほぼ組合の勝利のうちに終了した数少ない例である。ゴム関連D社は、1991年に工場を閉鎖し、2,300人の正規雇用者を解雇して、生産を子会社に全面移譲した［Tujan.1998:16］。子会社では、契約労働者400人のみが雇用された。電力関連E社は、1986年以降、断続的に正規雇用者を非正規雇用者に代替し、7,000人いた正規雇用者は2000年には3,077人にまで減少した［KMU.2000.7.21; 7.26］。正規雇用者の解雇には、組合指導者が優先された[23]。

フィリピンには、政府・労働者・使用者の三者により労働争議の調停を図る共和国令875号の産業平和法*がある。それは、1965年にマルコス*政権が労働者の労働基本権を守る目的で法制化し、72年の戒厳令で発効停止となって、86年のアキノ*政権の誕生とともに復活した。しかしその直後から、労働雇用省へのストライキ通告の手続きを複雑化してストライキを実質非合法化する［Tujan.1998.:10］[24]、組合指導者やストライキ参加者を違法行為として処罰する、反対に、会社のストライキ弾圧を合法化する、ストライキ自体が困難な就労編成（輪番制等）を取る等の、政府・資本の動きが活発化し、そのため、産業平和法による労働基本権の保護の実効性が減退していった。「五月一日運動」*等の労働団体は、産業平和法の全面撤廃を要求した。これに対して、政府は、国際市場における企業の競争力の強化を図るとして、見習いの実習期間を半年から3年に延長する、最低賃金以下の就労を実質容認する、契約雇用に対する規制を外して全産業に拡大する、超過勤務・就労の輪番制・一時帰休等を容易にする等の雇用政策へと、産業平和法の強化と改変を図った。

行政資料に見るマニラの労働組合の現状は、次の通りである。1997年に、雇用者10人以上規模企業の労働組合は3,581あり、組合員は36万2,000人であった［DOLE.1998:298］。1995年に比べて、組合は24.7％増で、組合員は18.8％減であった［DOLE.1996:308］。また、10人以上規模企業で、労働組合がある企業は全体の16.9％で、労働者の加入率は23.4％であった［DOLE.1998:298］。1995年に比べて、労働組合がある企業の割合は0.8％増で、加入率は5.1％減であった［DOLE.1996:308］。1997年に、591件のストライキ／ロックアウトが通告され、これに15万8,000人の労働者が参加した［DOLE.1998:311］。1993年に比べて、ストライキ／ロックアウト件数は27.9％減で、参加者は29.1％減であった［DOLE.1996:320］。1997年に、53件のストライキ／ロックアウトが突入し（ストライキの通告を経て、実際に実施され）、3万7,000人の労働者が参加した［DOLE.1998:315］。1995年に比べて、突入件数は32.1％減で、参加者は53.9％減であった［DOLE.1996:324］。1997年に、263件の労働協約が合意し、その対象となった労働者は3万1,000人であった［DOLE.1998:302］。1995年に比べて、合意件数は68.5％減で、対象労働者は32.3％減であった［DOLE.1996:312］。これらの数字から、次のことが指摘される。1つ、労働組合は増加したが、組合員は減少した。組合加入率も低減した。2つ、ストライキ／ロックアウトの通告件数と参加者が、減少した。それらの突入件数は、さらに減少した。ただし参加者は増加した。これは、1997年に大企業のストライキ／ロックアウトが続発したことによる。3つ、労働協約の合意件数と対象労働者が減少した。このように、ストライキ／ロックアウトの通告と突入が減少したのは、雇用主も労働者も犠牲の大きいストライキ／ロックアウトを避けて、賃金・生産委員会の裁定に委ねるのが基調となるほどに、労使関係が成熟したという解釈がある［秀島.1992:81］[25]。しかし、このような解釈は不十分と思われる。まず、労働協約の合意が激減したことからして、労使関係の厳しい現実が窺われる。とくに1990年代以降の労使関係は、次のような趨勢にある。1つ、団結権・争議権を持つ正規雇用者が減少し、持たない契約労働者が増加した。組合員の減少と組合加入率の低減は、その証左である。2つ、組合運動の弾圧が強まった。

その全般的状況の一端は先に見た。政府・行政が、「産業平和」を名目にストライキ解散の命令を出す例も、増加した［Santos.1999:7］。

労働運動

　このような厳しい労働組合の情勢に、労働組合は、どのように応じてきただろうか。1997年に、マニラの労働組合数は、全国の48.9％を占め、労働組合員は全国の76.2％を占めた（比率は著者の計算による。以下同じ）［DOLE.1998:294］。また同年に、マニラのストライキ／ロックアウトの件数は全国の53.0％を占め、参加労働者は全国の71.7％を占めた［DOLE.1998:294］。さらに同年に、労働者と雇用主の間で合意に達した労働協約数は全国の49.5％を占め、その対象となった労働者の数は全国の33.1％を占めた［DOLE.1998:302］。いずれの数字からも、労働運動におけるマニラの中枢性を窺うことができる。マニラの労働市場は、雇用と労使関係を規定し、労使関係は労働運動[26]を規定する。そして労働運動は、マニラの政治を規定する。

　フィリピンの労働センター（労働組合連合）のおもな潮流には、次のものがある。1つ、フィリピン労働組合会議*である。それは1975年に結成された。それは、資本主義のもとで労働者の状態の改善をめざす政治的右派に位置する。2つ、「五月一日運動」である。それは、資本主義制度の変革をめざす政治的左派に位置する戦闘的な労働運動である。その中核に、労働組合全国連合*等の労働組合連合がある。3つ、変革のための労働者同盟*である。それは、1993年に「五月一日運動」を離脱して結成された。4つ、自由労働者連盟*である。それは1950年に結成された。変革のための労働者同盟や自由労働者連盟は、資本主義体制の変革までは主張しないが、しばしば左派「五月一日運動」と連携する政治的中間派に位置する。この他にもいくつかの労働センターがある。労働センターの歴史や傘下組合、規模、運動・政治路線は、フィリピンの経済・政治情勢の紆余曲折に規定されて錯綜しており、簡単な要約を許さない。

　2000年2月、著者は、いくつかの労働組合とストライキ現場を訪れた。限

られた見聞と資料の参照からではあるが、そこから、次のようなマニラの労働運動像（の一端）を描くことができる[27]。1つ、政府（労働雇用省）の労働争議に対する仲介機能が弱い。調停機関（調停員制度*や三者会議*）の機能も弱い。その結果、労働に対する資本の恣意が前面に現れる。露骨な労務対策と組合潰し（組合活動の日常的な妨害、組合指導者や争議参加者の解雇、労使交渉の拒絶、労働協約の不履行）が、常態化する。警察官・警備員等によるピケットの強制排除が頻発する。ピケット現場は、しばしば流血の惨事となる。2つ、労働者の権利・組合意識が高い。先にみたように、組合員は減少したが、組合は増加した。そこに、困難な状況の中で権利を主張する労働者の意志を窺うことができる[28]。ストライキのピケット現場で、労働者がテントを張って家族と寝泊りする。そこへ他企業の労働者や学生、スクオッター住民が、応援に駆けつける。マニラで、このような光景は珍しくない。現場では、女性の活躍がめだつ。多くの男性がいる組合で、若い女性が執行委員長という例も、少なくない[29]。3つ、労働運動の政治力が大きい。労働者の政治意識が高く、労働組合は、政治課題をつねに運動の中心に位置づけている[30]。左派系はもとより、中間派の労働組合でさえ、労働者に対する搾取と人権抑圧の元凶は、フィリピンの半封建的・半植民地的な経済・政治状況にあると主張している。労働組合は、反政府の国民的組織である愛国者同盟*[31]の主導力となる勢力である。1986年のマルコス政権打倒のピープルズ・パワーI*の中核には、愛国者同盟があり、その中核には労働組合があった。2000～01年、エストラダ*政権打倒のピープルズ・パワーIIの中核にも、それらがあった。4つ、左派系労働組合に共産主義の影響が大きい。ソ連等の「社会主義」国の崩壊後、フィリピン共産党の政治力は後退した。とはいえ、労働運動に対する共産党の影響は、今も大きい。フィリピン共産党は、左派系労働組合を、統一戦線である民族民主戦線*[32]の中核組織の1つと位置づけている。

「五月一日運動」

　左派系労働組合連合（の1つ）である「五月一日運動」の理念や運動は、マニラの労働運動に、少なからぬ影響力を与えている。そこに、今日のマニラの

労働運動の趨勢の一端を見ることができる。「五月一日運動」は、1975年に、マルコス大統領の肝煎りで創られたフィリピン労働組合会議の労使協調路線に対抗して、80年5月1日のメーデーに、マニラ・アラネタ*競技場に集まった8つの労働組合連盟と未加盟組合の1万人の労働者により結成された[33]。「五月一日運動」の名は、その結成日に由来する。組合員は、同年に5万人、翌年には10万人に増加した。「五月一日運動」は、結成当時の戒厳令下で、逮捕者や暗殺の犠牲者を出す弾圧を受けながら、1985年には、組合員50万人の労働センターに成長した。1986年に、(フィリピン共産党とともに) C・アキノを大統領候補とする選挙をボイコットして、勢力を後退させた(その後、共産党はその戦術の誤りを自己批判した)。「五月一日運動」は、アキノ政府に批判的支持の立場をとったが(政府と共産党の休戦協定には賛成、新憲法には反対)、1987年に起きたメンディオラ*虐殺事件[34]を経て、政府との全面対決に転回した。その後、「五月一日運動」の影響は後退し、1990年には組合員40万人に減少した。さらに1993年には、(共産党の分裂とともに)「五月一日運動」マニラ・リサール*支部の一部(加盟320組合中100組合)が離脱して、今日に至っている[35]。2000年現在、「五月一日運動」は、9つの全国組合連盟、中・南ルソンの3つの地方組合連盟、4つの大企業組合、200を超える中小組合から成る27万5,000人の組合員を擁する。参加組合は、農業労働者(砂糖黍農園労働者を含む)、工業労働者(輸出加工区の地下組織の労働者を含む)、運輸・通信関係労働者(フィリピン航空*、メラルコ電力会社*、高架鉄道局*等の労働者を含む)、サービス産業労働者(銀行、ホテル・レストラン業の労働者)、零細事業主・労働者(ストリートの物売り)等、多分野の組合からなる。その傘下に個別組合が、マニラおよび4ブロック(ルソン、ミンダナオ、セブ*、ネグロス)に括られる。労働運動は、基本的に、これらブロックごとに展開される。「五月一日運動」は、分裂の中で勢力を後退させ、現在の主力は、中・北ルソンやセブ、ネグロス、ミンダナオ等の地方支部に置く。しかしそれでも、「五月一日運動」は、マニラの政治勢力として、強い影響力を持っている。「五月一日運動」は、愛国者同盟の中核組織として、ゼネラル・ストライキ等の実力闘争で政府に圧力をかける。また、戦闘的労働運動のセンター

として、加盟組合の労働争議を支援し、指導する。先に掲げた労働争議の事例は、「五月一日運動」が関与した争議の一部である[36]。「五月一日運動」は、第一に、労働者の労働権（雇用の安定、最低賃金の上昇等）および団結権（組合の結成、労働争議権、労働協約の締結と遵守等）の確立と擁護のために闘う。同時に、「五月一日運動」は、労働運動と政治運動の結合を図る。つまり、労働運動は、生産点の闘いを通した社会変革の基本的な道程にあり、それは究極的に、反帝国主義・反封建主義・反官僚的資本主義の打倒という、社会主義と民族解放の闘いに通じる、と主張される。さらに「五月一日運動」は、都市の闘いを重視し、選挙・議会闘争を組み、愛国者同盟に積極的に参加して、合法的な社会改革をめざす。ただし、農村での武力闘争や都市の非合法闘争を組むフィリピン共産党とは、一線を画す［Scipes,1996:184］[37]。

　「五月一日運動」は、2000年、エストラダ大統領の辞任を要求し、7月に、マニラの200の労働組合を集めるエラップ追放労働者会議*の結成を主導した。その代表に、「五月一日運動」の傘下組織である労働組合全国連合の委員長が収まった［KMU.2000.7.18］[38]。そして「五月一日運動」は、ゼネラル・ストライキや示威行進を展開した。「五月一日運動」は、雇用の不安定・実質賃金の低下・団結権の侵害・人権抑圧等の労働者の苦難の原因は、市場開放・規制緩和・公共事業の民営化等の新自由主義的政策にあり、その最大の責任はエストラダ大統領にあると弾劾した[39]。同年12月に、世論の圧力を受けて、国会が大統領弾劾の審理に入った。しかし「五月一日運動」は、大衆のストリート議会（street congress）こそ大統領追放運動の基本であるとして、市民に実力闘争の続行を呼びかけた。

最低賃金闘争
　「五月一日運動」の労働・政治運動の重要課題の1つは、物価上昇に見合った賃金の上昇を実現することである。そのため、最低賃金闘争が運動の要となる。ここで、「五月一日運動」と政府の貧困および最低賃金をめぐる認識について、その一端を見ておこう。政府は、貧困が漸次的に軽減していると主張して、政策の実績を強調する。これに対して、「五月一日運動」は、新自由主義

的な経済政策のため、労働者の貧困は深刻化しているとして、賃金上昇の必要を主張する。最低賃金闘争は、このような政府と「五月一日運動」の対抗的な現状認識に基づく政治闘争としてある。闘争は、まず、貧困の「科学的な」定義をめぐる対抗としてある。政府の国家統計調整局の貧困線確定作業班は、貧困線を、「援助を受けずにどうにか最低の身体的・社会的生存が可能な水準」である「ぎりぎりの生活水準」(subsistence level)に置く［Haywood.1999:3-4］。具体的には、自前の食料消費調査と国家統計局の『家族収入消費調査*』のデータに基づき、基本的必要（basic needs）のコストを算出する。そのために、食料・非食料項目の序列的評価に基づく消費基準を策定する。そして1988年に、耐久家具調度品・娯楽・タバコ・アルコール等の項目が基本的必要から削除され、その分、貧困線の基準が低下する［Ofrenco.1995:21］。その結果、貧困発生率（全世帯に占める貧困世帯の比率）が低減する[40]。

「五月一日運動」は、このような政府の貧困線の算定法を批判する[41]。その要点は、次の通りである。まず、貧困線の水準が低すぎる。貧困線は、「最低の身体的・社会的生存が可能な水準」に置かれるが、さらに、これに最低限の教育・娯楽・保険等のコストを含めた「人間らしい生活水準」(decent level) を基準とすべきだとされる［Haywood.1999:3-4］。政府によれば、マニラの貧困発生率は、1991年13.2％、94年8.0％、97年6.4％と、下降の一途を辿ってきた［DOLE.1999:39］。しかし1998年に、マニラの平均家族で、1日の最低生活費は444.1ペソであったが、政府の貧困線は207.8ペソ、最低賃金（非農業）は198.0ペソであった［Haywood.1999:3］。1997年に、最低生活費以下の収入世帯は77.4％に及んだ［Haywood.1999:7］。また、1999年の最低賃金（非農業）は223.5ペソ／日であったが、その実質購買力は156.5ペソでしかなかった（4年前に比べて0.7倍の購買力である）［Santos.1999:5-6］。つまり、最低賃金は貧困線に及ばず、貧困線は最低生活費の半分にも満たない[42]。そのため、世帯家計を支えるには、2人以上の稼ぎ手が必要となる。また、政府の算定法においては、貧困線算定の基準となる消費構造が、全所得階層の平均で取られており、それは、貧困層の消費型に合わない［Haywood.1999:5-6］。マニラの世帯収入の配分は、富裕層20％が全収

入の 51.8％を占めており、貧困層 30％は、9.3％を占めるに留まる。しかも富裕層は、家屋・教育・娯楽・保険等に多く出費するのに対し、貧困層は、食料・飲料・タバコ等に多く出費する。これら食料や飲料は、物価上昇に直撃されやすい費目である。さらに、必要摂取カロリーの算定における米の割合が低すぎる［Ofrenco.1995:61］。これらの事情から、政府の貧困線は、貧困世帯の実情を正確に反映していない[43]。これが「五月一日運動」の主張である。

　このように、「五月一日運動」は、政府の貧困定義は労働者の貧困の実態を隠蔽していると批判し、賃金の上昇、とくに最低賃金の上昇が緊要であると主張する。一般にフィリピンでは、公定の最低賃金は、雇用主が労働者に最低保障すべきものとして政治的な規制力を持つ[44]。「五月一日運動」は、全国の労働センターとして、最低賃金の引き上げを対政府の労働運動の中心課題に置く。マニラの最低賃金（非農業）は、日額で 1992 年 118 ペソ、94 年 145 ペソ、96 年 165 ペソ、98 年に 198 ペソであった［DOLE.1998:157.162.172.179］。これらの最低賃金の増額は、政府の意志決定の結果であり、また、それを促した労働運動の成果でもある。「五月一日運動」は、1999 年に、最低賃金を全国一律・全産業で 125 ペソを増額する要求を掲げた[45]。そして、ゼネラル・ストライキや示威行進、集会等のキャンペーン、国会議員へのロビー活動（最低賃金増額法案の提出要請）を展開した。2000 年に入り、「五月一日運動」は、第二波の増額運動を始めた。「五月一日運動」をはじめ労働諸団体の圧力を受けて、政府は、10 月に 25.5 ペソの増額を認めた（最低賃金 223.5 ペソ）。同年に、「五月一日運動」の運動は、政治運動に重点を置き、最低賃金闘争から石油価格値上げ反対運動、フィリピン航空社長の脱税疑惑に対する糾弾闘争を経て、エストラダ大統領の収賄疑惑糾弾闘争に至り、大統領退陣要求闘争へと高揚していった[46]。こうして、「五月一日運動」を含む国民的運動は、2001 年1 月、エストラダを大統領の座から放逐した。

　労働者の貧困の原因は低位な賃金にあり、低位な賃金の原因は政府の労働政策にあり、政府の経済政策を正すには、大統領弾劾を要とする政治改革しかない。これが、「五月一日運動」（に代表される左派系労働運動）の主張であった。貧困の生活実感から貧困の再定義へ、そして最低賃金の増額要求へ、さらにそ

の政治闘争へと、社会的抗議を喚起するためのキャンペーンが展開された。労働者の状況定義から問題の社会的構築へ、そこから問題の解決へ[47]。この過程に、政府による貧困の定義から経済（賃金）政策へ、さらに政策実施へという過程が照応する。こうして、定義と評価、行為（運動と政策）の正当性をめぐって、闘争が展開される。政府が最低賃金を増額する。しかし、増額は貧困の緩和にはとうてい及ばない。「五月一日運動」（をはじめ労働諸団体）が次の運動を組む。政府がそれに応える。この反復を経て、闘争は、最後に政治権力をめぐる闘争に発展していく。フィリピン（マニラ）の政治は、このようなポリティクスのもとにある。

注
1) 同時期の人口の純流入率は、2.12％であった（純流入人口÷1980年の5歳以上人口×100）[NSO.1997a:408]。
2) バランガイとは、行政区の最小の自治単位であり、1991年の地方自治体規約のもとで公的な行政組織となった。「不法占拠地区」であるスクオッターでは、人々は居住権がないため、公的にはバランガイがないとされている。ゆえに、スクオッターには公式の住所がない。著者が友人に郵便物を送る時は、教会気付で送っている。
3)「可視的な半失業」（visible underemployment）とは、「調査前1週間に40時間以下働いたが足りず、さらに仕事を探した」状態を指す[NSO.2000:xiv]。失業とは、「調査前1週間に仕事を探したが就労できなかった」状態を指す。労働雇用省の「失業」の定義は狭く、失業の実態を把握するには不十分である。この他に、多くの「不可視な」、つまり潜在的な半失業者がいる。この人々は、統計上は暗数となる。
4) 調査と集計の方法は不詳であるが、関連資料から推して、この非正規雇用人口の比率は小さすぎる。
5)（正規雇用）労働者は、賃金の他に手当・ボーナス・現物等を受け取る。マニラで1995年に、正規労働者の実質手取りの平均額は6,575ペソであった[DOLE,1998:139]。それは、賃金の33％増となる。しかしそれでも、貧困線をやや上回る水準にすぎない。
6) 人件費の削減には、この他、1つの仕事に2人以上の労働者を宛がう（仕事割り）、時間給や出来高払いにする、小回り（一定量の仕事を請負わせる）にする等の方法がある[Nera-Lauron,1999:57]。
7) これらの数値は、労働雇用省への報告に基づくものであり、中小零細企業の実態が中心をなしている[Santos.1999:5]。ゆえに、数値は全体の実態とは乖離するはずである。以下、行政資料の数値の解釈には同様の留保がつく。しかし、雇用等の実態の中心的傾向を

追うだけの本書では、それでもよしとする。
8) 臨時とは、雇用主に期間雇用される場合を指す。契約とは、周旋業者を介して就労する場合を指す。契約期間は半年以内で、雇用者は最長で半年ごとに契約・解雇・再雇用を繰り返す［Nera-Lauron.1999:57］。研修員や見習いもこれに準じる。いずれも非正規雇用である。
9) インフォーマル部門の職種には、見えない屋内での仕事や場所を移動する仕事が多く、調査が困難なため、正確な就労人口は分からない。またその範囲は、「純粋に経済的というよりもむしろ法的・政治的状況から定義に揺らぎを生じる」ため、国や時代によって異なる［池野.1998a:3］。
10) サリサリストアとは、雑貨や食品を売る小さなよろず屋（売店）を指す。その多くは、主婦の自宅での家計補助の兼業としてある。
11) フィリピンにおいて、かつて人材派遣業は違法であったが、政府は、周旋・派遣業者の過剰な賃金ピンハネを防止するとして、契約労働を合法化し、派遣業者を登録制とした［IBON.1996b:7］。その本当の理由は、外資系企業への配慮を意識した雇用の規制緩和であった。
12) フィリピン労働法典（大統領令42号）では、労働者を雇用主に周旋する事業の登録には、煩雑な手続きと高額の補償金を要する（一編一部一章・二章）［福島.1994:69-71］。このため労働雇用省[*]に登録しない業者が多く、登録業者は、実際に営業する業者の一部に留まる。
13) 建設・販売等の契約労働者で、賃金から医療保険が徴収されているにもかかわらず、労働災害に遭っても保険金が支払われない、支払額が小さい、支払いが遅い等の問題が頻発している。労働者からすれば、それは、実質、賃金のピンハネにも等しい［Today. May1[st],1998］。
14) 英語を話すフィリピン人に、インターネットの使用は有利である。Yahoo Time Capsule Projectにタイトルをアンロードした人が、世界200カ国で3番目に多かった［TPS. Nov.13th.2006］。しかし、若者のコンピュータの所有率は、1％未満と言われる［朝日.2000.5.22］。若者は、大学のコンピュータや街角のインターネット・カフェでコンピュータを打つ。著者の友人のメール・アドレスにも、「yahoo.com」が多い。2000年5月、I LOVE YOUというウイルスが世界を騒がせた。その送信元がマニラにあるとして犯人が捜査されて、若者が逮捕された。著者のスクオッター観察においても、若者で、授業料の高い大学に行くよりも専門学校に通ってプログラマーをめざす者が増加した。しかし、コンピュータの専門学校の授業料も安くはない〔調査協力者Aの話．2009年11月27日〕。
15) スクオッターで、若者がプログラミング技術を習得して就職したという話をほとんど聞かない。タクシーに乗って運転手と話をし、息子（や娘）があなたにEメールを送るからよろしくと言われてアドレスを渡しても、後日にメールが来たことがない。しかしそれで

も、インターネットは、マニラの若者のステータス・シンボル（の1つ）になっている。
16) マカティの道路に、屋台の弁当屋がいる。ビルで働くホワイトカラー（新中間層）が、その弁当を買う。また、弁当屋がオフィスまで弁当を届けたりする。
17) 労働法典は、不当労働行為を「組合結成を干渉・制限・威圧すること、組合不参加・脱退を雇用条件にすること、組合参加者を差別待遇することを、労働協約に違反すること」としている［福島.1994:144］。
18) 具体的には、政府の食料栄養研究所*による家族収入消費調査の食料消費データが用いられる。本文に見るように、この貧困線算定の方法に対して、批判が出ている［World Bank.1996:61-62］。
19) 都市貧民問題大統領委員会は、1986年に当時のアキノ大統領が作った都市貧困に関する大統領諮問機関である。初代議長は、スクオッター住民組織の代表が務めたが、その最大の議題はスクオッターの撤去問題であった。その後、住民代表が委員を辞する、予算が削られる等して、その政治的役割は後退した。
20) 一般に、主観的に感得された貧困は、客観的貧困より厳しくなる。社会情勢観測所は、毎年、市民に対して自らの生活状態を比較し、評定する意識調査を行っている。1994～95年の結果は、生活満足度の大巾な低下であった［IBON.1996a:10］。
21) 同じことは、都市底辺層の居住地であるスクオッター数のカウントについてもいえる。国家統計局によれば、1992年にマニラのスクオッターは276であった。しかしユニセフ・フィリピン*は、1991年に591のスクオッターを数え［USAID.1992:92］、T・V・ネーセン（Ton van Naerssen）は、93年に654のスクオッターを数えた［Naerssen.1993:3］。
22) 労働争議の情報は、政府、民間団体および「五月一日運動」の資料による。その他の情報が得られていないので、これらの情報の位置づけが叶わない。また、これらの資料では、企業や組合、争議の経緯等に踏み込んだ事情も分からない。
23) マニラ近郊の輸出加工区では、労働組合の結成や労働争議が禁止されている。1998年に、カビテの化学関連会社で労働争議が起こり、労働組合がストライキ宣言を発した。すると、すぐさま州知事がピケット現場に出向き、組合の解散を命じた［Tujan.1998:17］。争議の宣言に加わった参加者は、全員解雇された（その後、これらの地区で、地下での労働組合の組織化が行われた）。
24) フィリピンでは、労働組合は地域労働事務所*に登録して認可されなければ、労働法典に保障された権利を行使できない（労働法典一編四部一章）。そのため、組合を作っても団体交渉権が認められないというケースが多い［福島.1994:135-136］。
25) 工場内の労使委員会の設置や福利厚生の整備等、雇用主の努力により労使関係が安定してきたとする解釈もある［日本貿易振興会.1999:175］。
26) ここで労働運動に、労働組合運動による雇用条件の改善運動と、労働者の政治的な要求運動を含めて考えている。

27) 情報は、「五月一日運動」および労働組合全国連合の事務所への訪問、建設資材会社や高架鉄道Ⅱの建設現場、衣料会社等いくつかのストライキ現場への訪問、賃上げや政治的イシューの集会や示威行進における参与観察と聞き取り、ウェブサイト、調査協力者Aのメール配信等による。
28) 社会情勢観測所が1990年にマニラの市民100人に対して行った「労働組合とストライキに関する世論調査」によれば、その回答者で、「労働組合は組合員の福祉の向上に役立っている」と「思う」人は47％で、「思わない」人は14％であった［Arroyo.1990:18］。「労働者が労働条件を改善する上でストライキは有効な手段である」と「思う」人は38％で、「思わない」人は24％であった。「民間企業のストライキにおいて労働者の要求は妥当なものである」と「思う」人は41％で、「思わない」人は13％であった［Arroyo.1990:19］。このような市民の労働運動への肯定的な態度は、労働者の高い権利意識と通底する。ただし、調査サンプルは少ない。
29) ある縫製工場のピケ現場では、女性が来客に応対して議論し、男たちがテントの奥でトランプに興じていた。組合の執行委員長は、20歳代の女性であった。2000年2月15日。
30) 社会情勢観測所の1989年調査の回答者で、「労働組合はフィリピンの発展に役立っている」と「思う」人は39％で、「思わない」人は15％であった［Arroyo.1990:18］。
31) 愛国者同盟は、1985年にマルコス政権打倒をめざす労働者・農民・学生・知識人・宗教者・政党等の共闘組織として形成されて、今日に至る。それは1,000を超える参加組織、200万人の参加者を擁する。それは、日本でいえば、1960年の安保闘争で中心的役割を担った反安保国民共闘会議のようなものである。
32) 民族民主戦線は、フィリピン共産党の合法組織として1973年に形成された（実質的には非合法）。共産党によれば、民族民主戦線の最中核には農民が位置づく。共産党は、フィリピン革命のおもな拠点を農山村地帯に置いている。
33) 以下、「五月一日運動」指導者の聞き取り、および次の文献による。文献の逐一の注記は割愛する［EILER.1998］［Scipes.1996］。
34) 1987年1月22日、マラカニアン*の大統領府に通じるメンディオラ橋で、農地改革を要求する農民・労働者・学生のデモ隊に対して警察官・海兵隊が発砲して、13人の農民が死ぬという事件が起きた。この事件は「暗黒の木曜日*」と呼ばれる。
35) 「五月一日運動」の労働運動が後退した背景には、企業経営のアウトソーシングや雇用の非正規化等、雇用情勢が変化したこと、企業の労働組合対策が強化されたことがあった。組織が分裂した原因には、ソ連・東欧の「社会主義国」が崩壊したこと、国会で米軍事基地協定の破棄が決議されたこと等の政治情勢の変化があった。米軍事基地の撤去は、左派勢力の最大の闘争課題であった。また、組織内には、マニラで高揚した都市型大衆運動や選挙闘争の評価をめぐる対立があった。都市型運動が重要になった背景には、権威主義的な政治体制の崩壊等、フィリピンの政治構造の変容があった。

36) ある建設資材会社の労働組合（200 人）は、1998 年 3 月に契約雇用の正規化・賃金上昇・労災補償を要求して、ストライキに突入した。労働組合全国連合の指導のもと、会社の弾圧に抵抗してストライキが続いた。著者がピケ現場を訪れた時点で（2000 年 2 月）、闘争を脱落せずに残った労働者は、61 人であった。彼らは、露店や運転助手、傘直し等で収入を得ながら、集団野営をしていた。彼らの労働組合全国連合に対する信頼は、絶大であった。その帰り、著者は、労働組合全国連合の事務所を訪れた。その時、石油値上げに抗議して、石油会社の正門前で座り込みをした指導者たちが帰ってきた。その 1 人が、警察官に引きずり回され、彼の両膝は血にまみれていた。彼は、筆者に「警察官の暴力なんか恐いものか」と息巻いた。

37) フィリピン共産党は、今日、かつての毛沢東路線から自主革命路線へ転換した。しかし、新人民軍による地方の武装闘争を前線とし、それにより、都市を包囲して社会主義革命を行うとする戦略に、基本的な変更はない。現在は、持久的人民戦争の第一段階にあるとされる。1986 年のアキノ革命以後、マニラで、民族民主戦線を軸としながら、市民運動を巻き込んだ合法的な都市型闘争を強化している。

38) 労働組合全国連合は、1952 年に全国の 13 組合で結成された［NAFLU-KMU.1980］。そこから、「五月一日運動」の初代議長が出された。労働組合全国連合は、初代・二代委員長とも暗殺される等の弾圧を受けながら、現在は全国 60 組合・5 支部を擁する組織として、「五月一日運動」を支えている。その理念は、「五月一日運動」のそれに等しい。著者との面接で、三代目の委員長は「僕もいつか殺されるかもね」と笑った。

39) 2000 年 7 月 10 日、マニラ最大の塵芥集積場パヤタス*で、長雨のため地滑りが起き、多数の住民が生き埋めになって、229 人が死んだ［KMU.2000.6.8］。「五月一日運動」は、地滑りの行政責任の追及を行った。また、労働人権センター*は、1998 年に（全国の）35 組合の 1,312 人、99 年に 135 組合の 7,647 人、2000 年 1 〜 10 月に 109 組合の 8,962 人に対する脅迫や殺人を含む深刻な人権侵害があったと報告した［KMU.2000.11.12］。このようなスクオッターの事件や労働者への人権侵害の急増も、民衆のエストラダ大統領離れに拍車をかけた。

40) 政府による貧困の定義では、2006 年に 1 日 36 ペソ以下の消費水準にある人が、困窮者とされた。これに従えば、全国で 2,600 万人の人が極貧の生活に喘いでいる計算になる［TPS.Oct.9th,2006］。

41)「五月一日運動」の指導者の話によれば、「五月一日運動」の貧困線の算定は、民間研究機関イボンのそれに準拠する。ゆえに、イボンの主張をもって「五月一日運動」のそれに代替する。

42) 全国賃金生産性委員会*によれば、2006 年（12 月）時点のマニラの最低賃金は、350 ペソ／日、最低生活費 674 ペソ／日であった［PDI.Jan.5th,2007］。この場合も、一世帯に 2 人以上の稼ぎ手が必要となる。

43) さらに「五月一日運動」は、政府の雇用の定義についても批判する。政府が用いる雇用概念は定義が広すぎ、正規・非正規等の雇用形態も、十分に考慮されていない。ゆえに、政府の失業率は、非正規雇用者はもとより、正規雇用者の間にさえ雇用不安が広がっている実態からほど遠い認識となる［Santos.1999:3-6］。
44) 労働者に最低賃金さえ払わない雇用主は多い。そのような企業は、1995年にマニラの全企業の6.8％であった［DOLE.1998:323］。しかしそれは、政府に申告された分についての率にすぎない。イボンによれば、最低賃金さえ払わない企業は20.8％に上った［Santos.1999:10］。雇用主に最低賃金を払わせることが、「五月一日運動」の重要な運動課題となっている。
45) 2007年に、3年間の間に全労働者の賃金を125ペソ上げるという法案が下院を通過した（House Bill No.345）。しかし労働大臣は、大統領に拒否権の発動を依頼した［PDI. Jan.21th.2007］。
46) 2000年12月30日、マニラで5つの爆弾事件が同時発生した。政府は、「五月一日運動」の事件への関与を非難した。これに対して、「五月一日運動」は、それはエストラダ大統領追放運動の封殺と戒厳令の施行を謀る政府の自作自演であると応酬した［KMU.2001.1.1］。
47)「争点は定義されて初めて争点になるのであり、それ自体が客観的に存在しているというわけではない。したがって、一方の勢力が争点をある角度から定義することによって勢力の拡大をはかろうとすると、それとは意見を異にする勢力はまた別の角度から定義することで対抗するという状況が生まれる。こうして、争点の定義と再定義の応酬がなされる」［伊藤他.2000:59］。

第3章　労働の実態

　本章では、聞き取りおよび質問紙調査のデータにより、都市底辺層の労働・生活の実態について、建設労働者と工場労働者を事例に分析する。もって、新労務の1つ「フォーマル部門の就労のインフォーマル化」の仮説の検証となす。

1. 建設労働者

建設業

　本節では、まず、マニラの建設労働者について、著者が知りえた範囲で、その就労実態の分析と考察を行う。建設業は、マニラ経済の一部の役割を占めるにすぎない。しかしそれは、マニラの産業構造の変容が一見できるキー産業の1つである。まず、建設業は、どのような発注者に依頼されて、どのような建設工事が、どこで行われるかの中身において、マニラの産業／空間構造の変容をダイレクトに反映する。次に、建設業は、元請−下請−孫請の重層構造を持つ労働集約産業であり、過剰労働力の雇用調整に一定の、しかし積極的な役割を担っている。そして、フォーマル部門とインフォーマル部門に跨って大量の就労機会を創出している。建設業の就労人口は、都市底辺層の一部を占めるにすぎない。しかし、その就労動向は、都市底辺層全体の変容を映し出す。本節で建設労働者に注目するのは、そのためである。とはいえ残念ながら、建設業に関する情報は限られている。その限りで建設業を描写すると、次の通りである。

　1960年代のアヤラ財閥*によるマカティ開発で興隆したマニラの建設業は、鉄道・道路・港湾等インフラの建設や、ビル・住宅・不動産開発で発展した。1990年代後半の経済の停滞期にあってさえ、建設業は、ビル・ホテル・住宅の建設や、高架鉄道・高速道路等のインフラの建設で活況であった。マニラで、1996年に104件の大規模工事（大部分が交通インフラの建設）があり、180億ペソが投資され（その78.9％が外国資本であった）、2万2,566人の雇用創出を見た。1997年に、全国の建設事業投資の40％がマニラに集中し、その85.2％がマカティに集中した。2000年までに、マカティで33、オルティガスで29の高層ビル建設が見込まれた［Belgosa.1997:57］[1]。1993年に、マニラに798社の建設会社があり、そこに10万6,000人の労働者が就労した［NSO.1995b:40］。（行政にカウントされた）建設会社の83.2％が、

10人以上規模の事業体であり、そこに雇用者の98.8％が就労した。建設分野別の就労人口では、「一般建築」（ビル・住宅）38.5％、「一般技術」（インフラ）44.9％、「特殊技能」（電気工・石工・塗装工等）16.6％であった。ただし、これらの企業の大半は、元請・下請レベルの事業体であり、その背後に、多くの、企業の態をなさない零細事業体（孫請、孫々請）が控えている。行政資料によれば、1996年に、マニラの建設労働者は23万7,000人であった［NSCB.1997:11-14］。これに対して、教会・社会問題研究所*の機関誌によれば、1998年に、フィリピンの建設労働者170万4,000人の内、およそ70％がマニラに集中したとある［ICSI.1998:21］。とすれば、マニラで119万人以上の労働者が建設業に就労したことになる。前掲資料との建設労働者数の大きな開きは、どこから来るのか。これには孫請・孫々請の労働者が含まれる、ということなのか[2]。ともあれ、建設業は、サービス産業に次いで、農村出稼ぎ者や都市失業者・半失業者等の過剰人口の受け皿となっている〔労働雇用省の職員の話。1997年8月20日〕[3]。

建設労働者

　1995年、トンド*の塵芥集積場のスクオッターであったスモーキー・マウンテン*が撤去されて、宅地造成が始まった。5階建てのアパート10棟の建設が予定され、建設労働者は、1998年10月時点で700人に及んだ〔工事現場の労働者3人の話。1998年10月12日〕。彼らは、すべて単身の男性で、敷地内の飯場で起居しながら働いた。彼らは、その前2年以内にビサヤ*地方を中心に、全国各地から来た出稼ぎ労働者であった。仕事には、親族や同郷者の紹介、周旋業者を介して就労した。賃金は低位で、中には3カ月以上も賃金未払いという労働者もいた。ストライキで工事が長期に中断して生活費に困り、他の仕事に就労する、帰郷する等で、現場を去る労働者が相次いだ。そして1999年5月、アパート建設は、3棟のみ完成して中断した。労働者は解雇され、現場から彼らの姿が消えた。建設が中断した理由は、事業体の資金不足であった〔元スモーキー・マウンテンの住民Aの話。2000年2月5日〕[4]。

　高架鉄道Ⅱ建設の労働者は、1999年に、マカティ～オルティガスの工事区

表3-1　高架鉄道Ⅱの建設労働者リスト

	年齢	マニラ来住	家族来住	出身地	家族構成	現住所	日給
A	49歳	1989年	1991年	ビサヤ	妻、子7人	ケソン市	220ペソ
B	41	1985	1990	ミンダナオ	妻、子4人	ケソン市	205
C	39	1987	1989	ビサヤ	妻、子5人	マニラ市	210
D	37	1992	1995	ビコール*	妻、子3人	マニラ市	205
E	28	1994	1995	ルソン	妻、子2人	ケソン市	210

労働組合全国連合の事務所で1999年10月1日面接

　間のみで労働組合を持った〔労働組合全国連合の事務所で労働者の話。1999年10月1日〕[5]。表3-1を見られたい。著者が面接した建設労働者5人の年齢は、20～40歳代後半である。1980年代後半～90年代前半に、まず彼らが郷里からマニラへ出て、その後に家族をマニラに呼び寄せた。労働者の出身地は全国に及ぶ。賃金は、いずれも最低賃金（1999年に223ペソ／日）を下回る水準である[6]。雇用は半年ごとの契約で、賃金は週末に支払われた。高架鉄道Ⅱの建設は、元請は外国企業（日本と韓国）および地元企業の合同で、下請企業が建設区間ごとに工事を請け負う。ゆえに、労働者の就労方法や労働条件・賃金は、企業の間でさまざまである。労働者たちは、ケソン市やマニラ市内のスクォッターに妻子とともに暮らし、そこから工事現場へ通った。

　1998年3月、ケソン市にある建材ブロックの製造・組立て会社で、労働争議が起きた〔ピケットの現場で労働者2人の話。2000年2月9日〕。労働者は、雇用の正規化・賃上げ・労働災害の完全補償を要求して、ピケットを張った。何年働いても半年ごとの雇用契約しかとれない。賃金は最低賃金に届かない。労働は厳しく、危険である（288kgのブロックを4人で担ぐ等）。事故に遭っても、労働災害の補償が取れない。このような労働条件の改善と賃金の上昇を要求して、労働者はストライキに入り、それは2年近くに及んでいた。はじめ200人いた労働者は、2000年時点で100人以下に減り、その内61人がストライキ中であった。残りの労働者は、すでに別の工場で就労していた。ピケットが張られた現場では、労働者は仮小屋で集団生活をし、食堂（仮小屋）経営・再生資源回収・野菜作り・傘直し等の臨時の稼ぎで日々を凌いでいた。それだけでは家族を支えることができないと、郷里に帰った家族もあった。マ

ニラに留まって、妻が家計を支える労働者もいた。離婚する労働者もいた。労働者は、20歳代を中心に30〜40歳代が多く、出身地は全国に及ぶ。ほとんどがマニラへ出て5〜10年の人たちで、彼らは、いずれ郷里に帰る予定であった。カビテ等のマニラ近郊の出身者は、週末に家へ帰り、月曜日に仮小屋に戻っていた。会社との団体交渉は中断しており、争議解決の目途はなかった。

　建設労働者についての事例も情報は少なく、以上の記述から、マニラの全体像を描写するにはほど遠い。建設労働者の組織化を図る労働組合活動家の話を合わせても、断片的な建設労働者像を描くしかない〔労働組合活動家5人の話。1999年9月30日、10月1日、2000年2月4日〕[7]。それを承知の上で、活動家たちの話を要約すると、次のようになる。

　建設労働者（その大半は土工）は、1980〜90年代前半にかけてマニラへ出た人が多い。それは、マニラでの大型建設ラッシュの時期に照応する。出身地はビサヤ、ビコール、ミンダナオ、中部ルソン*と、全国に及ぶ。マニラ生まれの労働者もいるが、数は少ない[8]。地方出身者の多くは、周旋業者を介して仕事に就労している。建設労働者は、工事ごとに期間決めで就労する雇用者（project employee）が中心をなす。そのため、彼らの非正規の契約雇用率は高い（建設労働者の80％が、契約労働者であるとする数字がある［ICSI.1998:21］）。周旋業者も多く、彼らは、自治体の雇用促進の助力を得て、労働者募集の網を全国に張り巡らせている。労働者はたいてい、20〜40歳代の男性が単身でマニラへ出て、飯場や建設中のビルに起居しながら就労するかたちをとる。生活の余裕が出ると、飯場を出てスクオッターに住居を持つ。そこへ郷里から家族・親族を呼び寄せる。建設労働者の賃金は、もともと低いところ、周旋業者や下請業者によるピンハネがあるため、手取りは、しばしば、最低賃金にはるか及ばない[9]。ゆえに、郷里への仕送りもままならない。彼らには、はじめからマニラに定住する意志で出てきた人と、出稼ぎで出てきた人がいる。マニラ近接地域（中部ルソンやビコール）出身の労働者には、週末に郷里に帰る者がいる。とはいえ、彼らの生活の拠点は、マニラにある。労働者は、工事が終わっても郷里へ帰らず（または帰ることができず）、マニラに留

まって次の飯場へ移るか、転職する。その時は周旋業者を介さないで、ピンハネのない個人の口コミで仕事を探す傾向にある。しかし、雇用主といえば零細な親方が多く、縁故関係で雇われ、決まった賃金を貰えないという労働者が多い。労働災害に遭っても、十分な補償に与かる労働者は、少ない[10]。建設労働者は、現場をたえず移動するため、労働組合を組織することは容易でない。ゆえに、労働争議を構えることも容易でない[11]。

　これらの情報から、労働市場における建設労働者の位置は、次のように特徴づけられる。建設労働者は、建設資本に雇用されるフォーマル部門の就労者である。とくに周旋業者を介して雇用される場合、彼らは契約された雇用条件のもとで働く。また、個人的ネットワークを介して、事業所の親方にダイレクトに雇用される労働者もいる。その時、彼らは、口頭契約で働く労働者となり、その労働実態は、インフォーマル部門の就労者にも等しい。建設業は、元請-下請の企業の背景に無数の零細企業・飯場を抱える。そこには、統計に登場しない無数の建設労働者がいる。このように建設労働者は、就労経路・就労形態・労働条件において近代的／伝統的の性格を合わせもち、フォーマル部門／インフォーマルの部門の双方に跨る境界的な労働力としてある。彼らがいずれの部門に属そうとも、その就労実態は大差ない。建設労働は重労働であり、賃金は低位である。彼らは、生計に余裕がなく、ようやく飯場やスクオッターに住まう困窮者である。つまり、建設労働者は、新労務・新貧困の状態に置かれた都市底辺層の人々である。

2. 工場労働者※

　次に、マニラ郊外にある企業の工場労働者を対象に、その労働・生活実態を分析し、もって、「フォーマル部門のインフォーマル化」仮説のもう１つの検証となす。著者は、2006〜07年に、労働組合全国連合の協力を得て、２つの外資系企業の工場で就労する労働者を対象に質問紙調査を行った。調査の柱は３つあった。１つ、労働者の空間的・階層的な移動と現職への就労経緯を分析

すること。もって、マニラにおける労働力の形成過程の一端を明らかにする。2つ、雇用形態・労働条件・賃金の実態を分析すること。もって、新労務層としての労働階層の形成の一端を明らかにする。3つ、生計・副業の実態を分析すること。もって、新貧困層としての生活階層の形成の一端を明らかにする。

2.1. A工場
1) 調査の経緯

　A工場は、マニラ郊外のアラバン市*の工場地帯にある衣料工場である。製品は、下着からTシャツに及ぶ衣料品で、すべて欧米に輸出される。A工場は、1987年にドイツ人により設立され、92年に中国系フィリピン人に売却され、97年に台湾人に売却されて、現在に至る[12]。労働者は、調査時点（2006年12月）で、正規200人、契約299人および臨時工、見習工が若干名である。

　A工場の調査は、次のような経緯で行われた。2006年11月3日、組合指導者5人に集中面接を行う。15日、正規雇用者6人に集中面接を行う。27日、契約労働者6人に集中面接を行う。同日、120の調査票を組合指導者に渡す。2007年1月10日、112の調査票を回収する。回収率は93.3％である。回答者の内訳は、まず、正規雇用者45票で、それは回答者の40.2％、工場の正規雇用者（労働者の40.1％）の22.5％に当たる。次に、契約労働者55票で、それは回答者の44.6％、工場の契約労働者（労働者の59.9％）の18.4％に当たる。さらに臨時工6票、見習工2票、不完全記入5票であった。このように、非正規雇用者は、契約労働者により代表される。回答者の正規対契約の比率は、工場のその比率にほぼ照応し、正規・契約労働者の抽出比も、ほぼ同じであった。ゆえに回答者は、工場労働者をほぼ代表するとみてよい。集計は、正規雇用者と非正規雇用者（契約・臨時・見習）を対照させるかたちで行う。回答者のジェンダー別構成は、男性13.5％、女性86.5％であった（回答者計111人。とくに断わらない限り無回答を外す。以下同じ）。回答者の年齢構成は、20～29歳25.2％、30～39歳50.5％、40～49歳21.6％、50～59歳2.7％であった（回答者111人）。年齢の「最大値と最小値の中間値」は、34.7歳であった。婚姻歴は、未婚者28.2％、既婚・同棲者（以下既婚者）57.3％、

寡婦・離婚者（以下寡婦）14.5％であった（回答者110人）。このように、回答者の最大グループは、30歳代の既婚女性からなった。

2）空間・階層移動
生誕地とマニラ
　回答者は、どこで生まれた人々だろうか。回答者の生誕地は、マニラ10.7％、ルソン諸州1.8％、ビサヤ諸州50.9％、ミンダナオ諸州30.4％、外国6.3％であった（回答者112人）。外国生まれとは、アメリカ等で生まれた人を指す。生誕地はビサヤ、ミンダナオの貧しい諸州が多い。ほぼ9割の人が、地方生まれのマニラ一世である。マニラ在住の年数は、3年以下4.3％、3〜4年14.0％、5〜9年23.7％、10〜19年25.8％、20年以上32.3％であった（回答者93人）。マニラ在住年数の中間値は11.6年である。回答者の年齢の中間値が34.7歳であるから、この人々はおおかた、20歳代前半にマニラへ来たことになる。次に、過去3年以内に田舎へ帰った人は70.7％であった（回答者92人）。回答者と田舎の関係は、（まだ）切れていない。これに対して、「10年以上帰っていない」「いつ帰ったか忘れた」「帰っていない」と、田舎との関係が実質切れた人は18.5％であった。人々の移住は、出稼ぎではなく、定住を目的としたものである。マニラ在住が長引くにつれ、田舎との関係は薄れていく。

世代間移動
　回答者の親の学歴は、初等教育（小学校）65.3％、中等教育（ハイスクール）30.5％、高等教育（専門学校、大学）10.5％であった（回答者95人、中退者を含む）[13]。これに対して、回答者の学歴は、初等教育2.6％、中等教育74.4％、高等教育23.1％であった（回答者78人、同）。世代間の学歴の上昇は著しい。次に、回答者の親の職業は、専門職2.3％、工場労働者8.5％、インフォーマル職種21.5％、農漁民38.5％、公務員1.5％、主婦19.2％、その他8.4％であった（複数回答130）。ここで工場労働とは、組合指導者によれば、おおかた零細な家内工業であり、インフォーマル職種にほぼ重なる。回答

者が現職に就く前のおもな職業は、工場労働者62.9％、インフォーマル職種13.3％、農漁民4.8％、主婦4.8％、無職8.6％、学生2.9％、その他2.7％であった（回答者105人）。この工場労働も同じ意味である。世代間の就労構造は、伝統型職種（農漁業）から近代型職種（工場労働）に移行している。回答者はおおかた、生誕地で学校を出て、（家内）工場で働き、または結婚し、その後にマニラに出て、現職に就労した。

就労経路と年数

　回答者は、どのような経路で現職に就労したのだろうか。回答者の23.9％は親族・友人の紹介により、2.8％が周旋会社により、72.5％が直接応募により、0.9％がその他の方法により現職に就労した（回答者109人）。大部分の人が、新聞の求人欄を見る等して、直接応募で現職に就労した。就労経路を雇用地位別に見ると、正規雇用者では親族・友人の紹介（43人中14人）がやや多い。就職に親族・友人の口添えがあったと思われる。非正規雇用者では直接応募（64人中51人）が多い。では回答者は、現職で何年働いているのだろうか。回答者の就労年数は、1年以内28.3％、1〜3年31.1％、3〜5年15.1％、5年以上25.5％であった（回答者106人）。回答者の3人に1人が1年以下、過半数が3年以下と、就労年数は長くない。しかし、5年以上の人も4人に1人いる。就労年数の中間値は3.4年である。就労年数を雇用地位別に見ると、正規雇用者の就労年数の中間値は4.1年であり、非正規雇用者のそれは1.9年である。非正規雇用者の就労年数は短く、その雇用地位は不安定である。しかし、3年以上の人も6人いる。これは、契約を3回以上更新した人々である。それは、非正規雇用者が長く働いても、正規雇用者になれないことを示している。フィリピン労働法典には、契約を2回更新した人は、3回目（1年後）には正規にしなければならないという条項がある。その条項は遵守されていない。ただし、正規雇用者になれた人もいると思われるが、その情報は得られていない。

3）労働実態
仕　事
　回答者の仕事内容はどうだろうか。回答者の95.2％がラインの仕事と答えた（回答者104人）。ラインの仕事とは、機械操作、裁断、縫製、縫合等を指す。他方で、非ラインの仕事とは、品質管理、製品のアイロンかけ、折りたたみ、パッキング等を指す。仕事内容をジェンダー別に見ると、全体傾向は変わらないが、96人の女性労働者の内8人が「分からない」と答えた。これは、非正規雇用者の雑工（仕事補助）と思われる。仕事内容を雇用地位別にみても、全体傾向は変わらない。非正規雇用者にラインの仕事をする人が多い（64人中56人）。非正規雇用者も、正規雇用者と同じ仕事をしている。雇用者の作業の監督は厳しく、能率やミスがチェックされる。作業ミス、無断欠勤、残業拒否等に対する懲罰には、口頭警告、文書警告、出勤停止（最長1ヶ月）、解雇がある。契約労働者は、無断欠勤や残業拒否をすれば、簡単に解雇される（工場の外に就労希望者が控えている）。フィリピン労働法典では、非正規雇用者は組合を作ることができない。A工場では、正規雇用者の組合が、非正規雇用者を支援している。とはいえ、非正規雇用者に雇用の安定はない。解雇や契約中断の危険はつねにある。

労働時間
　A工場の労働時間は、月～金曜の午前7時30分～午後3時30分である。間に昼食休憩が30分ある。就労形態を見ると、回答者の78.6％が「レギュラー」と答えた（回答者112人）。しかし、「ローテーション」「イレギュラー」「分からない」と答えた人が21.4％いる。夜間労働について聞くと、回答者の82.3％が「ない」と答えた（回答者112人）。同時に、「ある」「分からない」と答えた人が17.7％いる。ここから、就労形態の実際は、正規時間外の勤務もあることが分かる。これらの傾向は、回答者のジェンダー別、雇用地位別にみても変わらない。その上で、非正規雇用者に「イレギュラー」「分からない」と答えた人がやや多い（64人中17人）。また、夜間労働の有無で「分からない」と答えた人もやや多い（18人）。これらは、非正規雇用者の正規時間外の

就労実態を示すものと思われる。

　残業について見ると、残業をする人は91.2％であった（回答者112人）。その内、1日平均1時間以上残業している回答者は、17.9％であった。中には、5時間以上残業する人もいる（5人）。雇用地位別では、1時間以上残業している人（「日によって変わる」を含む）は、正規雇用者で43人中6人、非正規雇用者で64人中12人と、非正規雇用者の方が多い傾向にある。残業をする人につき、残業時間を週当たりで見ると、5時間以下9.8％、5～10時間33.0％、11～19時間18.8％、20～29時間10.7％、30時間以上4.5％であった（回答者102人）。残業時間の中間値は9.1時間で、1日平均1.5時間であった。これを雇用地位別に見ると、正規雇用者の週当たり残業時間の中間値は6.9時間で、非正規雇用者のそれは12.0時間である。非正規雇用者は、正規雇用者の約2倍の残業をしていた。また、非正規雇用者に「分からない」と答えた人が少なくない（64人中12人）。この人々にも、長い残業の人が含まれると思われる。

　回答者に年間の休日数は、9日以下と答えた人が22.3％、以下、10～19日10.7％、20～29日2.7％、「休日なし」29.5％、「分からない」34.8％であった（回答者112人）。A工場の年間の休日数は11日である。回答者の9割方が、正確な休日数を知らない。休日がないと思っている回答者が、3人に1人いる。彼ら彼女らは、休日を、たんに「自分が仕事をしない日」と理解したと思われる。雇用地位別に見ると、非正規雇用者に「分からない」と答えた人が多い（64人中27人）。これは、非正規雇用者に、雇用主の仕事の都合や、収入を増やしたい労働者の希望により、残業が多くなっていることを表す。

賃金形態

　賃金の支払い形態はどうだろうか。回答者で「月に2度」（15日ごと）と答えた人が89.3％であった（回答者112人）。これが、A工場の基本的な支払い形態である。「日ごと」「月ごと」と答えた人が4人いる。「日ごと」は、賃金計算の基準と間違えたと思われる。「月ごと」は、管理的な立場（作業主任等）の労働者に対する支払い形態である。次に、賃金計算の基準である。賃金

が時間給であると答えた回答者が8.0%、以下、日給83.1%、その他8.9%であった(回答者112人)。正規の賃金計算の基準は、出来高払いの日ごと計算のベースである。賃金計算の基準からいえば、A工場の労働者は、日雇いにも等しい条件にある。有給休暇はなく、雇用地位別にみても、「日ごと」と答えた人が、正規雇用者43人中37人、非正規雇用者64人中54人と、大半を占める。

手当・控除

　賃金には、労働協定に基づく緊急家族手当*の50ペソが含まれる。残業には、賃金の時間給の60%が支給される。週末出勤は100%が支給される。有給休暇はない。手当はどうだろうか。手当を貰った回答者は35.5%（内訳は通勤手当4.2%、退職手当3.4%、出産手当7.6%、その他20.3%）、「手当はない」25.4%、「分からない」39.0%であった（複数回答118）。「その他」には、業績優秀な労働者に対する報奨金が含まれる。全体に手当を貰った回答数が少ない。手当は、賃金の上積みとして十分に機能していない。また、手当が支給される基準が曖昧である。多くの回答者は、どんな手当があるかさえ知らない。雇用地位別に見ると、正規雇用者より非正規雇用者に「手当はない」「分からない」と答えた人の割合が多い（正規雇用者で46人中22人、非正規雇用者で66人中49人）。これに対して、手当を貰ったと答えた非正規雇用者が、17人いる。ここには、何を手当と見るかという問題があると思われる。次に控除である。賃金から一定額を控除されていると答えた回答者は97.4%（内訳は社会保険料33.6%、医療保険料32.9%、住宅資金積立25.1%、退職金積立0.3%、所得税2.0%、その他3.6%）であった（複数回答307）。組合指導者によれば、平均の控除額は賃金の32%にも及ぶという。それが事実とすれば、控除額はきわめて大きい。それは、労働者の手取りを大きく減じている。しかも組合指導者によれば、医療や住宅等で金が必要な時の支払いは遅く、額も小さい。労働者福祉のための社会保険等は、十分に機能していない。控除を雇用地位別に見ると、正規雇用者に社会保険料、医療保険料の控除が多い（複数回答138）。1人当り平均3.2の控除数である。非正規雇用者に社会保

険料、住宅資金積立の控除が多い（複数回答185）。1人当り平均2.9の控除数である。控除数は、正規雇用者が非正規雇用者より多い。とはいえ、雇用期間が短い非正規雇用者にとって、控除は賃金のピンはねにも等しい。

手取り

　回答者は、結局、どれほどの手取りを得ているだろうか。回答者で、手取りが週に1,499ペソ以下（当時1ペソ≒2.5円）と答えた人は14.3％で、以下、1,500～2,999ペソの人20.5％、2,500～2,999ペソの人20.5％、3,000～3,999ペソの人4.5％、4,000ペソ以上の人17.9％、「分からない」22.3％であった（回答者112人）。「分からない」は、週ごとの残業の多寡により、「一定しない」の意味と思われる。手取りの中間値は2,588.8ペソである。2006年のマニラの製造業労働者の最低賃金が週1,750.0ペソ（1日350.0ペソ）であるから、賃金は、最低賃金を838.8ペソ上回る。手取りを雇用地位別に見ると、正規雇用者に最低賃金以下の人が、8人いる（回答者43人）。これは、計算違いをしたか、それほどに控除額が大きいか、いずれかである。正規雇用者の週間手取りの中間値は2,579.3ペソで、1日当たり515.9ペソである。これに対して、非正規雇用者の手取りは2,574.4ペソで、1日当たり514.9ペソである[14]。非正規雇用者に「分からない」と答えた人が、64人中15人いる。先にみたように、労働者は多くの残業をしている。とくに非正規雇用者は、正規雇用者の2倍の残業をしている。そこで、組合指導者の情報をもとに、残業賃金の支給が時間賃金の60％であるとして、手取りから残業手当分を差し引くと、（純）賃金は、正規雇用者では週に2,337.2ペソ、非正規雇用者では2,181.6ペソとなる。いずれも、最低賃金を上回る水準ではある。最後に、残業時間と手取りの関係はどうだろうか。手取りは、残業時間が増加すれば増大するはずである。しかし調査では、手取りと残業時間の関係に、そのような関係が出なかった。それは、サンプルが小さいためと思われる。

4）生　計

手取りの家計充足率

　回答者の手取りは、家計収入のどれほどの割合を賄っているのだろうか。回答者で、手取りにより生計費の30％も賄えていない人は13.4％、以下、30〜59％の人15.2％、60〜90％の人3.6％、100％の人14.3％、「分からない」30.4％、無回答23.2％であった（回答者112人）。「分からない」と無回答が、回答者の過半数を占める。家計中の手取り比を計算できない人が多い。それは、家計収入が手取りだけではないためである。手取りで家計収入をすべて賄えている人は、回答者の1割半に留まる。回答者の3割弱が、手取りで家計収入の6割も賄えていない。マニラの貧困線は、2006年に1人年間1万9,808ペソで、1世帯（6人）に週当り2,279.3ペソであった（19,808×6÷365×7）［NSCB.2007b:2.30］。既述した手取り（2,588.8ペソ）は、なんとかこれを上回る水準にある。しかしこれでは、回答者に余裕ある市民生活は叶わない。余裕ある生活をするためには、他の家計収入（副業、他の家族成員の収入）が必要になる（家計収入の全体額については聞いていない）。

　家計中の手取り率を婚姻暦について見ると、未婚の回答者で、手取りが家計収入の100％を賄えている人は31人中の6人、以下、既婚者63人中の5人、寡婦16人中3人であった（回答者110人）。既婚者において、家計の圧迫がより厳しい。雇用地位別では、正規雇用者で手取りが家計収入の100％を賄えている人は43人中の4人で、非正規雇用者で64人中の12人であった。正規雇用者に家計の圧迫がより厳しい。それは、非正規雇用者が、残業により家計の圧迫を軽減しているためと思われる。では正規雇用者は、どのように家計の圧迫を軽減しているだろうか。それを副業と家族の収入でみてみよう。

副業と家族の収入

　回答者は、家計収入における手取りの不足を副業で補填することになる。回答者で副業を持つと答えた人は、53.8％であった（回答者104人）。次いで、他の家族成員に家計収入があると答えた回答者は、50.5％であった（回答者107人）。いずれも、過半数の回答者が、手取り以外の家計収入を持っている。

回答者で副業を持つ人を雇用地位別に見ると、正規雇用者で43人中26人が、非正規雇用者で64人中28人が副業を持っていた。正規雇用者の方が、非正規雇用者よりも副業を持つ傾向にある。つまり、正規雇用者は副業により、非正規雇用者は残業により、家計における賃金の不足を補填する傾向にある。正規雇用者は残業時間が短く、その分副業を持つ時間がある。非正規雇用者は、残業時間が長く、副業を持つ時間がない。

　多くの回答者は、副業をもち、また、他の家族成員に家計補助を頼っている。正規雇用者で家計収入がある他の家族成員がいる人は43人中20人で、非正規雇用者で64人中34人であった。非正規雇用者は、正規雇用者よりも、残業も他の家族成員の収入も必要とする傾向にある。また全体で、副業を持つ回答者で他の家族成員も家計収入を持つ人は56人中37人、副業をもたず他の家族成員の収入もない人は48人中16人であった。つまり、回答者の家族は、副業と他の家族成員の収入の双方を持つ家族と、どちらも持たない家族に分かれる傾向にある。ここには、家族規模（成員の数）も関係していると思われる。では、家計収入がある他の家族成員とはだれのことか。これに答えた回答者は51人で、内訳は夫または妻28人、子6人、親10人、その他7人であった。サンプルが小さいので断定はできないが、夫妻が働く共稼ぎが多い。つまり、未婚者の世帯よりも、夫婦世帯の方に、賃金の家計圧迫が大きいと思われる。

　手取り以外の他の仕事とは、どのような職種であろうか。回答者55人の内、経営・管理1人、工場の監督・職長1人、工場労働者40人、インフォーマル職種13人であった。組合指導者の話によれば、この工場労働者とは、おおかた、他の工場で働くという意味ではなく、アクセサリーの製作等、自宅や親族・知人宅の零細な仕事場で作業する人をいう。ゆえにこれは、インフォーマル職種とみてよい。他の家族成員の仕事では、回答者49人の内、経営・管理3人、工場労働者23人、インフォーマル職種19人、その他4人であった。この工場労働者も、インフォーマル職種とみてよい。つまり、回答者の副業も他の家族成員の仕事も、大半がインフォーマル職種かそれに近い仕事である。彼ら彼女らは、インフォーマル職種の家計収入を持つ人々である。

2.2. B工場
1) 企業と調査

　B工場は、マニラ郊外のアンティポロ市*の工場地帯にある宝石加工工場である。製品は、半導体に用いる工業用宝石の加工・製造で、製品の大部分はイギリスに、一部は国内に出荷される。B企業は下請会社で、B工場は、1988年にドイツ人とフィリピン人により設立され、その後、経営者が3度変わり、台湾人に売却されて、現在に至る。現経営者のもとで企業名が4度変わる。それはいわば計画倒産で、その度に賃金がカットされ、組合結成に奮闘する指導者（以下指導者）が解雇される。B工場の労働者は、調査時点で、正規雇用者181人、契約労働者7人であった。正規雇用者が全体の95.8％を占めるという、製造業では今や数少ない工場である。そこには、親会社から配置転換（左遷）された労働者も含まれる。労働組合はない（2007年3月、労働者が組合結成の可否を問う投票を行ったが、賛成57、反対96、白票7で否決された。雇用主の切り崩しは、またも成功した）。そのため、労働協約は結ばれていない。賃金や手当、労務管理や解雇は、雇用主の恣意に委ねられている。

　B工場の調査は、次のような経緯で行われた。2007年1月6日、指導者5人（すべて正規雇用者）に集中面接を行う。20日、再度集中面接を行う。同日、120の調査票を渡す[15]。27日、54の調査票を回収する。2月3日、59の調査票を回収する。回収票の合計は108票で、回収率は90.0％である。回答者の雇用地位別の内訳は、正規雇用者96票で、それは回答者の88.9％、工場の正規雇用者の53.0％であった。次に、契約労働者7票で、それは回答者の5.6％で、工場のすべての契約労働者であった。さらに、一部未記入5票であった（正規雇用者）。回答者の正規雇用者の比率は、工場の全労働者に占める正規雇用者の比率にほぼ照応する。ゆえに回答者は、ほぼ工場労働者の全体を代表するとみてよい。調査結果はおおむね、正規雇用者の実態を指す。回答者のジェンダー別構成は、男性58.3％、女性41.7％であった（回答者108人）。年齢別構成は、10歳代2.8％、20歳代72.2％、30歳代19.4％、40歳代4.6％、50歳代0.9％であった（回答者108人）。年齢の中間値は27.6歳である。婚姻歴は、未婚者42.6％、既婚者54.6％、寡婦1.9％であった（回答者98人）。この

ように回答者は、20歳後半の人を最大グループとして、男性・女性、未婚・既婚に分かれる傾向にある。

2）空間・階層移動
生誕地とマニラ
　回答者は、どこで生まれた人々だろうか。回答者の生誕地は、マニラ15.0％、ルソン諸州57.9％、ビサヤ諸州19.6％、ミンダナオ諸州7.5％であった（回答者107人）。回答者の8割以上が、地方生まれのマニラ一世である。出身地は全国に及ぶが、とくにルソン諸州の出身者が多い。地方生まれの回答者のマニラ在住年数は、3年以下16.5％、3～4年33.0％、5～9年7.7％、10～19年20.9％、20年以上5.5％で、中間値は8.1年であった（回答者91人）。回答者の中間年齢が27.6歳であるから、回答者の大半は、10歳代後半にマニラへ来たことになる。次に、過去3年以内に田舎へ帰った人は、83.3％であった（回答者90人）。これに対して、「10年以上帰っていない」「いつ帰ったか忘れた」「帰っていない」と、田舎との関係が実質切れた人は、4.4％であった。回答者のマニラ移住は、出稼ぎ型ではなく、マニラに定住する意志を持つ定住型と思われる。しかし現在は、田舎との関係は切れていない。

世代間移動
　回答者の親の学歴は、初等教育49.5％、中等教育37.6％、高等教育12.9％であった（回答者93人、中退者を含む）。回答者の学歴は、初等教育8.2％、中等教育52.9％、高等教育38.8％であった（回答者85人、同）。世代間の学歴の上昇は著しい。回答者の親の職業は、工場労働者13.1％、建設労働者12.3％、インフォーマル職種20.8％、農漁民32.4％、公務員2.3％、学生3.1％、主婦4.6％、その他4.6％、無職6.9％であった（複数回答130）。この工場労働とは、インフォーマル職種とみてよい。回答者が現職に就く前のおもな職業は、工場労働者30.8％、建設労働者9.6％、インフォーマル職種10.6％、農漁民7.7％、その他5.8％（主婦を含む）、学生18.3％、無職17.3％であった（回答者104人）。この工場労働も同じ意味である。このように世代

間で、職業は、伝統型職種（農漁業）から近代型職種（工場労働）に移行した。しかし工場労働の実態は、インフォーマル職種に等しい状態にある。

就労経路と年数

　回答者は、どのような経路で現職に就労したのだろうか。回答者で、87.4％の人が親族・友人の紹介により、9.7％の人が直接応募により、2.9％の人が周旋会社や「その他」の方法により現職に就労していた（回答者103人）。回答者の大部分が、先に働いていた親族・友人の紹介で就労している。パーソナルなネットワークが、雇用に機能している。回答者は、現職で何年働いているのだろうか。就労年数1年以内の人は6.8％、以下、1～3年35.0％、3～5年34.0％、5年以上24.3％であった（回答者103人）。就労年数の中間値は3.7年である。既述した通り、マニラ在住年数の中間値が8.1年であるから、地方出身の回答者の多くは、マニラに出て仕事に就き、その後現職に転職したことになる。現在の工場で5年以上働いている人が4分の1いる。彼ら彼女らは、ほとんど正規雇用者であり、雇用地位が安定しており、この先も転職する人は少ないと思われる。

3）労働実態
仕　事

　回答者の仕事内容は、どのようなものだろうか。回答者の51.5％がラインの仕事、48.5％が非ラインの仕事をしていると答えた（回答者103人）。ラインの仕事とは、機械操作による宝石加工である。非ラインの仕事とは、品質管理、包装、運搬、清掃等である。男性63人の内33人、女性45人の内20人がラインの仕事をしている。男性は、女性よりもややラインの仕事に就く傾向にある。しかし、ライン／非ラインの仕事分担は、それほど固定的なものとは思われない。作業の監督は厳しく、仕事の能率やミスがチェックされる。管理も厳しく、指導者によれば、1日無断欠勤すると2日の出勤停止、2日無断欠勤すると1週間の出勤停止、3日無断欠勤すると解雇される。

労働時間

　B工場の勤務時間は、月～金曜の午前8時～午後4時30分である。その間に30分の昼食休憩がある。回答者の就労形態を見ると、95.1％の人が「レギュラー」と答えた（回答者102人）。しかし、これは正規の就労形態であり、残業時間を入れると、実質「イレギュラー」となる。夜間労働の有無を聞くと、回答者の21.3％が「ある」と答え、16.7％が「分からない」と答えた（回答者108人）。ここで、「夜間」とはいつの時間を指すのかという問題がある。残業の時間帯を「夜間」とすると、「夜間」勤務はさらに多いと思われる。

　残業時間についてはどうだろうか。指導者によれば、残業時間は、平日は午後4時30分～6時30分までとされている。週末・休日に働くこともある。残業には、雇用主の仕事の都合による場合と、収入を増やしたい労働者の希望による場合がある。回答者で、週に5時間以内の残業をする人は30.4％、以下、5～10時間の人32.4％、11～19時間の人23.5％、20～29時間の人3.9％、30時間以上の人6.9％であった（回答者102人）。少なくとも83.5％の回答者が残業をしている。残業時間の中間値は、11.0時間であった。これは1日平均2.2時間であり、残業は、規定の午後6時30分を超えることになる。それは、週末出勤が加わったためと思われる。しかし、1日平均4時間以上残業をする人が10.8％いるのをはじめ、全体に労働者の残業時間は長い。

　年間の休日数について聞くと、回答者の26.9％が9日以下と答え、以下、10～19日23.1％、20～29日0.9％、「休日なし」34.3％、「分からない」14.9％であった（回答者108人）。B工場の休日は、年間11日である。回答者の8割弱が、正確な休日数を答えていない。「毎日働いているから」と、休日がないと思っている回答者が3人に1人いる。「分からない」もこれに近いと思われる。

賃金形態

　労働者は、賃金をいつ貰っているのだろうか。賃金の支払い形態について聞くと、回答者の64.8％が「週ごと」、25.9％が「月に2度」（15日ごと）、5.6％が「月ごと」と答えた（回答者108人）。次に、賃金計算の基準について聞く

と、回答者の5.8％が「時間ごと」、30.1％が「日ごと」、58.3％が「製品1個につき」、1.0％が「月ごと」と答え、「その他」が3.9％であった（回答者103人）。B工場の賃金の支払い形態は3通りある。賃金計算の基準が「製品1個につき」の人は、「週ごと」に賃金を貰う。これは正規雇用者の場合である。賃金が「日ごと」で計算される人は、「日ごと」に賃金を貰う。これは実質「時間ごと」と同じで、非正規雇用者の場合である。賃金が「月ごと」で計算される人は、「月ごと」に賃金を貰う。これは管理的な仕事の人（作業主任）の場合である。しかし、いずれの賃金の支払い形態や計算の基準であれ、労働者に有給休暇はない。仕事を休めば、その分賃金が減る。その意味では、「日ごと」（日雇い）に等しい待遇となる。

手当・控除

　労働者は、賃金をいくら貰っているのだろうか。基本賃金は、1日（8時間）平均217ペソ（月額5,700ペソ）である。回答者の中には、最高250ペソ（月額6,700ペソ）貰う人もいる。残業は、賃金の70％が支給される。週末・休日の出勤には、賃金の100％が支給される。有給休暇はない。手当はどうだろうか。手当を貰っていると答えた回答者は、75.2％（内訳は通勤手当12.8％、出産手当5.5％、その他56.9％）で、「手当はない」8.3％、「分からない」16.5％であった（複数回答109）。「その他」の多くは、業績優秀者に対する報奨金と思われる。複数回答で合計が109であるから、全体に、手当を貰う人の割合は小さい。出産時に女性労働者は3カ月、男性労働者は7日の休暇を取ることができる。その間は無給である。「手当はない」「分からない」と答えた人は、4人に1人である。このように手当は、賃金の上積みに十分に機能していない。次に控除である。賃金から一定額を控除されていると答えた回答者は、95.4％であった（回答者108人）。控除の全体数は297で、回答者1人当たり2.9種類の控除を賃金から引かれている。控除の内訳は、社会保険料32.7％、医療保険料32.4％、住宅資金積立25.3％、退職金積立1.3％、税金4.4％、「その他」4.7％であった。「その他」には、借金の返済が含まれる。税金とは、所得税のことだろうか。もしそうだとすれば、すべての回答者が控

除されているはずである。それを控除に含めると、控除額はさらに増加する。このように、全体に控除数が多く、賃金に対する圧迫は大きい。手当と控除のアンバランスが著しい。

手取り

　回答者は、結局、どれほどの手取りを得ているのだろうか。回答者で、週に1,499ペソ以下と答えた人は44.4％、以下、1,500〜2,499ペソの人48.1％、2,500ペソ以上の人4.6％、「分からない」2.8％であった（回答者108人）。全体の中間値は1,803.4ペソ（1日平均360.7ペソ）である。前掲の通り、2006年の最低賃金が週1,750.0ペソ（1日350.0ペソ）であるから、中間値で最低賃金を53.4ペソ上回り、また、少なくとも回答者の52.8％は、それを上回る手取りを得ている。とはいえ、それはほとんど最低賃金の水準である。しかもそれは、手当と残業を含めての収入である。手当については既述した通りである。残業時間と手取りの関係はどうだろうか。これも既述した通り、回答者の少なくとも83.5％が残業をし、残業時間の中間値は週に11.0時間であった。指導者の話によれば、賃金は1日217〜250ペソで、残業手当は時間（当たり）賃金の70％である。とすると、残業手当は、中間値で週に208.9〜240.6ペソの計算になる。それを手取りの中間値から差し引くと、（純）賃金は週に1,562.8〜1,594.5ペソになる。これは最低賃金以下の水準である。フィリピンの非金属鉱物の加工機械の労働者の平均賃金は、2006年に2,531ペソであった（月額10,124ペソ÷4）［NSCB.2007b:11-30］。（純）賃金は、これにもはるかに及ばない。手取りは、残業時間が増えれば多くなる。調査では、手取りと残業時間の関係についてみたが、サンプルが小さく、明確な関係が出なかった。しかし、労働者の就労年数と手取りの関係を見ると、就労年数が1年以下の人の手取りの中間値が1,499.0ペソ、以下、1〜3年の人1,786.3ペソ、3〜5年の人1,861.3ペソ、5年以上の人1,862.3ペソであった（回答者103人）。就労年数が長くなれば、手取りが増加する傾向にある。これは、就労年数に応じて賃金が上がるためである。婚姻歴と手取りの関係を見ると、未婚者の週間手取りの中間値は1,763.7ペソで、既婚は1,830.0ペソであった（回答者105

人)。既婚者は、生計を支えるために、未婚者よりも残業時間が長い傾向にある。

4) 生　計
手取りの家計充足率
　回答者の手取りは、家計収入のどれほどの割合を賄っているのだろうか。回答者で、手取りにより生計費の30％も賄えていない人は19.4％、以下、30～59％の人24.1％、60～90％の人1.9％、100％の人5.6％、「分からない」37.0％、無回答12.0％であった（回答者108人）。「分からない」と無回答が、回答者のほぼ半数を占めている。それは、家計収入が手取りだけではないので、計算が困難という意味である。手取りで家計収入をすべて賄えている人は、回答者の1割にも満たない。回答者の43.5％が、手取りで家計収入の6割を賄えていない。前掲の通り、マニラの最低生活費は1人年間1万9,808ペソであったから、1世帯（6人）に週当たり2,279.3ペソになる。既述した手取り（中間値の1,803.4ペソ）では、とうていこれを賄うことができない。回答者は、他の家計収入（副業、他の家族成員の収入）なくして生活できない状態にある（家計収入の全体については聞いていない）。手取りと家計収入の割合の関係を見ると、1週間の手取り1,499ペソ以下の回答者に、手取りが家計収入の60％に達しない人が多く（48人中26人）、1,500ペソ以上の回答者に少ない（52人中18人）傾向にある。また、1,499ペソ以下の人より1,500ペソ以上の人に「分からない」、つまり、副業収入や他の家族成員に収入のある人が多い（14人対24人）。こうして、手取りと家計収入の相関をどうにか窺うことができる。回答者の婚姻歴について、手取りと家計収入の割合の関係を見ると、未婚者で賃金が家計収入の6割に満たない人は46人中13人で、既婚者では59人中33人であった。既婚者の方が、家計への貢献度が小さい傾向にある。ただし、手取り、婚姻歴とも「分からない」回答者と無回答の人が多いので、傾向の確定は困難である。

副業と家族の収入

　回答者は、家計収入に対する手取りの不足分を残業や副業で補填することになる。残業についてはすでに見た。回答者で、副業を持つと答えた人は、36.1％であった（回答者108人）。また、他の家族成員に家計収入があると答えた人は、72.2％であった（回答者108人）。回答者の3人に1人強が副業をもち、4分の3弱が他の家族成員の仕事に助けられて、家計を支えている。手取りと副業の有無の相関は、サンプルが小さくて分からない。副業を持つ回答者で、収入がある他の家族成員がいる人は39人中33人、いない人は5人であった。これに対して、副業を持たない回答者で、収入がある他の家族成員がいる人は66人中45人、いない人は19人であった。つまり、回答者の家族は、副業と他の家族成員の収入の双方を持つ家族と、どちらも持たない家族に分かれる傾向にある。ここには、家族規模（成員の数）も関係していると思われる。では、収入がある他の家族成員とはだれのことか。これに答えた回答者71人の内、夫または妻と答えた人35人、以下、子4人、親17人、その他15人であった。サンプルが小さいので断定はできないが、夫妻が働く共稼ぎが多いと思われる。つまり、未婚者や寡婦の家庭よりも夫婦世帯の方に、家計の圧迫がより大きい。では、工場労働以外の他の仕事とは、どのような職種であろうか。回答者の副業では、回答者38人の内、経営・管理1人、工場労働者22人、インフォーマル職種13人、その他2人であった。この工場労働者も、既述の通り、インフォーマル職種とほぼ重なるとみてよい。次に、他の家族成員の仕事では、回答者79人の内、経営・管理2人、工場労働者31人、インフォーマル職種33人、農漁民10人、その他3人であった。この工場労働者も同じ意味である。ここから、回答者の副業も他の家族成員の仕事も、大半がインフォーマル職種かそれに近い仕事であることが分かる。つまり、これらの工場労働者（およびその家族）は、インフォーマル職種の家計収入を持つ人々である。

2.3. 結果の解釈

　A工場、B工場の労働者の労働と生計の実態分析は、新労務層・新貧困層仮説をどれほど検証したであろうか。調査は、2つの工場の計211人の労働者に対して行ったにすぎない。ゆえに、かりに調査結果から仮説の妥当性が確認できたにせよ、その一般化は、とうてい叶わない。それは、マニラ郊外の製造業の中規模工場にみた2つの確認にすぎない。この点に留意しながら、以下、調査結果の要約と若干の議論を行う。表3-2は、A工場、B工場の労働者（回答者）の特徴・傾向を要約したものである。

　労働者はおおかた、A工場ではビサヤ、ミンダナオを中心に、B工場ではルソン島を中心に、全国から来た人々である。A工場の労働者は、学校を修了・中退後、田舎で仕事に就労したか結婚した後、マニラへ出た。B工場の労働者は、学校を修了・中退し、マニラへ出て、工場やインフォーマル職種に就労し、または結婚して、3～4年前に現職に就労した。田舎との関係は続いてい

表3-2　A工場、B工場の回答者の対照（2006年12月～07年1月）

	A工場	B工場
製造品目	下着縫製	工業用宝石加工
所有者	台湾人	台湾人
労働者	正規200人、非正規299人	正規181人、契約7人
調査対象者	正規45人、非正規63人	正規96人、契約7人
ジェンダー別	男性13.5%、女性86.5%	男性58.3%、女性41.7%
平均年齢	34.7歳	27.6歳
マニラ在住期間	11.6年	8.1年
就労経路	正規は紹介、非正規は周旋	親族や友人の紹介
就労年数	3.4年	3.7年
賃金（週）	正規₱2,337.2、非正規₱2,181.6	正規₱1,562.8～₱1,594.5
最低賃金（週）	マニラの製造業労働者（2006年）₱1,750.0	
残業（週）	正規6.9時間、非正規12.0時間	正規11.0時間
手取り（週）	正規₱2,579.3、非正規₱2,574.4	正規₱1,803.0
手当・控除	控除額が大きく、手当てが少ない	
最低生活費（週）	マニラ（2006年）₱2,279.3／世帯	
賃金＝家計	14.3%	5.6%
副業	本人53.8%、家族50.5%	本人36.1%、家族72.2%
労働組合	正規あり、非正規なし	なし

るが、彼ら彼女らは、出稼ぎ者ではなく、マニラでの定住者である。マニラ滞在が長くなるにつれ、田舎との関係は疎遠になっていく。

　労働者の就労経路は、A工場では新聞の求人欄を見ての直接応募が多い。その上で、正規雇用者は先に就労していた親族・友人の口添えを得ている。非正規雇用者には、周旋会社の紹介で就労した人もいる。B工場では親族・友人の紹介で就労した人が多い。いずれの工場でも、親族・友人とのネットワークが、より安定した就労に機能している。

　雇用形態は、A工場では、非正規雇用者（その中心は契約労働者）が正規雇用者より多く、その数は増加傾向にある。B工場では、正規雇用者が大半を占める。工場労働者に非正規雇用者がごく少数というのは、今日では製造業では少ないケースである[16]。しかし、彼ら彼女らの労働条件や賃金の実態は、実質、非正規雇用者と相違ない。B工場では、労働組合もなく、労働条件や賃金は、雇用主の恣意に委ねられている。

　工場の労務管理は厳しい。A工場では、作業ミス、無断欠勤、残業拒否等に対して、口頭警告、文書警告、出勤停止、解雇等の罰則がある。非正規雇用者の契約延長は、監督の判断に委ねられ、恣意的な裁量により決められる。B工場でも、作業ミス、無断欠勤、残業拒否に対する罰則は厳しく、出勤停止や解雇が容易に行われる。

　A工場では、（純）賃金も（手当、残業を含む）手取りも、最低賃金を上回る水準にある。そこには、労働協約に基づく緊急家族手当が加算されている。非正規雇用者も、組合に支援され、賃金は最低賃金を上回る。しかしその幅はより小さい。B工場では、（純）賃金は、正規雇用者でさえ最低賃金に及んでいない。ゆえに、最低生活費（貧困線）にもはるかに及ばない。労働者は、残業を増やすか、副業を持つか、他の家族成員が働いて、ようやく最低生活費に到達できている。A工場、B工場とも、手当は十分に機能しておらず、他方で、賃金からの控除額は大きい[17]。その分、労働者の手取りが減っている。A工場の労働者の手取りは、世帯の最低生活費（貧困線）をやや上回る水準に留まる。賃金で家計を支えている労働者は、1.5割弱である。B工場の労働者の状況は、さらに厳しい。彼ら彼女らの手取りは最低賃金に及ばず、世帯の最低生活費に

はるかに及ばない。手取りで家計を支えることができているのは、回答者の1割にはるか及ばない。労働者は、残業を増やすか、副業を持つか、他の家族成員が働いて、ようやく最低生活費に及んでいる。残業時間は、両工場で毎日1〜2時間である。副業の家計維持の役割は大きい。両工場とも、本人が副業を持つ労働者や、仕事を持つ他の家族成員が多い。Ａ工場では、非正規雇用者が残業に傾斜するのに対して、正規雇用者は副業に傾斜している。非正規雇用者は、残業に励むことで、正規雇用者の手取りの水準に達している。他方で、正規雇用者は、残業時間が少ない分、余裕の時間を副業に振り向けている。Ｂ工場では、正規雇用者も非正規雇用者も、残業に励んで手取りを増やす傾向にある。

　Ａ工場、Ｂ工場とも、労働者の多くは、現職に就労する前に仕事を持っていた。前職は、工場労働とインフォーマル職種が中心である。この工場労働も、ほぼインフォーマル職種と重なる。副業や他の家族の仕事も、多くは工場労働とインフォーマル職種である。ここから、次のことが指摘される。つまり、フォーマル部門の工場労働とインフォーマル部門の仕事は、連続している。フォーマル部門の下層部分は、インフォーマル部門と重なっている。このことが、工場労働者の労働実態を通して明らかになる。

　Ａ企業、Ｂ企業とも、雇用主が台湾人の外資系企業である。企業は、マニラ郊外の工場地帯にある典型的な中規模の製造会社である。その企業における工場労働の実態は、以上の通りである。労働条件は劣悪で、賃金は、最低賃金を前後する水準にある。労働者は、残業や副業の収入、他の家族成員の収入を得て、ようやく最低生活費に到達している。また、副業や他の家族成員の仕事は、インフォーマル職種にほぼ重なる。このような労働と生計の実態を、労働のインフォーマル度の表徴と解釈することは、可能と思われる。しかもそれは、経済のグローバル化と新自由主義的な資本競争のただ中にある企業の労務管理の産物である。このような実態からして、Ａ工場、Ｂ工場の労働を新労務、その労働者を新労務者、それに規定された生計を新貧困、そのような生計水準にある労働者を新貧困層と解釈することは、この限りで可能と思われる。

注

1) マカティとオルティガスの都心再開発が、マニラ都市再編の眼目である。そのメイン事業が、マカティ〜エドサ〜クバオに通じる高架鉄道Ⅱ（2000年開通）の建設であった。
2) いずれの資料にも、建設労働者の定義やその数のカウントに関する説明はない。
3) スクオッターには、建設労働（土工）で日々を凌ぐ住民が多い〔NGOスタッフの話。2000年1月28日〕。著者の路上観察でも、労働者が、建設中のビルや工事現場周辺の飯場で起居する風景が散見される。スクオッターに家を持たない労働者は、建設現場の周辺にバラックを建てて暮らす。そこにいくつかの家族が集まり、建設工事が終わった後は、スクオッターになっていく場合もある。
4) 当時、土地の売買許可をめぐってマニラ市と企業の間で係争中であった。これも、工事中断の原因と思われた。
5) その後、高架鉄道Ⅱの労働組合は、工事の完了とともに労働者が解雇されたため、2000年に消滅した。正規雇用者も組合を持っていたが、それが、工事が終了する度に解散するということはない。
6) 1998年に、マニラの1日の平均生活費は441ペソで、貧困線は208ペソであった〔IBON.1999a:3-4〕。これに対して、最低賃金は198ペソで、貧困線にも及ばなかった。それでも元請が外資系企業の場合は、工事代金の支払いがよく、賃金の支払いが滞らず、額もややよかった。
7) 聞き取りの場所は、集会会場、組合事務所である。労働組合は労働組合全国連合である。
8) 活動家の1人は、マニラ生まれの建設労働者は、全体の1％程度と言う。しかしそれは、少なすぎると思われる。ただ、マニラ生まれの若者は、激しくて危険で体が汚れる建設労働を忌避する傾向にあると言う。
9) 1993年のマニラで、雇用者10人以上の建設企業労働者の平均月収は3,640ペソであり、それは、全産業労働者の平均月収の56.5％にしかならなかった〔DOLE.1996:169〕。
10) 1997年、マカティのビル工事現場で事故が起き、1人が死亡、5人が怪我をした。その工事は、労働者の安全策が十分ではないと、事故の前から監督庁より警告を受けていた。マカティ市は、技師と会社を殺人罪で告発した。建設工事の事故が多く、当時、大きな人権問題となっていた〔PDI.Aug.23th,1997〕。
11) 1995年にマニラで、労働争議で労使間の交渉が妥結したケースが640件あった。その内、建設業の争議は、4件にすぎなかった〔DOLE.1996:312-313〕。
12) A工場の企業は、その後2008年6月、工場をベトナムへ移転するため閉鎖した。労働者は、退職金を求めてピケを張り、3カ月後、賃金13日分を貰うことで決着した。そして労働者は離散した。このように、企業は、安価な労働力を求めて簡単に国境を越える。
13) 学歴の質問の選択肢にgraduate school（大学院）を入れたが、これをgraduated（卒業）と誤解した回答者がいたと思われる。ゆえに、どのレベルの学校を卒業したか判定できな

いので、回答者からこの人々を外して計算した。以下、A工場の回答者の学歴、B工場の回答者・親の学歴についても同じである。
14) 正規雇用者、非正規雇用者とも、手取りの中間値が回答者全体について計算したものより小さいが、これは、サンプルが小さいための誤差と思われる。
15) 雇用主の監視が厳しいため、調査は、工場の外の労働者の自宅で行われた。労働者は、工場近くのスクオッターに集住している。
16) 新聞によれば、ストライキ中の衣料会社チョン・ウォン・ファッション*の工場には、正規雇用者210人、契約雇用者700人いた［PDI.Nov.23rd,2006］。当時すでに、これでも正規雇用者は多い方と思われる。
17) 社会安全機構*によれば、マニラで登録された77万の事業所の内、年金の分担金を払っている事業所は、32.5％であった。年金の分担の責任を果たしていない事業所の多くは、雇用者20人以下の零細な事業所であった［PDI.Dec.15th,2006］。

※以下は、大阪市立大学共生社会研究会編『共生社会研究』5号、2010年、38-56頁　に掲載された論文を修正・補充したものである。

第4章　空間の移動※

　本章では、フィリピンにおける海外出稼ぎの経済的・地域的・政策的な背景を分析し、海外出稼ぎの送り出し過程について見る。もって、都市底辺層より上層にある人々、または底辺層の上層部分、つまり、新中間層と新労務層の境界に位置づく（と思われる）人々の労働と移動の実態を明らかにする。

1. 海外出稼ぎ

先行研究

　フィリピンは、海外に出稼ぎ労働者（Overseas Filipino Worker, 以下OFW）を送り出す世界有数の国である。フィリピン政府は、1970年代以降、積極的にOFWを世界に送り出してきた。その政策は今日も続き、海外出稼ぎの勢いは止まらない。海外出稼ぎは、出稼ぎ先から巨額の送金をなし、それが、フィリピン経済を支えている（と言われる）。大金を稼ぐOFWは、困窮する人々の羨望の的になり、その成功物語は、彼ら彼女らを魅了している。しかし他方で、海外出稼ぎは、仕事（内容、労働条件、賃金）、労働福祉（手当、医療、休暇等）、人権（搾取や虐待等）、送出国に対する諸影響（頭脳流出brain drain、家族解体、帰国後の不適応）等の社会問題を生じている。そうした現実に照応して、OFW問題の報告や研究は多い。しかし、著者の管見によれば、OFWの研究は、たいてい、OFWの仕事・人権・政策の実態分析・問題剔出・政策提言を行ったものである。OFW析出の経済的・社会的背景やOFW発生のシステムについての研究は、日本でもフィリピンでも、失業や貧困等の一般論の議論の域を出ていない。とくに（社会階層として）OFWが発生する労働事情（労働市場等）や、人々がOFWになる個人的経緯（とくに職歴）についての実証研究は、ごく少数に留まっている。フィリピンで、海外出稼ぎは、最重要の社会問題（の1つ）となっている。新聞には、毎日のように、海外出稼ぎ関連の記事が登場している。海外出稼ぎ問題を扱うNGOも多く、それらの活動は、マスメディアでも華々しい。そのような状況に照応して、フィリピンで、海外出稼ぎ研究も多く、その内容も多岐に亘っている。とはいえ、それらは、海外出稼ぎ研究の課題を網羅しているわけではない。しかしその中で、少数ながら基本的かつ重要な研究も出ている。例えば、海外出稼ぎについて、「価値・期待モデル（Value-Expectancy Model）」「陰の世帯（shadow household）」（移住先の世帯）、「ネットワーク」等を鍵概念とする、社会的・

文化的な送り出しメカニズムを分析した研究がある［佐藤.2002:4-5］［菊池.1992:190-193］。S・P・ゴー（Stella P. Go）は、OFWを析出する地域社会（バランガイ）の制度的メカニズム（institutional mechanism）を分析している［Go,1995］。佐藤忍は、OFWを生み出す社会的システム（migrant network, migrant institution）の先行研究をレヴューしている［佐藤.2002:3-6］。G・バティステラ（Grazaiano Battistella）とM・A・マルージャ（M. Asis Maruja）は、フィリピン南部におけるイスラム教徒の無資格出稼ぎ者（unauthorized worker）の発生メカニズムを分析している［Battistella & Asis.2003］。しかし、このような先行研究にもかかわらず、OFWの出身階層や労働移動を本格的に分析したものはない（著者は出会っていない）。

　これに対して、マニラの労働市場やフィリピン国内の出稼ぎ者（Domestic Migrant Worker）について研究したものはある（例えば［中西.1991］［中西.2001］［Balisacan. et.al.1994］）。しかし、国内出稼ぎと海外出稼ぎの関係について論じた研究は、まだない。海外出稼ぎは、国内出稼ぎの延長だろうか、それとも異なる社会過程を経た労働移動だろうか。全体の労働移動の観点から、その双方を視野に入れた労働市場や労働移動の研究が、望まれている。

海外出稼ぎの要因

　海外出稼ぎは、さまざまな要因が作用して生じる。また、海外出稼ぎは、複雑な人間的事象を随伴する。ゆえに、海外出稼ぎ問題には、多様な側面が含まれる。表4-1を見られたい。それは、海外出稼ぎを促す基本的な諸要因を整理したものである（表は、著者が［青木.2000:117］に掲載したものを修正・補充したものである）。

　海外出稼ぎの発生にとって、経済的要因は、必要条件ではあるが十分条件ではない。問題を労働力や賃金の問題に特化したプッシュ・プル理論（push-pull theory）やハリス＝トダロ・モデル（Harris=Todaro model）[1]の限界が指摘されて久しい。フィリピンでは、1970年代後半にOFWが急増し始めた。1990年代に、OFWの流れが西アジアから東アジアに転じ始めた。また、東アジアに多くの女性OFWが流出するようになった。なぜこれらの現象が、これらの

表 4-1　海外出稼ぎ者の移動過程

	受入国	移　動	送出国
経済過程	資本・商品	→ 投資・販売 →	出稼ぎの刺激
	労働力不足	← 労働力 ←	労働力過剰
	高い賃金	← 労働力 ←	低い賃金
政治過程	政治情報	→ 伝　播 →	政治情報
	移民政策	← 政府間協定 ←	移民政策
社会過程	社会情報	→ 伝　播 →	出稼ぎ情報
	ネットワーク	← 移住の連鎖 ←	ネットワーク
	周旋業者	← リクルート ←	周旋業者
文化過程	異民族観	← 価値の適応 ←	異民族観
	支配的言語	← 流　通 ←	旧植民言語
	文化的寛容性	← 価値の適応 ←	文化的可塑性

地域でこの時期に生じたのだろうか。そこには、送り出し国／受け入れ国の、経済的・政治的・社会的・文化的な諸条件が複合的に作用した背景がある。

　社会情勢観測所によれば、フィリピン人の52％は海外に親族がおり、その内22％はアメリカであった（ただしここには、親族をどの範囲でとるかという問題がある）［Asis.2005:11］。それは、フィリピン人の国境を越えた移住ネットワークの広さを物語る。菊池京子は、フィリピン人の海外出稼ぎを促進する文化的要因として、識字率が高い、英語が話せる、拡大家族の相互扶助の慣行が強い等の要因を挙げている［菊池.1992:190-193］。また、フィリピンには、被植民の歴史体験に根ざす、異文化にフレキシブルな文化がある。このような、歴史的に形成されたネットワークや文化を考慮しないで、フィリピン人の海外出稼ぎを論じることはできない。

　表にまとめた海外出稼ぎの諸要因は、たんに並列的かつ独立に出稼ぎに作用しているわけではない。では、それらは、互いにどのように作用しあっているのだろうか。そこには、どのような構造が読み取れるのだろうか。それは、フィリピンの場合どうだろうか。海外出稼ぎの研究は、今なお、その一般的な回答には到達していない。

2. 出稼ぎの動向

出稼ぎ者数

　フィリピンから海外に出たOFWは、1975年3万6,000人、85年37万3,000人［Go.1998:30］、91年61万5,000人、97年74万8,000人、2002年89万2,000人であった。アロヨ*大統領は、年間100万人のOFWの海外送り出しを政策目標に掲げた。そして実際に、OFWは、2006年末に106万3,000人に達した［NSCB.2003:11.31］。海外出稼ぎの申請・許可を扱う海外雇用庁*で労働のための出国許可を取得した人には、取得しても海外に出なかった人も含まれる。OFWは、1970～80年代に急増し、1990～2000年代も増加が続いた。このようなOFW増加の全般的な背景には、経済のグローバル化に伴う国内労働市場の流動化（労働の柔軟化や契約化、つまり新労務層の形成）、および国際（とくに東アジアにおける）労働市場の拡大、出稼ぎ政策の規制緩和等の事情がある。在外フィリピン人の累積総数は、2005年時点で、世界192カ国に移住者287万人、有資格のOFWが339万人、無資格のOFWが151万人と、合計777万人が外国に住み、働いている（それは、フィリピン労働人口の10％弱に相当する）［Asis.2005:11-12］[2]。在外フィリピン人の累積人口は、資料ごとに一致しない。また、この中には、海外に長期在留する移住者、国際結婚をして海外に定住する元OFWも含まれる。

出稼ぎ先

　OFWは、どこへ出稼ぎに出たのだろうか。OFWがめざした大陸は、2002年に、アジア90.0％、ヨーロッパ6.6％、アメリカ2.6％、オセアニア0.3％であった［NSCB.2003:11.32］。OFWの出稼ぎ先は、1990年代に西アジア（中東、とくにサウディアラビア）から東アジアへ転回し始めた。東アジアをめざしたOFWの（OFW総数に占める）比率は、1990年27.1％、96年36.0％、2002年42.3％であった（比率は、各年のOFW数に占める比率である。とくに断わらない限り、以下同じ）［NSCB.2003:11.32］。西アジアをめざしたOFWは、

1990年65.1%、96年45.6%、2002年47.7%であった［NSCB.2003:11.33］。このような出稼ぎ先の転回の背景には、西アジアで石油価格が下落したこと、建設ブームが終焉したこと、湾岸戦争で政情が不安定化したこと、東（および東南）アジアに新興工業国（NICs）が現れて、出稼ぎ労働市場が拡大したこと等の事情がある［Cariño.1998:4-5］。OFWのアジアへの出稼ぎ先は、現在、西アジアと東（東南）アジアに二分される傾向にある。

OFWの出稼ぎ先をジェンダーについて見ると、2002年に、男性は、アジアが71.5%（東アジア17.3%、西アジア46.9%）で、女性は、アジアが83.1%（東アジア40.0%、西アジア30.0%）であった［NSO.2002b:xxxvi］。男女とも大半がアジアである。とくに女性にその傾向が強い。男性には西アジアで働く者が多く、女性には東アジアで働く者が多い。

このような実態を意識して、東・東南アジア域内における労働力の循環を分析した研究が、いくつかある。W・B・キム（Won Bae Kim）は、域内労働市場の形成を、産業構造や労働市場が互いに異なる国の間の構造的な相補性（structural complementarity）の表れとして捉え、その視点から労働力移動の類型的な分析を行っている［Kim.1996］。OFW研究にとって、出稼ぎ者の送り出しと受け入れの両過程を射程に入れた域内労働市場の分析は、重要なポイントをなす。また、田巻松雄は、日本・台湾・韓国の比較という観点から、外国人労働者政策と外国人労働者の移動・不法化・定住等の問題構築の政治過程について論じている［田巻.2005］。このような域内を対象にした労働移動の研究は、まだ始まったばかりである（商品や資本の域内流通の研究は、経済学においてすでに多い）。

台湾と韓国

東・東南アジアのおもな受け入れ国に対するOFWの（OFW総数に占める）構成比は、2002年に、香港11.5%、日本8.2%[3]、台湾6.2%、シンガポール6.1%、マレーシア2.3%、韓国1.6%であった［NSO.2002b:xxvi］。東アジアのおもな受け入れ国で「新規に雇用された」OFWは、2004年に日本7万人、台湾3万4,000人、韓国4,000人であった［POEA図書室.2006.1.19］。

OFWは、3国とも1990年代に増加し、2000年代に入り、それぞれの数を前後している［Sicam.2002:171］。他方で、フィリピンの資本・商品の輸入高に占める3国の比率は、2002年に、日本20.4％、台湾5.0％、韓国7.8％であった［NSCB.2003:7.4.5］。フィリピンを訪問した外国人総数に占める比率は、同年に、日本人17.7％、台湾人5.3％、韓国人17.7％であった［NSCB.2003:8.4.5］。日本はもとより、台湾も韓国も、活発に資本・商品・訪問者等の、出稼ぎ発生の刺激媒体をフィリピンへ送っている。一般に、外国人労働者の受け入れ国の工業製品輸出額と、送り出し国の海外渡航者数は、正の相関関係にある［佐藤.2002:3］。ここに、台湾・韓国において、今後もOFWが増加する（と予測できる）条件がある。

　2000年代に、フィリピンに流入する韓国の資本・商品が急増し、それに伴って、韓国人のビジネスマンやツーリストが急増している。フィリピンと韓国の輸出入総額は、2006年に46.2億米ドルで、それは、フィリピン全体の4.7％を占め、2003年の18.8％増であった［NSCB.2007b:表7.2］。近年のフィリピンにおいて、韓国人の小事業の進出がめだつ。マニラでの著者の目視でも、韓国人経営のレストランやマンションが急増している。韓国からフィリピンに入国した人は、2006年に57万2,000人で、それは、フィリピンに入国した人の20.1％を占め、2001年の227.0％増、2003年の88.3％増であった［NSCB.2007b:表8.1］[4]。韓国人のフィリピン入国の目的は、2006年に、入国者の69.7％が休暇（Holiday）つまり観光旅行、ビジネス7.1％、友人・親族訪問6.9％であった［NSCB.2007a:8.4］。フィリピンは、韓国人にとって最大の観光国になっている。韓国人の観光客は、2006年に60万人で、アメリカに次いで多い［PDI.Nov.10th,2006］[5]。観光地は、パラワン*やボラカイ*が人気で、フィリピンへは毎日3つのジャンボ機で、平均1,600人が渡っている［TPS.Oct.4th,2006］。韓国政府は、ブスアンガ*に空港建設の援助を提案している。フィリピン観光省*は、観光客1人が500ドル使うとして、その経済効果に期待している。また、ビジネスでフィリピンに来る韓国人は、2006年に4万人、友人・親族訪問で来る人は3万9,000人で、合わせてフィリピンに来る韓国人全体の14.0％であった［NSCB,2007b:8.4］。

フィリピンと台湾の関係は、中国福建省出身の華僑が、フィリピン経済に大きな力を持つという歴史的な事情だけではなく、経済のグローバル化のもと、新たに台湾の資本・商品・人間の流入が続いている。フィリピンと台湾の輸出入総額は、2006年に61.6億米ドルで、それはフィリピン全体の6.2％を占め、また、2003年の36.1％増であった［NSCB,2007b:表7.2］。中国系のフィリピン人企業家が、中国福建省・台湾・フィリピンを「黄金の三角地帯」に育てるという構想を立てている［PDI.Oct.16th,2006］。それによれば、台湾は製造業の資本供給、フィリピンは管理者供給、中国は労働力供給と消費需要という、三者の相互貢献をめざす、というものである。中国系フィリピン人が、投資を軸に、構想の推進役を務める。フィリピン人は、ビザなしで台湾に入国できるようになるという話もある。また、クラーク*やスービック*の輸出加工区に、フィリピン～台湾間の空中回廊（air corridor）を運行するという話もある［TPS.Jan.3rd,2007］。台湾からフィリピンに入国した人は、2006年に11万5,000人で、それはフィリピンに入国した人の4.0％を占め、2001年の52.8％増、2003年の24.0％増であった［NSCB, 2007b.表7.2］。

　近年、マニラの街角に、台湾へ家政婦を周旋する業者の貼り紙がめだつ。条件は、手続きの諸経費や渡航費を全額貸与するというものである〔KCFスタッフの話.2006年1月17日］。そのため、貧しい女性も台湾に出稼ぎに出ることができるようになった。韓国では、2000年代に入り、企業や観光のフィリピン進出がめざましい。フィリピンを訪れた韓国人は、2006年1～7月に32万1,000人で、それはフィリピンを訪れる外国人の18％であった。その数は、同年中に60万人に及ぶとみられる。韓国政府も、フィリピンの観光地の空港建設を資金援助する等している。他方で、韓国大使館には、興行や国際結婚で韓国に渡るためにビザ申請をするフィリピン人女性が増加している。韓国語学校も増加している。興行や国際結婚の流れは、日本から韓国へ転回しつつあるかにみえる〔KCFスタッフの話。2006年1月17日］。

　これらの可視的な情報に刺激されて、フィリピン人の韓国や台湾への出稼ぎ希望者が急増している。年度はやや遡るが、2002年に、フィリピンから韓国へ出稼ぎに出たOFWは、OFW全体の1.6％、台湾へ出たOFWは6.2％であっ

た［NSO,2002b:xxvi］。「新規に雇用された」OFWは、2004年に、韓国4,000人、台湾3万4,000人であった［POEA図書室資料,2006.1.19］。OFWは韓国、台湾とも、1990年代に増加し、2000年代に入り、それぞれの数を前後している［Sicam,2002:171］。フィリピンの輸出入総額、フィリピンへ入国した韓国人・台湾人が急増する中、韓国・台湾についての関心が高まっている。このような状況から、韓国や台湾に出稼ぎに出るOFWは、数はまだ小さいが、今後、急増するものと思われる。韓国への出稼ぎを希望する人のために、マニラに、韓国語を教える語学学校が急増している[6]。

出稼ぎ先の職業

　新規に雇用されたOFWの出稼ぎ先での職業は、1988年に、専門技術職25.9％、サービス・販売職37.0％、製造工程従事34.7％であった［Yu.2003:2］。2002年に、専門技術職34.4％、サービス・販売職35.3％、製造工程従事24.5％であった［Yu.2003:2］。1988～2002年に、製造工程従事が減少し、専門技術職が増加している。出稼ぎ仕事が専門化しつつある。専門技術職の中心は、男性は西アジアでの技師、女性は東アジアでの介護師、欧米での看護師等である。フィリピンで、教師・看護師・介護師・機械技師等の（とくにアメリカへの）「頭脳流出」が、社会問題になっている。

　出稼ぎ先の職業をジェンダーについて見ると、男性は、製造工程従事が多く（34.2％）、次いで、販売職、専門技術職が多い（それぞれ27.3％、21.2％）［NSO.2002b:xxvii-xxviii］。女性は、製造工程従事者が過半数を占め（60.6％）、次いで、専門技術職、サービス職が多い（それぞれ17.6％、13.1％）［NSO.2002b:xxvii-xxviii］。OFWが多い東アジアについて見ると、2004年に、日本で働くOFWの94.9％が女性のエンターテイナーであった［POEA図書室.2006.1.19］。台湾で働くOFW女性の40.2％が介護師、25.2％が製造工程従事者で、さらに男性の14.9％が製造工程従事であった。韓国で働くOFW（4,000人）の56.8％が男性の製造工程従事で、11.3％が女性の製造工程従事であった。OFWのジェンダー別職種は、当然にも、国ごとの労働市場における労働力需要の事情に規定され、また、ジェンダー別の特化の度合

も異なる。

3. 政策と実態

　OFWは、1970年代以降、一貫して増加している。この背景には、3つの全般的要因が作用している。1つ、フィリピンの労働市場が変容したことである。2つ、政府が海外出稼ぎを奨励してきたこと（労働力輸出政策）である。3つ、東・東南アジアにおける外国人労働者の需要が拡大したことである。ここでは、前者2つの、OFWを送り出すフィリピン側の事情について考察する。

出稼ぎ政策
　フィリピン政府は、積極的な労働力輸出の政策を採ってきた。それは、マルコス大統領が1974年に発布したフィリピン労働法典に始まる。マルコスは、労働法典により、海外出稼ぎを含むすべての労働政策を統合した。そして、失業・半失業の緩和、高度な技術の獲得、海外送金による財政赤字の緩和を図って、海外出稼ぎを奨励した。1982年には、労働雇用省の中に、海外雇用庁、技術養成訓練局*、海外出稼ぎ労働者福祉局*を設けた［OFW Journalism Consortium.2003:22-24］。海外雇用庁は、海外の雇用市場の開拓、OFWの労働のための出国許可証の発給、周旋企業の許認可・監督等を行う。技術養成熟練局は、OFWを含む労働者全般の職業訓練を行う。海外出稼ぎ労働者福祉局は、OFWと留守家族の法的支援と福祉サービスを行う。また、外務省*は、OFWの受け入れ国と政府間交渉を行い、受け入れ国でのOFWの支援や雇用条件・人権の監視を行う。
　フィリピン政府は、2006年現在、世界の56カ国とOFW送り出し／受け入れの協定を結んでいる［PDI.Oct.1st,2006］。OFWの人権保護の問題では、海外雇用庁が、家政婦の最低賃金を月額200ドルから400ドルへ引き上げる、海外で働ける家政婦の年齢を21歳から25歳に引き上げる、周旋業者による周旋料の徴収を取り締まる等している［PDI.Oct.29st,2006］。政府のOFW送り

出しの実績は、年間 100 万人にも及ぶOFWが、労働のための出国許可を得て出国している事実が、明確に物語る。海外雇用庁は、1998 年に海外企業の 27 万 3,000 件の雇用申請を受けつけ、960 人の周旋業者を認可し（1990 年 638 人、1997 年 887 人）、75 万 6,000 人に労働のための出国許可を発給した［海外労働事情.1999.6.30］。その中で、フィリピン政府と日本政府は、2004 年に自由貿易協定（Free Trade Agreement）を結び、日本の資格試験をパスする、日本語を話す等の条件つきで、看護師・介護師の日本受け入れをいったん合意した（初年度はそれぞれ 100 人）。しかしその後も、受け入れ条件の緩和・人数の増員について交渉が続き、2006 年、最終的な合意に至った。「世界の人材派遣国」を謳うフィリピンは、「祖国の英雄」OFWを世界に送り出している。アロヨ大統領は、年間 100 万人のOFWの海外送出を政策目標に掲げて［Roque.2005.12:23］、その通りになった。しかし、政府の労働力輸出政策には、批判も多い。それには、次のような批判がある。政府は、海外出稼ぎは国内の失業率の緩和に利するというが、それは一部の失業者に効果があるのみで、失業率の緩和には繋がっていない。政府は、海外出稼ぎは新たな技術の導入を促すというが、出稼ぎ仕事には未熟練職種が多く、新たな技術の導入には繋がっていない。反対に、頭脳流出による技術水準の低下（脱技術化 de-skilledness）さえ招いている[7]。政府は、海外出稼ぎはフィリピン経済の底上げに利するという。しかし、海外からの送金（2005 年に総額 107 億ドルに及んだ［朝日新聞.2006.4.26］）は、留守家族の消費財購入に充てられており、貯蓄や投資による経済構造の改善には繋がっていない［菊地.1992:182-188］。「外国からの送金は短期に役立つだけで、中・長期的にはフィリピン経済に損失になる」［TPS.Nov.12th,2006］。海外出稼ぎの経済効果を否定し、OFWの海外送金がなくとも、フィリピン経済は成長可能であると主張する研究者もいる［Cabuag.2003:8］。他方で、フィリピンで、OFWを対象とした不動産や奢侈品の販売の新聞広告が、めだつ。不動産会社フィリンベスト・ランド*によれば、売りに出した住宅（中流下層水準で 1 戸 75 万〜 350 万ペソ）の半数が、OFWにより買い取られた［PDI.Oct.28st,2006］。OFWを当て込んで、海外に事務所を設けた不動産会社も現れている。

保護と実態

　OFWを支援するNGOは、周旋業者の違法契約（文書偽造や契約違反）やOFWに対する人権侵害が頻発しているとして、政府を批判している。政府は、それらの批判に応えて、違法な雇用契約やOFW周旋に対する監視を強め、OFWの人権擁護を進めるとしている。Y・チ（Ying Chi）は、日本で働くエンターテイナーを対象に、雇用主や周旋業者による契約違反・人権侵害の事例を報告している。そして、フィリピン政府と日本政府に対して、政策提言を行っている［Chi.2005.7］。海外雇用庁は、2000年に1,555件の不法な雇用契約と、436件の不法周旋を摘発し、2,788件の被害を受けたOFWの福祉申請を受け付けた［Yu.2003:4］。2003年に、1,219件の不法周旋が摘発され、その内625件が処分された［KCF.2003:15］。

　政府と議会は、1995年に、出稼ぎ労働者海外在留フィリピン人法*（RA8024）を制定し、無資格出稼ぎ者にも、有資格出稼ぎ者と同様、OFWの公的援助や保護を受ける資格を与えた［Batteistella & Asis.2003:36］[8]。2003年に、OFWが海外で大統領選挙に投票できる海外在留者不在者投票法*[9]と、（OFWの）女性と子どもの虐待を禁止する人身売買禁止法*を制定した。フィリピン政府は、北朝鮮（民主主義人民共和国）が核実験をしたことによる韓国の政情の不安定化を恐れ、韓国で働くOFWの緊急避難の準備を始めるとした［PDI.Oct.13rd, 2006］。また、カザフスタンで起きたカザフ人とトルコ人の衝突（40人死亡）に巻き込まれることを恐れて、同国で働くOFWを保護し、合わせてOFWの送り出しを一時停止した［TPS.Oct.26th,2006］。

　他方で、これと同時に、政府は、海外出稼ぎに関わる問題は、基本的に「雇用主とOFWの間の個人的な問題」であると見做し［Yu.2003:15］、かつ出稼ぎ業務の規制緩和（業者委託）を図っている。例えば、労働雇用省とサウディアラビア政府は、サウディアラビアで働くOFWの日給を、最低賃金（280ペソ≒750円）以下に落ちない限り市場の労働力需給に委ねるとした［Yu.2003:4-5］。規制緩和の結果、出稼ぎ産業（migrant industry 海外出稼ぎ者の周旋・教育・医療等に関わるビジネス）における競争が激化し、周旋業者や雇用主の収奪的な雇用契約が増加している。2004年に、営業許可を受けた

985人の業者の52.3％に、OFWの違法な出国手続きがあった［Asis.2005:19］。OFWの支援団体（KCF, Kanlungan Center Foundation Inc.）は、OFWから高額（8万～18万ペソ）の周旋料を徴収した1,569人の認可業者を告発して、海外雇用庁には違法な周旋業者を取り締まる力がない、と批判している［PDI. Oct.27st,2006］。

4. 地域的背景

このような海外出稼ぎの全般的状況のもと、人々は、どのような経済的・社会的な脈絡の中でOFWになるのだろうか。ここで、行政資料をもとに、OFWが析出される地域的背景（州別の地域特性）について分析する。

周旋網

OFW析出の地域的背景（の一端）を教える資料に、州ごとのOFWの海外雇用庁への登録率、およびいくつかの経済指標がある。表4-2を見られたい。まず、OFW登録比である。ここで登録比とは、過去5年間に外国で働いたことがある人の出身州別の（OFW全体に占める）比率である。そこから、次のことが読み取れる。1つ、OFWの出身地が全国に及んでいる。それは、出稼ぎ情報や周旋網（migrant network）が、全国に広がっていることを示している。海外雇用庁に登録されたOFWの周旋業者は、全国に、1990年19人、97年763人［Abera.1998:50］、2004年1,576人［Asis.2005:18］いた。周旋業者は急増し、マニラを基点に、全国に周旋網を広げている［Tyner.2000:74］[10]。

2つ、OFWになる人が、マニラ首都圏にもっとも多い。マニラには、出稼ぎ情報が集中し、政府機関（海外雇用庁等）、出稼ぎ産業等の出稼ぎインフラが集中している。海外雇用庁に認定されたエンターテイナー養成所は287で、すべてマニラにある［Asis.2005:25］。介護師養成所は735で、その大半がマニラにある。OFWの健康診断を認可された医療施設は147で、その大半がマニラにある。その他、特定資格の国家試験センター、旅行代理店や渡航資金を

表 4-2　州ごとの諸指

地域／指標（％）	登録比	失業率	半失業率	貧困率	移住者
マニラ（首都圏）	20.6	16.7	7.8	7.6	32.7
コルディレラ自治区*	1.7	7.6	10.9	38.0	2.3
リージョンI（イロコス*）	8.5	10.3	12.5	35.5	10.9
リージョンII（カガヤン渓谷*）	5.9	4.4	18.1	29.7	1.8
リージョンIII（中部ルソン）	13.4	10.8	7.6	20.9	14.8
リージョンIV（南部タガログ*）	19.2	11.7	12.7	25.9	15.9
リージョンV（ビコール）	3.1	8.1	28.4	56.2	1.6
リージョンVI（西部ビサヤ*）	9.1	8.0	19.6	45.7	3.7
リージョンVII（中部ビサヤ*）	3.6	11.2	10.7	37.4	6.8
リージョンVIII（東部ビサヤ*）	2.3	7.4	24.9	45.4	1.3
リージョンIX（ザンボアンガ半島*）	2.6	6.2	16.5	44.3	0.9
リージョンX（北部ミンダナオ*）	2.5	6.5	28.5	38.7	1.6
リージョンXI（ダバオ*）	2.6	9.3	13.4	56.3	4.1
リージョンXII（ソクサージャン*）	2.7	9.3	21.4	50.2	0.8
リージョンXIII（カラガ*）	1.0	9.5	18.6	50.2	0.7
ムスリム・ミンダナオ自治区*	1.4	4.4	9.8	62.9	0.0
全　　国	100.0	10.2	15.3	34.0	5.5万人

OFW登録比（2002年）[NSO. 2002b: xxiv]
失業率・半失業率（2002年）[NSCB. 2003:11.4-11.6]
貧困率（2000年）[NSCB. 2003: 2.28-2.29]

融通するローン会社等がマニラに集中している [Asis.2005:21-22]。マニラのスクオッターで、著者は、近年しばしば、海外出稼ぎに出た若者の話を聞く。かつて（1990年代以前）は聞かなかったことである。それは、周旋業者が海外出稼ぎの支度金や渡航費をすべて貸与するという、周旋方法の変化によるものである。著者の知人（20歳代の女性）は、15年前にパラワン島からマニラへ出て、3年後、出稼ぎ家政婦の資格を取り、支度金や渡航費を全額借りて、台湾に出た。母親は、周旋業者の借金返済に、1年間はただ働きだろうとぼやいていた〔母親の聞き取り。2002年7月30日〕。

　3つ、OFWになる人は、マニラに次いでリージョンIII、リージョンIVに多く、リージョンIにも多い。OFWは、ルソン島に多く出現する傾向にある。4つ、リージョンVIにもOFWが多い。OFWの周旋業者は、2004年にリージョンIIIに22人、リージョンIVに22人、リージョンVIに51人であった

［Asis.2005:18］。

家政婦

　OFWになる人には、地方からマニラへ出て（国内移住）、次いで海外に出る「二段階」を辿る人も、少なくないと思われる（それを立証するデータはない）。この事情を家政婦について見ると、次のようになる。海外で働く家政婦は6万人、国内で働く家政婦は60万人以上（250万人という数字もある）と言われる［朝日新聞．2005.10.6］。OFWが家政婦として出国許可を得るには、国内で最低2年の家政婦経験がなければならない。ゆえに、海外で働く家政婦は、すべて元国内の家政婦である。この点では、海外出稼ぎは、国内出稼ぎの延長としてある。マニラ在住の、著者の知人が雇用する家政婦も、海外出稼ぎの資格を取るために家政婦になった。また、フィリピン在住の外国人家庭に雇用される家政婦も少なくない。知人のフィリピン人女性は、現在、外国人家庭の家政婦をして、月1万2,000ペソを貰っている。フィリピン人家庭の相場は、3,000～5,000ペソである。月収の点で、彼女は、国内家政婦とOFW家政婦の中間にある。2000年現在、フィリピンに2,949社の日系企業があり、フィリピン日本人商工会議所の法人会員が、446社ある［新保．2002:151］。日系企業の日本人家庭に雇用される家政婦だけでも、相当の数に上るはずである。その賃金は、全般にフィリピン人家庭の家政婦よりかなり高い。彼女たちは、いわばエリート家政婦である。彼女たちの存在も、OFWの家政婦になりたい人々にとって、重要な情報源となっている。

失業と半失業

　次に失業率である。そこから、次のことが読み取れる。1つ、マニラで、失業率がもっとも高い。2つ、リージョンⅣ、リージョンⅢも、マニラに次いで失業率が高い。3つ、リージョンⅦも失業率が高い。この州には、フィリピン第二の都市・セブ市がある。次に、半失業（underemployment）率である。半失業者は、一般に、家族従業員を抱える農業に多い。半失業者は、失業状態をかろうじて免れている（失業状態にさえなれない）「見えない失業者」（invisible unemployed）である。半失業率から、次のことが読み取れる。1つ、マニラで、半失業率がもっとも低い。2つ、リージョンⅢ、リージョンⅣも、マニラに次いで低い。3つ、全般に、失業率の低い州では、半失業率が高い傾向にあい。最後に、貧困発生率である。そこから、次のことが読み取れる。1つ、マニラの貧困発生率が、もっとも低い。2つ、マニラに次いで、リージョンⅢ、リージョンⅣで低い。3つ、全般に、半失業率が高い州で、貧困発生率も高い傾向にある[11]。

　これらの事実から、次のことが指摘される。1つ、失業率が高い州では、OFWの登録比が高い。高い失業率は、半失業に留まることが困難なことを示す。その事情が、人々をOFWに押し出す1つの要因となっている。2つ、失業は、ただちに貧困を意味しない。むしろ半失業の生活者こそ、「深刻な貧困者」である。そこでは人々は、極度の貧困に喘ぎながらも、失業として顕在化することなく、希少な仕事や富を分有して生存している（「貧困の共有」shared poverty［Geertz,1963=2001:142］）。この人々にとっては、種々の経済的・社会的・文化的資源を要する海外出稼ぎなどは、及びもつかない。この人々に可能なのは、国内出稼ぎが精一杯のところである［中西,2001:78-81］[12]。

　このような失業の解釈は、途上国の貧困研究に散見される。山本郁郎も、ジャカルタの研究において、失業の「特権的意味」に言及している。「失業はこれまで雇用問題の中心課題ではなかった。貧困の中では失業の余裕すらなく、低所得・不安定な就労であってもその日のために働かざるをえないからである」［山本.1999:175］。こうして、半失業率と貧困発生率は、全般に正の相関にある。3つ、失業率が高い州は、貧困発生率が低く、相対的に豊かな地域である。この相対的な豊かさが、OFWを生むもう1つの要因となっている。OFWになるには、出稼ぎ情報や渡航費等で、外国で働く選択肢が現実のものとなっていなければならない。半失業率も貧困発生率も高い極貧地帯には、OFWになる人は少ない。中西徹は、カロオカン市*とナボタス市*のスクオッターに、貧困地域リージョンⅤ（ビコール）とリージョンⅧ（東部ビサヤ）の出身者が多いことを指摘している［中西.2001:78-81］。彼ら彼女らは、マニ

ラに国内移住するのがやっとの人々である。彼ら彼女らに、海外出稼ぎは夢物語である（マニラ首都圏に移住した後、出稼ぎ資源を得てOFWになる人はいる）。

5. 個人的背景

出稼ぎの女性化

　どのような属性にある人々が、OFWになるのだろうか。次に、OFWになる人々の個人的要因について分析する。まず、OFWのジェンダー構成である。OFWは、女性が1993年40.7％［NSO.1997b:xxx］、96年44.0％［NSO.1999a:xxiv］、2001年48.7％［NSO.2002b:xxv］、02年50.2％［NSO.2002b:xxv］であった。別資料によれば、新規雇用で就労するOFWの総数に占める女性の比率は、1995年58％、1998年61％、2001年72％、2003年71％［KCF.2003:11］、2006年75％［TPS.Dec.18th,2006］であった。後者の資料では、OFWの女性化（feminization of OFW）が一層顕著に窺える。

　1990年代に、OFWの女性化が進行した。女性のOFWが増加するとともに、「女性と性」に関わる人権問題（性的虐待、偽装結婚、人身売買、隷属的地位等）やジェイ・エフ・シー*（フィリピン人女性と日本人男性の間に生れ、父親に遺棄された子ども）等の問題が、登場した［Chi.2005:36］。近年では、クエートで女性を売春婦として売り飛ばすシンジケートに、18人のOFWの女性家政婦が犠牲になったという事件が報道された［PDI.Nov.1st,2006］。

　OFWの女性化は、経済のグローバル化のもと、雇用の契約化等で男性の生計維持力が後退し、他方で、東・東南アジアにおいて女性労働力の需要が拡大した結果である。それは、フィリピン国内市場における労働の女性化と歩を一にする。また、女性OFWの需要の拡大は、新興工業国自体における労働の女性化の結果でもある［Abera.1998:47-48］。こうして、OFWの女性化は、送り出し国と受け入れ国の双方における労働の女性化により生じた。その背後には、経済のグローバル化という共通の経済過程がある。また、家父長主義的な

文化が強いフィリピンでは、双系制の家族制度（夫方・妻方の家族が親族関係を取り結ぶ）のもと、そもそも、娘や妻に対する家計維持期待が強い。

　出稼ぎの女性化には、さらにこれに、出稼ぎ先で国際結婚し、定住して結婚後も仕事を続ける女性が加わる。ちなみに、妻が外国人という国際結婚には、外国出会い型、国内出会い型、業者仲介型、行政仲介型がある〔KCFスタッフの話。2006年1月17日〕。外国出会い型は、日本人男性との結婚に多い（日本に働きに来たフィリピン人女性が、日本人男性と出会って、結婚するパターン）。国内出会い型は、韓国人男性との結婚に多い（フィリピンにビジネスで来た韓国人男性が、フィリピン人女性と出会って、彼女を韓国に連れて帰るパターン）。業者仲介型はメール・ブライドに多く、行政仲介型は日本の過疎農村に多い。

　日本政府は、フィリピン政府が発行する興行資格を許可証と認めない、日本以外での2年の就労経験を持つ、OFWを雇用する雇用主の条件を厳しくする等、OFWの保護と周旋業者・雇用主への監視を強めてきた［Chi.2005:5］。そのため、雇用主は、OFWの代わりに日本人と結婚した元OFWを雇用するようになった。日本大使館によるOFWの興行ビザ発給は、1994年に5万4,000人であった。1996年、資格審査が厳格になり、ビザ発給は2万人に減少した。その後、2000年6万2,000人、2004年8万5,000人（入国者はこれより約2,000人少ない）［Chi.2005:33-34］と回復した。それは、エンターテイナー契約の最低月収を20万円から10万円に引き下げる等、雇用条件が（規制）緩和されたからである。しかし2006年6月、周旋業者の資格審査がふたたび厳格になった［朝日新聞.2006.3.14］。

年齢と学歴

　次に、年齢である。OFW経験者の年齢は、20〜40歳代に分布している［NSO.2002b:xxv］。男性は20歳代26.4％、30歳代31.3％、40歳以上42.0％で、女性は20歳代43.0％、30歳代33.2％、40歳以上22.6％であった。女性は20歳代に、男性は40歳を超えてOFWになった人が多い。また1999年に、OFW（104万3,000人）の58.4％が既婚者であった［Collado.2003:27-28］。

男性の71.1％、女性の49.3％が既婚者であった。これは、OFW全体の年齢構成に照応する。OFWの年齢は中年化しつつある。44歳以上のOFWは、1993年に全体の12.6％であったが、2006年には18.1％であった［TPS. Dec.18th,2006］。これは、既婚女性の増加による。

次に、学歴である。OFWの学歴は、国内出稼ぎ者よりかなり高い。国内出稼ぎ者の学歴は、1999年に、小学校修了者が39.5％、ハイスクール修了者34.1％、大学在学経験者11.2％、大学修了者と大学院在学経験者12.1％であった［Collado.2003:29］。これに対して、OFWは、同年に、小学校修了者6.5％、ハイスクール修了者38.6％、大学在学経験者22.8％、大学修了者と大学院在学経験者31.8％であった［Collado.2003:29］。OFWと国内出稼ぎ者の学歴格差は、歴然としている[13]。OFWの5人に1人が大学在学経験者、3人に1人が大学修了者と、大学院在学経験者であった。OFWに高学歴者が多いのは、彼ら彼女らが、かならずしも貧困者ではないこと、海外出稼ぎに語学力や技術・資格が要求されることによると思われる。それは、換言すれば、フィリピンでは、大学を修了しても（十分に）生活が維持できる仕事に就労できない人が多いことを示している。ジェンダー別では、1999年に、ハイスクール修了者では、男性35.3％、女性42.3％であり、大学修了者と大学院在学経験者では、男性36.2％、女性27.0％であった。男性の学歴が女性より高かった。

直前職

最後に、OFWが海外に出る直前の職業は、どうだったろうか。OFWの直前職は、1999年に、無職40.9％、製造工程従事23.5％、サービス・販売従事15.4％、専門技術職9.3％等であった［Collado.2003;37］。ジェンダー別で見ると、同年に、男性では製造工程従事37.7％、無職28.7％等であった。女性では無職54.5％、サービス・販売職従事18.7％、製造工程従事7.8％等であった。ここから、次のことが知られる。1つ、全体に無職の比率が高い。とくに女性の比率が高い。無職者は、海外出稼ぎにより仕事を得た人々である。しかし、女性の無職者には、失業者というより家事手伝いや主婦が多い。これに対して、男性の無職者は、3割弱に留まる。つまり、7割以上の男性は転職

をしてOFWになった。この人々にとって、海外出稼ぎは、必ずしも失業からの脱出を意味しない。2つ、専門技術職が、全体で1割近くいる。フィリピンで、技師・教師・医師・看護師等の「頭脳流出」が憂慮されている。例えば、およそ30万人のフィリピン人看護師が、131カ国で雇用されている[KCF.2003:18]。出稼ぎ先は、ヨーロッパ10万9,000人、北米2万人、西アジア1万5,000人であった。その結果、国内の看護師・医師の不足が深刻化している。医療関係者の不足に伴う医療・看護サービスの質的低下（の危惧）ついては、L・ロック（Lualhati Roque）の論文に詳しい[Roque.2005:26-28]。専門技術職がOFWに占める比率は、高くはない。しかし、専門技術者の流出の社会的なインパクトは大きい。3つ、男性の直前職には、製造工程従事者が多い。そこに、雇用の不安定化や低賃金により転職をよぎなくされた労働実態を窺うことができる。

　2002年のOFWの直前職を国内雇用者と比較した表がある（比較する年度は異なる）。表4-3を見られたい。そこで、OFWの専門技術、サービス販売、貿易・販売、工場技師の比率が国内雇用者より高く、労働者・未熟練者の比率が低いことが分かる。ここにも、OFWの直前職にみる地位が、国内雇用者より高いことが知られる。

表4-3　出稼ぎ者（2004年）と国内雇用者（2002年）の仕事

	出稼ぎ者*	雇用者**
公務員・管理	4.4	10.4
専門技術	21.6	7.4
事　務	5.4	4.5
サービス販売	15.2	9.2
農漁業	0.0	21.2
貿易・販売	17.6	10.0
工場技師	21.6	7.4
労働者・未熟練	14.2	30.1
計（万人）	20.3	2598.3

*　[NSO. 2006b: 69]
**　[NSO. 2002b: xlvi]

もう1つ、日本でエンターテイナーや工員、建設土工として働くOFW（60人）に対する調査（1996年）の報告がある。それによれば、彼ら彼女らの前職は、秘書・郵便局職員・事務員・店員・交通違反取締人・製品管理検査人・サービス業者・経営顧問・雑貨店店長・理容師・公務員・警察官等であった［Ballescas.1996:104］。いずれも、転職してOFWになった人々であり、前職は、ホワイトカラー職種が多い。これらの事実から、OFWの仕事が、フォーマル職種ないしインフォーマル職種の上層に集中していることが分かる[14]。しかし、彼ら彼女らは、これらの仕事をもってしても、生計が困窮するに至った。そして、より大きな報酬を求めて海外に出る途を選択した。彼ら彼女らは、生計が困窮しても、下層の人々のような、インフォーマル部門に定着し、家族・親族と貧困を分有する途を取らない。彼ら彼女らは、努力すればOFWになることができる。彼ら彼女らにとって、OFWは現実的な選択肢としてある。そして、彼ら彼女らは、成功物語を（一部なりとも）達成し、帰国後、生活階層を（確実に）押し上げていく。2005年に98万8,615人のOCWが出稼ぎに出たが、同年に106.9億米ドルが、出稼ぎ先からフィリピンに送金された［NSCB.2007b:11.10 & 16.23］。これを単純計算すると、（1米ドル＝48ペソとして）OFW1人当たり月額4万3,252ペソが、家族に送金されたことになる。これは、フィリピンで中流水準の生活が十分に可能な金額である[15]。フィリピンに、海外出稼ぎは、国内の失業率を軽減するという議論がある。海外出稼ぎが、1995年に失業率を2％軽減したとする報告もある［Soriano.1998:96］。しかし、この議論は階層の視点を欠いている。海外出稼ぎは、深刻な（半）失業状態にある貧困層の困窮の緩和には、ほとんど役立っていない。

頭脳流出

OFWの海外流出は、専門的知識・技術を持つ人々が減少して、国内の経済や福祉の機能不全を来たしかねないという、頭脳流出の危惧を生んでいる。政府は、海外出稼ぎ奨励の理由（の1つ）に外国の優れた技術の導入を挙げている。しかし実際は、技術導入どころか、反対に技術流出が危惧されている。例えばフィリピンでは、年間1万人以上の看護師が、外国に出てい

る［朝日新聞.2005.9.27］。2001年に、看護師の1万3,536人がOFWになり、アメリカ、サウディアラビア、イギリスに、1990～2004年で5万人に及んだ［Roque.2005:25-26］。医師が看護師に転じてOFWになる例も、増加している。すでに3,500人の医師が、看護学校に入り、看護師の免許を取って外国へ出た。2004年に、4,000人の医師が看護学校に通っている。フィリピン医師協会は、これを、フィリピンの医療水準を低下させかねない「深刻な事態」として、海外に出る前に国内で3年仕事をすることを義務づけるべきだとしている［TPS.Nov.12th.2006］。多くの医師が海外に出る原因は、フィリピンでの医師の報酬が少ないことである。フィリピンの国公立病院の給料（月）は、2005年の平均で、医師400（米）ドル、看護師200ドルであった。これに対して、アメリカの病院では4,000ドルであった。フィリピンでの医師の時給は約500ペソで、アメリカの看護師の時給は約1,100ペソだったという報告もある［朝日新聞.2004.12.6］。このような報酬格差のため、医師や看護師の国外流出は後を絶たない。1970年代に40校であった看護学校は、2004年には370校に増加した。その85％はマニラに集中する。他の専門技術職でも、同様の現象が生じている。それほどに、頭脳流出は、普遍的な現象としてある。それは、フィリピンで中層から下層への下降圧力が強まっていることを表している。アジア開発銀行（Asian Development Bank）は、頭脳流出は、フィリピンの優秀な労働力を当てにする外国の投資に悪影響を及ぼす、また、OFWが外国で得た知識・技術を活用できるような雇用政策も採られていないと、危惧を表明している［PDI.Nov.6th,2006］。

6. もう2つの国外流出 [16]

無資格流出

　フィリピンには、海外雇用庁の出国許可を得た有資格の出稼ぎ者の他に、海外雇用庁の許可を得ないで海外に出る無資格（irregular or unautholized）出稼ぎ者がいる。労働以外の目的で出国して、入国先で働く人々や、労働目的

で密航する人々等がそれである。その数が、2000年に184万人という報告もある［Battistella and Asis,2003: 39］。同年に、海外在留者（733万6,000人）の25.1％が無資格出稼ぎ者であった（2003年に日本に1万6,369人、台湾に4,300人、韓国に1万5,273人の無資格者がいた）［Battistella & Asis.2003:40-41］[17]。2003年に、海外在留者（776万人）の19.5％［朝日新聞.2005.10.6］が、無資格出稼ぎ者であった。無資格出稼ぎ者は、1995年に、62万6,000人（OFWの49％）に及んだという報告もある［Go.1998:12］。しかしその数は、正確に把握できない。無資格出稼ぎ者の中心は、フィリピン南部の島嶼部（バシラン*、スル*、タウィタウィ*、パラワン等）からマレーシアへ船で渡るイスラム系住民からなる（小さな船でマレーシアへ渡ることができるほど海路が近い）。その数は多く、30～50万人に及ぶといわれる［Battistella and Asis,2003:39］。彼ら彼女らには、「極貧」(poorest of poor) の地域（ムスリム・ミンダナオ自治区）に住む人々が多い。国家統計調整局によれば、飢餓水準の食料状態にある人（food poor）の人口比率は、1991年に、全国平均20.4％、ARMM26.7％、マニラ2.1％であった［Chiuro-Tordecilla,2004:5］。同じく2000年に、全国平均が16.7％、ムスリム・ミンダナオ自治区が35.5％、マニラが1.5％であった。ムスリム・ミンダナオ自治区は、フィリピンの最貧地域で、しかもその状態は悪化しつつある。このような境遇にある人々（の一部）が、国内出稼ぎの代替としてマレーシアやインドネシアへ渡っていく。この人々の出身階層は、下層の農漁民であり、出稼ぎの動機は、口減らしにも等しい。2006年1～9月に、マレーシア政府は、7,000人のフィリピン人を強制送還した［TPS.Oct.3rd,2006］。そして、無資格在留者のすべてを強制送還する方針であると宣言した。（2006年10月時点で）最後に追放された531人の内、子ども2人が、強制送還の際に、病気で死亡した。フィリピン政府は、病気の移民まで強制送還することのないよう、マレーシア政府に人道的な配慮を求めた。これら「不法移民」は、貧困と海外出稼ぎ、さらにエスニシティ（先住民）が直結する重要な研究課題である。しかし、フィリピンの「不法移民」の研究は、まだ少ない（著者が参照できたのは、前掲書［Battistella and Asis, 2003］だけである）。ゆえに、情報が限られている。OFWの問題を論じる時、

このようなバックドアから海外に出る人々の存在を、看過することはできない。

海外移住者

海外に出るフィリピン人は、有資格・無資格のOFWの他に、長期（1年以上）に外国に住む移住者（emigrant）がいる。移住者は、2002年に5万8,000人であった［NSCB.2003:1.32］。この人々も、フィリピン人の国際移動の一部を構成し、その数は増加している。この人々は、階層的にはおおむね、OFWのさらに上位に位置づく、フィリピン中間層＝中流層の人々からなる。この人々に関する統計から、次のような海外移住の実態が、明らかになる。表4-4を見られたい。海外移住者の移住前の仕事は、専門技術を筆頭に、大半がホワイトカラー職であった。この人々が、妻（主婦）と子を同伴して外国に出た。また、留学生も多い。このような事情に照応して、2003年に、年齢では19歳以下（就学前・就学中の子ども、留学生）31.1％、20歳代22.3％、30歳代20.8％と、若く働き盛りの年齢層にある人が、多くなっている［NSO,2006b:4］。またジェンダー別では、男性40.3％、女性59.7％と、女子留学生と主婦を含むため、女性が多くなっている。移住者の学歴は、大学卒44.8％と、高学歴に集中している（就学前・就学中の子どもが含まれるので、全体の学歴は確定しない）［NSO,2006b:6］。移住先は、アメリカが6割を占

表4-4 海外移住者の直前職（2003年％）

雇用		非雇用	
専門技術	13.7	主婦	20.7
経営管理	1.7	退職者	3.5
事務	2.4	学生	23.8
販売	5.2	子ども	9.2
サービス	2.1	未報告	12.5
農漁業	1.7		
製造	3.2		
軍隊	0.4	計（人）	55,137

［NSO.2004:5］

め、これにイギリスが続く。日本への移住には、日本人と結婚した女性の移住が多い。彼女らの場合、海外移住は、海外出稼ぎの延長としてある。彼女ら（の多く）は、日本人男性と結婚することで、フィリピンの中流階層に照応する階層に上昇した。最後に、移住者の出身地を見ると、表4-2に見る通りである。マニラを筆頭に、リージョンⅣおよびリージョンⅢに出身者が多い。これは、OFWの出身地の傾向にほぼ合致する。ただし海外移住者の場合、出身者のマニラへの集中が一層進んでいる。それは、マニラに、海外移住が必要かつ可能な中間層の巾が大きいこと、周旋業者や高等教育機関等、海外移住のインフラが集中していることによると思われる。

7. 研究の展開

　国際労働移動に関して、受入国の労働市場の分析は少なくない。しかし、送出国の労働市場の分析は少ない。後者の分析は、前者にも劣らぬ重要な研究課題である。というのも、それは、送出国（だけ）の分析に留まらず、海外出稼ぎが、グローバル都市（本書ではマニラ）を介した、グローバル経済に直結する事象だからであり、その解明により、国際労働移動の理解を一層深めることができるからである。本章の結論は、次のようになる。

　1つ、労働階層に下降圧力が強まり、中層（の下層）の困窮者（の一部）はOFWとなって海外（外）へ押し出された。この縮図が、経済のグローバル化の影響が著しいマニラに見られた。海外出稼ぎは、このような労働階層の再編のただ中で起きている。労働階層の異なる人々の下（ストリート）と外（海外）への排出。これを同時に把握する仮説枠組みを構築し、もって、OFW析出の全体システムを分析しなければならない。これにより、国内の労働移動と、国境を越えた労働移動の〈関係〉が見えてくる。2つ、海外出稼ぎと国内出稼ぎは、（一部を除いて）労働階層が重ならない。OFWは中層の下層、または新中間層の上層の困窮者から、国内出稼ぎ者は下層の困窮者から析出されている。ゆえに、海外出稼ぎは、厳しい困窮状態にある人々の失業の軽減には役

立っていない。本章の分析は、データの制約もあり、いまだ仮説的考察の域を出ない。続く分析（とくに「非正規」で海外に出るOFWを含む分析）を期したい。今後の研究課題は2つある。まず、OFWの析出を労働市場の変容の中で把握する、マクロ分析をさらに進めることである。次に、人々がOFWになる過程を、生活史を通して把握する、ミクロ分析を進めることである。人々がOFWになる前の労働移動の経緯（初職から直前職まで）を分析し、また、人々がOFWになる意志決定の過程と、そこに影響する（仕事に関わる）諸要因を分析すること。いずれも、先行研究の蓄積がほとんどない。

注

1) プッシュ・プル理論は、海外出稼ぎを、人口が過剰で貧しい送出国から労働力が不足し、賃金が高い受入国への労働力移動として説明する考えである。ハリス＝トダロ・モデルは、〈農村都市間の期待賃金率の格差〉、つまり、移住は都市（フォーマル部門）の賃金および就労確率と農村の賃金率の差を比較考慮の上で行われるとする考えをいう。そこでは、都市に出て失業し、またインフォーマル部門に留まっても、いずれはフォーマル部門に上昇してより高い所得を得るはずという〈期待所得〉が高い限り、都市への出稼ぎは起こるとされる［Harris & Todaro.1970］。

2) 海外在留のOFWの数は、170カ国に800万人［朝日新聞.2006.4.26］、190カ国に740万人［東京新聞.2004.7.29］という報告もある。その数は、資料により一致しない。

3) 沖縄県はじめ全国の米軍基地に、軍の仕事、対軍人サービスで1,500人のフィリピン人がいる［TPS.Sept.30th,2006］。他の基地を合わせると、その数は、相当数に上るとみられる。この人々は、日本在留のフィリピン人の数には含まれない。

4) ちなみに日本も、フィリピンとの自由貿易地域形成の合意に達し、経済のグローバル化の中で地域主義（regionalism）を進めて、貿易・人材・技術の交流をこれまで以上に促進するとしている［PDI.Nov.19th,2006］。フィリピンにとって、日本は、アメリカに次ぐ貿易相手国であり、最大のODA援助国である。日本との輸出入総額は、2006年に151.9億米ドルで、それは、フィリピン全体の15.3％を占め、2003年の11.4％増であった［NSCB,2007b:表7.2］。アメリカは171.3億米ドルで、それは、フィリピン全体の17.3％を占め、2003年の5.4％であった［NSCB,2007b:表7.2］。また、フィリピンへ入国した日本人は、2006年に、42万2,000人で、それは入国外国人全体の14.8％を占め、2000年の8.0％増、2003年の3.1％増であった［NSCB,2007b:表8.1］。フィリピンへ入国したアメリカ人は、2006年に64万9,000人で、それは、入国外国人全体の22.8％、2000年の21.8％増、2003年の46.7％増であった［NSCB,2007b,op.cit.］。見られるように、日本も

アメリカも、輸出入総額と入国者数において、年別の増加率は韓国より低い。韓国人の入国者数は、2006年に日本を超えた。そこに、フィリピンと韓国の交流の勢いを窺うことができる。
5) フィリピンへの観光客は、2006年に284万人で、内訳は、韓国人57万2,000人、アメリカ人56万7,000人、日本人42万2,000人等であった［PDI.Jan.28th,2007］。韓国人が、アメリカ人を超えている。
6) 観光地バギオ*で、韓国人が、脱税のためキリスト教会を隠れ蓑にして語学学校を開いたとして、摘発された［PDI.Feb.18th,2007］。韓国人のキリスト教会の布教活動は盛んで、そこへ入信するフィリピン人も増加している。著者が訪れたルソン島中部のピナツボ山*麓の少数部族アエタの村にも、近年、韓国教会ができて、部族の信徒を獲得していた。教会に続いて、レストラン等の小ビジネスが進出する。
7) 専門的知識・技術を持つ人々が外国に出ても、多くは、サービス諸職（家政婦、介護師、掃除人）や「単純労働」で働くため、もともと持っていた知識・技術水準が減退しかねない。日本でも、女性OFWは「ホステス」、男性OFWは（非正規の）工場労働者として働いている。そこに、祖国に持ち帰るべき知識・技術はない。ただし、技術研修生の場合は、すべてがそうだということではない。
8) G・バティステラとM・Bマルージャは、違法周旋・出稼ぎの取り締まり政策の経緯を記述しているが、それは、OFWの人権保護政策の経緯としてもある［Battistella & Asis.2003.12:41-48］。
9) 2004年の大統領選挙では、海外在住のOFWの35万人が投票した。選挙管理委員会は、2007年の選挙に50万人のOFWに選挙人登録を呼びかけた［TPS.Oct.16th. 2006］。
10) J・A・タイナー（James A. Tyner）は、国際労働移動における周旋会社の役割の重要性を強調し、OFWの雇用契約・送出過程における周旋会社の役割、周旋会社の形態（周旋する仕事や送出先による専門化）、（グローバル都市）マニラの周旋会社の実態等、周旋事業のシステム（recruitment-related institution）について分析している［Tyner.2000:74］。
11) 第2章で見たように、国家統計局や国家統計調整局が定義する失業率、半失業率、貧困発生率については、算出方法をめぐる問題がある。表の数字は、このことを念頭においで読む必要がある。
12) ピープルズ・パワー開発研究所の調査によれば、2005年（10月）に、極貧層（経済階層E）の回答者は、貧困脱出の方途として「外国出稼ぎ」と同じ割合（20％）で「ギャンブル」と答えた［Tabunda.2007:31］。この人々に現実的に可能な選択肢は、ギャンブルか、幸運を神に祈るしかないということであろう。彼ら彼女らにとって、外国出稼ぎはもとより、国内出稼ぎさえ大きな決断事である。
13) OFWの大学卒が51％、フィリピン国内の労働者が9％という数字もある［PDI.Dec.11th,2006］。

14) 経済のグローバル化のもと、資本の技術集約化が進み、外国での専門的技術職の需要が増加している。OFWが相応の知識・技術を身につけ、その労働力がフレキシブルだからこそ、これに応じることができている。「海外出稼ぎの専門職化」(professionalization of overseas migration) の現象は、近年とみに著しい。技師や医療関係の専門技術者は、1998年にOFW全体の26％であったが、2002年には36％に増加した、同時期に、工員は35％から21％に減少した ［Yu.2003: 2］。日本でも2005年に、日比自由貿易協定により看護師・介護師の受け入れが決まった。これも専門職である。

15) マニラのコミュニティの家並みで、時折、新築で豪奢な家を見かける。たいてい、友人は、それはOFWが建てた家だという。豪奢な家は、OFWの成功を伝える可視的な地位のシンボル（status symbol）となっている。また、300万ペソを投資して、セブンイレブン（Seven Eleven）のフランチャイズ店を持つOFWもいる［TPS. Nov.6th,2006］。このように、海外出稼ぎは、階層を上昇する人々の王道となっている［Soriano,1998: 97］。

16) 企業研修生（および実習生）として韓国や日本に行くフィリピン人がいる。日本では2000年代後半、これらの（実質的な）OFWが増加した。しかしフィリピンでは、これらの人々はOFWと見做されていない。行政上の管轄も異なる。そのため、データが入手できておらず、ここでは考察から外す。

17) フィリピンの無資格出稼ぎ者の定義、発生、類型、実態については、［Battistella & Asis.2003］に詳しい。

※本章は、大阪経済法科大学アジア太平洋研究センター編『アジア太平洋レビュー』5号、2008年、39-52頁に掲載された論文を修正・補充したものである。

第5章　居住と運動

　本章では、都市底辺層が居住するスクオッターを取り上げ、その動向と政策、さらに（強制）撤去に抵抗する住民運動と、その社会的意味について考察する。都市底辺層の居住の実態を明らかにし、そこに新貧困の1つの表徴を見る。つまり、その実態を、新貧困の脈絡において解釈する。スクオッターは、これまで、政策と研究において、都市貧困層の貧困を象徴する居住空間として、都市問題の温床として注目されてきた。スクオッター住民は、都市権力機構の末端にあって、時には権力さえ脅かす政治の転轍手となった。スクオッター住民を制する者はマニラを制し、マニラを制する者はフィリピンを制する。1986年のピープルズ・パワーは、どのような複雑な要因が絡もうとも、まずは、この命題を立証した。本章では、新貧困層分析の一部として、スクオッターに焦点を当て、その動態を分析する。

経済のグローバル化は、マニラの都市底辺の人々に、2つの影響を与えた。1つ、それは産業構造を変え、産業構造は労働市場を変え、都市底辺の人々の就労と生計を一層周縁的な状態へ追いやった。2つ、それは、土地投機の過熱と地価高騰を誘い、都市の空間構造を変えた。そして、都市底辺の人々を一層周縁的な居住空間へ追いやった。本章の分析の焦点は、次の諸点にある。都市底辺の人々が住むスクオッターは、どのように変容し、どのような問題を抱えているのだろうか（実態）。権力（政府、自治体、資本）は、彼ら彼女らをどのように遇しているのだろうか（政策）。彼ら彼女らは、それにどのように応じているのだろうか（住民運動）。最後の問いには、さらに3つの論点が含まれる。1つ、スクオッターの居住権をめぐるポリティクスに、どのような都市空間の性格が見られるのだろうか。2つ、スクオッターの住民組織（people's organization）と支援団体（NGO）の運動は、はたしてグラスルーツたりえているのだろうか。3つ、権力と対抗運動のポリティクスの中に、どれほど成熟した市民社会が見られるのだろうか。

1. スクオッターの動向

動向の特徴

1990年代以降、マニラのスクオッターは変容してきた。スクオッターの動向は、次のように特徴づけられる。1つ、都市底辺の人々の生活水準が相対的に上昇し、また、スクオッター解消政策が取られてきたにもかかわらず、スクオッター居住の世帯が減少していない。政府機関によれば、それは、1995年に43万2,450世帯で、マニラ全世帯の36.5％であった［MMHP.1996:11］。1999年に57万7,291世帯で、それは全世帯の34.3％であった［Padilla.2000:5］。2000年に71万6,387世帯で、それは全世帯の33.6％であった［NHA.2001a:13］。表5-1を見られたい。2011年においても54万4,609世帯である。フィリピンの平均世帯員数は6人であるから、これら世帯数に6を乗ずると、おおよそのスクオッター居住の人口が出る。見

表5-1 マニラのスクオッターの立地分布

	2000年	2011年	世帯数
危険地域	13.1	19.8	107,997
インフラ建設予定地	22.9	6.5	35,198
公有地	44.9	33.0	179,653
私有地	19.1	40.3	219,457
開発優先地域	*	0.4	2,304
計	100.0	100.0	544,609

[NHA.2004:13]
[United Nations.2011]

られる通り、マニラの世帯総数が増加したため、スクオッター居住世帯の割合は漸減したが、実数は減少していない[1]。また、スクオッター居住者には、農村からの移住者に加え、スクオッターで生まれたマニラ二・三世が増加している[Rebullida.1999:16]。ケソン市の第二居住区の調査によれば、1997年に、人口の50％がマニラ生まれで、80％がマニラに10年以上住んでいた[Endeiga.1999:31]。郷里との繋がりは、マニラ居住が長引くにつれて希薄になる。住民が郷里に頻繁に帰るスクオッターもあれば、郷里との関係が途絶えたスクオッターもある。過剰都市化現象（phenomenon of over-urbanization）は続いているが、過剰都市化論はもはや適合しない。都市底辺層としてのスクオッター住民形成の過程が、変容しつつある。

　2つ、スクオッターには、撤去優先地区に形成されたものが多い。スクオッターは、公有・私有の空隙地や遊閑地に形成される。著者が訪れたスクオッターに、塵芥集積場（パヤタス）、線路敷（サンタメサ*）、海岸堤（ナボタス）、市場（ディビソリア*）、ターミナル（キアポ）、教会（バクララン）、歓楽街（サンタアナ*）、河川敷（タタロン*）、橋の下（パコ*）等があった。大方のスクオッターは、居住に適さない土地である。スクオッターが（多くの場合、強制的に）撤去されるか否かは、立地条件や地価の水準、再開発計画の有無に左右される。もう一度、表5-1を見られたい。2000年に、政府は、マニラのスクオッターを、危険地帯（海岸敷、河川敷や鉄道敷、塵芥集積場等）にあるもの13.1％、政府のインフラストラクチャ開発予定地にあるもの

表 5-2　産業別労働人口の推移（マニラ％）

	1980 年		1995 年	
	第二次	第三次	第二次	第三次
I 地区	24.0	69.3	17.6	80.9
II 地区	37.0	57.7	28.1	70.4
III 地区	32.3	50.7	31.6	60.3
IV 地区	33.3	58.6	26.2	72.0
合　計	29.6	62.8	25.8	71.7

[NSO.1998:7-26] より作成

　22.9％、公有地にあるもの44.9％、私有地にあるもの19.1％と分類した。その内、危険地帯とインフラ予定地が撤去優先地区であり、合わせて36.0％に達している。2011年に、撤去優先地区は、26.3％に低減している。危険地帯は人命救助の理由により、インフラ開発予定地は公共性の理由により、撤去禁止の対象外としている。他方で、公有地の売却（民営化privatization）が進み、その結果、スクオッターの出現率が低減している。その反面、私有地のスクオッターが、取り残されている。スクオッターの撤去チームと住民の攻防は、今も、マニラの随所で繰り返されている[2]。

　3つ、スクオッターが、郊外化（suburbanization）またはドーナツ化（doughnutization）している。それは、マニラ人口の郊外化に照応している。人口の郊外化は、産業活動の郊外化の結果である。つまり、人口の郊外化は、都心部の住宅不足によるばかりではない。その根底には、経済活動の離心（de-centralization）と就労機会の郊外化の過程がある。労働市場の空間的な拡大である。表5-2を見られたい[3]。1980～95年に、どの地区においても、第二次産業部門の就労人口率が低減し、第三次産業部門で増加している。これは、製造業からサービス産業への就労人口の流れが、程度の差異はあれ、首都圏全体で進んでいることを示す。そして郊外で、都市底辺層の就労機会も増加している。スクオッターの郊外化は、こうして生じた。

　次に、表5-3を、本書冒頭の、マニラ首都圏の地図に重ねて見られたい。（撤去されて）再居住した世帯数とスクオッター世帯数の集計年が異なるが、それでも、再居住率のおおよその傾向が確認される。1980～90年代に、首

表 5-3　再居住した世帯数

	*再居住世帯	**全世帯	***再居住率
北部	7,829	108,193	72
カロオカン市	2,360	52,193	45
ナボタス市	1,736	19,030	91
バレンズエラ市	1,772	19,619	90
マラボン市*	1,961	17,400	113
西部	31,934	94,761	337
マニラ市	28,545	50,052	570
サンフアン市*	2,645	21,226	32
マンダルヨン市*	744	23,443	32
東部	17,774	210,817	84
ケソン市	15,770	181,659	87
パシッグ市*	1,910	11,556	165
マリキナ市*	94	17,603	5
南部	16,945	163,520	53
パサイ市*	8,719	70,709	123
パラニャーケ市	2,406	6,320	381
モンテンルパ市	336	34,705	10
ラスピニャス市*	1,641	23,492	70
マカティ市	3,378	8,384	403
タギッグ市	194	15,665	12
パテロス町*	271	5,765	47
合　計	74,482	577,291	129

[NHA. 2004: 12][Paddila, 2000: 6]
*再居住した世帯数は 1982-2001 年の累計
**全世帯数は 1999 年 11 月時点のスクオッター世帯数
***再居住率は 1000 分比

　都圏CBDのマニラ市から離れるにつれ、おおむね、再居住率が下降している。つまり、スクオッターの世帯が増加している。マニラ市に次いで、ビジネス地帯のマカティ市の再居住率が高い。パラニャーケ市*は、スクオッターのすべてが、危険地帯とインフラ開発予定地にあるため、再居住率が高くなっている。ケソン市は、再居住世帯が多いが、市域が広大なので、再居住率は高くない。首都圏南部は、再居住開発地が多く、再居住世帯の受入れ地帯となっている。モンテンルパ市*は、公有地・私有地のスクオッターが少ない。首都圏

東・北・南部で、スクオッター人口が飽和状態にある自治体と、増加中の自治体に分かれる傾向にある。これらに、人口密度の傾向がほぼ照応する[4]。スクオッター分布の動態をより長期にみれば、この傾向は一層明瞭になる。例えば、マニラ市のスクオッター世帯（人口）の減少率は、すでに1890年代にピークに達していた。ケソン市のスクオッター世帯（人口）は、これまで増え続けて、ごく近年に減少に転じた。今後も、南部への再居住世帯の流入が続くと思われる[5]。

4つ、スクオッターは、貧困層の居住地である。その上で、近年、スクオッター住民の階層分化がめだつ。まず、非貧困層が増加している。都市研究協会*の算定によれば、マニラのスクオッター人口の20～25％は、定収入をもち、人口の平均収入は、政府算定の貧困線を20％上回っている［URC.1997:5］。これらの数字は、スクオッターにおける非貧困層の存在を意味している。その意味で、スクオッター問題は貧困問題であり、同時に、住宅問題である。ただしそれは、富裕層の所得も含む平均値であり、人口の大半が貧困線以下に留まることに変わりはない。セント・ジョセフ大学*によるケソン市のスクオッターの887世帯に対する調査では、貧困発生率は80.4％で、非貧困世帯は2割に留まった［SJC.1995］[6]（「この地区に金持はいません。みんな貧乏暮しで喘いでいます」〔タギッグ市のスクオッター住民の話。2006年11月6日〕）。次に、スクオッターにも住めない（狭義の）ホームレスが増加している［Paddila.2000:1&5］。これは、家やシェルターをもたず、寝る場所を移動し、道路や橋の下等、どこででも寝る人々を指す。この人々については、次章で詳しく述べる。

1995年、NGOハシク*は、ケソン市の12のスクオッターに住む1,826人に対して面接調査を行った［URC.1997:28-32］［PDI.Aug.23rd,1997;. Aug.24th,1997］。結果は、次の通りであった。地区の全人口9,566人の51％が、マニラ生まれで、その内36％がケソン市生まれであった。人口の15％が、市内の他地域からの流入者で、その内10％が、過去5年以内にスクオッター撤去で排除された人々であった。人口の63％が就労し、就労者の72％が雇用者、28％が自営業であった。職種別では、人口の90％がサービス労働

者・熟練労働者で、10％が専門職・事務員であった。具体的な職種は、露天商・物売り・洗濯人・運転手・店番・裁縫人・警備員・工場労働者・建設労働者・警察官・兵士・専門技術者等であった。平均月収は7,400ペソで、これは貧困線を下回った。しかし、貧困線を超える収入の者も少なくなかった。全世帯の98％が、土地をもたなかった。ただし、その内14％が土地の所有（ownership）を主張し、65％が土地の占有（occupancy）を主張していた。また、50％がコミュニティ抵当事業*による土地取得をめざしていた。

　このようなスクオッターの動向は、都心部における地価高騰、公有地の民間売却、空隙地・遊閑地の商業活用、居住空間の縮小等を背景としている。スクオッターは、経済のグローバル化の、都市底辺に見る表徴である。政府のスクオッター政策も、この流れを止めるに至っていない。新自由主義政策は、この過程を加速している。1990年代に、マニラ都心部の再開発が進み、高架鉄道Ⅰ・Ⅱの路線延長、環状道路や高速道路の延長、河川敷の整備等のインフラ事業が行われた。また、ショッピング・モール等の大型商業施設、企業やマンションの高層ビルが建設された。エドサとオルティガスの間には、副都心が建設された［URC.1998:1&3］。マカティ市やマンダルヨン市のビジネス・高級住宅地の地価は、1986年に1㎡につき1,000〜3,000ペソであったが、95年には2万〜3万ペソであった［URC.1997:43］。ケソン市の中流クラスの住宅地の地価は、1986年に1㎡につき450〜1,500ペソであったが、95年には4,000〜1万2,000ペソであった［URC.1997:43］。9年間で10倍前後の上昇である。首都圏の地価は、1996年だけで、中央ビジネス地区で50％、周縁地区で25％の高騰をみた［Rebullida.1999:17］。地価高騰の勢いは止まらない。その結果、都心部の空隙地・遊閑地の再活用が進み、そこにあるスクオッターが撤去される。そして、都心部での再居住が困難になり、スクオッターを排除された住民は、郊外へ移動する。農村からの新来住者も、都心部を経ることなく、ダイレクトに郊外のスクオッターに向かう。最後に、スクオッターの非貧困層には、スクオッターで収入を増やした人々と、新たにスクオッターへ流入した人々がいる。

2. スクオッターの政策

政策の経緯

　スクオッターは、フィリピンの貧困を象徴する。マニラで、スクオッターが増加し続けた。政府にとって、スクオッターの解消は、貧困問題の解決のみならず、都市開発に必須の課題である。ゆえに、歴代の大統領は、スクオッター問題の解決を最重要の公約に掲げてきた。しかし、公約の達成はおろか、実態は悪化さえしている。少なくとも、多くの識者はそう思っている。そこでまず、諸資料を参照しつつ、マニラ（およびフィリピン）のスクオッター政策の経緯を一見したい（引用の注記は最小限に留める）。

　1940年代前半に、マニラにスクオッターが現れて以来、政府は、強制撤去・再居住政策（relocation policy）から、宅地造成や低価格住宅建設へ、さらに、コミュニティ改善事業やコミュニティ抵当事業へと、政策を模索し、試行錯誤して、スクオッターの解消を図ってきた。1950〜60年代に、戦後経済の高揚の中、農村人口のマニラ流入が増加し、移住者のスクオッター居住が一般化した。この頃、スクオッター問題は、もっぱら居住の法的無権利の問題として扱われた。1975年、マルコス大統領は、スクオッター居住を治安問題と捉えて、大統領令772号を発令した。そして、スクオッター居住を犯罪として、スクオッターの強制撤去に法的根拠を与えた。それ以後、スクオッター住民の居住権運動は、この大統領令の廃絶を目標として、それを軸に構築されていった。1997年に、ラモス大統領により共和国令8368号が発令されて、ようやく大統領令772号が廃絶された。また、マルコス大統領は、住宅関連の行政組織を統廃合し、国家住宅庁*を設け、それにスクオッター対策のすべての権限を委ねた。国家住宅庁は、現在も住宅政策のキー組織としてある（現在は予算執行力が限られ、その役割は後退している）。1986年に、ピープルズ・パワーIによりアキノ政権が成立し、スクオッターの住民代表を加えた諮問機関「都市貧民問題大統領委員会*」が設けられた。ここに、政府と運動の話し合い路線が出発した。しかしその後、アキノ政権の右傾化とともに、住民代表

が委員を辞して、委員会の機能は弱体化した。マルコス時代の強権的な政策施行からアキノ政権以降の「民主的な」それへ。これが、政府のスクオッター政策の中心をなす経緯であった。

スクオッター問題は、なによりも居住権問題としてある。アキノ政権以降、スクオッター政策は、基本的には変わっていない。1978年以来の国家住宅計画*が再調整され、91年に地方自治体法*が制定され、92年に都市開発住宅法*が制定された。そしてこれらに、次のような政策指針が盛られた。①撤去優先地区（危険地帯、インフラ開発予定地区）を除いて、スクオッターの強制撤去を、人間の居住権を侵害するものとして、原則として禁止する。スクオッターを撤去する場合は、撤去前少なくとも30日の予告期間を設ける。撤去の際は、裁判所の命令を必要とする。撤去対象者には、住宅資金を優先的に融資する。公有地の住民には、再居住地を補償する。これらの指針の延長で、1997年に共和国令8368号が発令され、大統領令772号が最終的に廃絶された。②収入階層の下層30％の人々に、安価な住宅を提供する。その中心は、社会住宅*の供給をもって行う。社会住宅は、一戸当たり18万ペソ（当時で約32万円）を上限とし、それを、開発業者が回収可能な、つまり、住宅購入者に返済可能な限度額とする[7]。③開発業者に、開発計画の20％に相当する土地を、社会住宅の建設に充てることを義務づける。政府は、住宅都市開発調整会議*を設け、貧困者のための住宅金融の便宜、開発業者の社会住宅建設を促す税制優遇等の措置、行政機関・開発業者の調整等の便宜を図る。④政府の権限を漸次地方自治体に委譲し、自治体を積極的な政策立案・施行の主体とする（それは、行政施策の分権化decentralizationの一環としてある）。

政府は、このような指針に基づいて、具体的に、4つのスクオッター解消策を進めてきた。1つ、上下水道等の設備を備えた宅地を造成する方法である。2つ、スラム改善事業である。1998～99年の全国の住宅改善の達成は5万7,293戸で、それは目標の72.5％であった［Padilla.2000:10］。いずれも、マルコス時代に遡る政策であり、それらは、一部、再居住政策への反省としてある。というのも、住民が郊外（ラグナやブラカン*等）の再居住地へ移転しても、そこには仕事がなく、社会サービスも劣悪で、結局、多くの人々がマニラ

へ舞い戻ったからである。また、いずれも、本来対象とする貧困者ではなく、その上位階層の人々を利するに終わったと指摘されてきた。スクオッター住民の再居住が進むにつれて、スラム改善事業は行われなくなった〔調査協力者Aの話。2009年12月4日〕。3つ、コミュニティ抵当事業である。それは、スクオッター住民が、土地を獲得する、社会サービスを充実するために、低利の融資を受ける制度である。それは、非政府組織（NGO）や行政機関がオリジネーターになり、住民組織が融資を受ける主体（協同組合方式）になって、一戸当たり4万5,000ペソ（約9万円）を上限に融資を行う、借り手は、（平均）年利6％、25年で返済するというものである［Rebullida.1999:49］。融資を受けるには、オリジネーターがいる、住民がまとまっている、地主が土地売却に同意する等の条件が必要となる。また、地価高騰に伴って地主が土地売却を渋る、融資の行政手続が緩慢である、融資金の返済能力に格差があることで、円滑な返済が滞りがちである等の問題を抱えて、現在、コミュニティ抵当事業の進行は頭打ちとなっている。1998～99年の全国のコミュニティ抵当事業の達成は8,096戸で、それは目標の35.9％に留まった［Padilla.2000:10］。表5-4をみられたい。コミュニティ抵当事業の達成実績は、その後も低減している。

　4つ、再居住政策である。これもマルコス時代に遡る。それは、一時後退したが、近年に、都心部の地価高騰のため、市郊外部の安い土地に再居住地を確保するかたちで、復活している。もう一度表5-4を見られたい。再居住世帯は増加している。それは、とくに大規模なスクオッター撤去プロジェクトが実施される年に、増加する。この政策の問題は、再居住地での仕事や生活施設に関わる問題である。仕事がない、近くに工場ができても未熟練の移住者が雇用されない。また、上下水道や学校、病院、ショッピング・センター等がない。そのため、郊外への再居住策が反省され、スクオッターの近くに再居住地を確保する努力が行われるよう

表5-4　社会住宅プログラムの実績（全国、世帯）

年	再居住	抵当事業
2005	16,960	14,199
2006	15,390	13,783
2007	28,655	11,822
2008	36,830	9,169
2009	9,244*	3,716
計	184,564	52,689

UN-HABITAT.2011.24.
*1-6月

になった。しかしそれも、地価高騰で容易ではない（タギッグ市の線路沿いのスクオッター住民は、近くの土地に、月 600 ペソ、25 年期限の還付で集合住宅*が充てられた。しかし、その話に乗れたのは一部の住民だけであった。〔スクオッター住民の話。2006 年 11 月 5 日〕）。

政策の頓挫

　政府のスクオッター政策は、結局、スクオッターを解消できていない。社会住宅の供給も、目標の中途に留まる。宅地開発事業は、開発資金が地価高騰に追いつかない。また、その利益を受けた人々は、おもにスクオッターの非貧困層であった。スラム改善事業も同様であった。その上、スラム改善には、地主の同意が必要であった。さらに、コミュニティ抵当事業には、地価高騰で地主が土地売却を渋る、融資の行政手続が緩慢である、返済金が滞納しがち等の問題が生じた。再居住政策では、再居住地で仕事を創出する、社会サービスを充実する等して、移住者の定着が図られた。しかし、再居住地を補償されたスクオッター住民は、一部であった。また、近くに工場ができても、未熟練の移住者は雇用されない[8]、周辺に中間層の人々がおらず、彼ら彼女らが雇用する家計補助的な仕事がない、マニラへの通勤の交通費が嵩むといった状態であった。さらに、土地を買い占め、勝手に開発して、新入者や貧困者に土地や家屋を売却・貸与するプロフェッショナル・スクオッターが跋扈した［URC.1997:54］[9]。

　ただし、再居住が成功した例もある。例えば 1997 年に、ケソン市の北トライアングル*の 1,058 世帯が、リサール州モンタルバンの再居住区へ移転した。住民は、最初は強制撤去に抵抗し、次いで政府と交渉に入り、現地を視察して移住地を決め、移住後は、土地購入の補助金支給、仕事の創出、学校の建設、交通網の整備等の施策を引き出して、「人間の尊厳ある再居住」を達成した［Payot.2004:13-15］。

　スクオッター政策の頓挫の最大の原因は、政府の財源不足にある。地価や建築資材の高騰が、これに拍車をかけている。ゆえに、政府・行政の住宅政策が滞っている。政府が 2005 〜 10 年に建設を必要とした住宅戸数は、全国

で 375 万 6,072 戸（その内マニラは 49 万 6,928 戸で全国の 13.2％）であった。しかし、その政策として目標にされたのは 114 万 5,404 戸で、必要戸数の 30.4％であった［Karaos & Payot.2006:67-68］。実際は、この目標を達成することさえ怪しい[10]。政府が 2001 ～ 06 年 3 月の間に、スクオッターの世帯に土地の権利を与えたのは 22 万 8,548 世帯で、それは目標の 34.1％であった［Karaos & Payot.2006:69］。こうした中で、政府は、社会住宅の建設や融資事業を、自らの財源で賄うことをほぼ断念した。そして、財源の調達を金融機関に、社会住宅の供給を開発業者に委ねて、自らはそれらの介添役（税制優遇や法的便宜等）に徹するとした[11]。マニラ西部の元塵芥集積場スモーキー・マウンテンの再開発も、開発業者に委譲された。パヤタス、パシッグ川*、フォート・ボニファシオ*にも、同様の計画がある［Padilla.2000:19］。その結果、宅地開発や住宅建設は市場ペースで進行し、薄利の社会住宅の供給が遅れていく。都市開発住宅法の 20％条項も、土地の安価な郊外でようやく採算が取れる。1998-99 年の全国の社会住宅の建設は 9 万 3,446 戸で、それは目標の 61.6％であった［Padilla. 2000:10］。都心部では地価が高騰し、スクオッターが強制撤去される。しかも、再居住の補償のない撤去が増加する。都市開発住宅法は、スクオッターの強制撤去を原則として禁止している。しかし、それは建前の話であり、政府に、実際に強制撤去を禁じる力はない。マニラで 1992 ～ 95 年に、105 件のスクオッター撤去があり、2 万 116 世帯が撤去された［Karaos.1996:10-12］。その内、再居住地が補償された世帯は 43％であった。1999 年、モンテンルパ市のスクオッターでは、裁判所が禁止命令を出したにもかかわらず、1,600 世帯が強制撤去され、全世帯がホームレスになった［Padilla.2000:16］。2000 年、パシッグ河岸のスクオッター 300 世帯が、景観の美化と人命救助の名目で強制撤去され、全世帯がホームレスになった［Padilla.2000:16］。2001 年だけで、18 件、1 万 48 世帯が撤去された［Padilla.2002:6］。この他にも、強制撤去の例は枚挙に暇がない[12]。強制撤去された世帯の正確な数は不明であるが、その多くは、住民との交渉を突然打ち切って行われ、また、再居住地の保障もなかった。問題の解決は、結局、国家の強力な意志と財政なくして達成できない。

3. 居住権運動

運動の目標

　スクォッター住民の最大の関心事は、強制撤去の回避と居住権の獲得である。ここで居住権とは、土地所有権（土地所有の法的権利）、土地占有権（実質的に土地を占有・使用する権利）、借地権（土地を排除的に借りる権利）、借家権（家屋を排除的に借りる権利）等を含む広義の概念を指す。スクォッターとは無権利居住をいうが、実際は、「無権利」と思っていない住民が少なくない。既定の生活事実や長期居住という慣習的事実（祖父母の時代から住む例もある）を根拠に、居住の正当性を主張する人もいる。居住認可の証書を盾に居住権を主張する人もいる。過去に行政が居住を認定し、住民に証書を（有償で）発行したという例が、少なくない。もともと土地所有権の帰属が曖昧な場合もある［穂坂.1997:160］。それには、借地・借家の契約が遠い昔であったり、口約束のため契約内容が曖昧であったり、富裕者や政治家が公有地や無所有地（所有主が不明の土地）を開発して、私有地だと主張したり、土地が開発業者へ売却されて地主が交替し、突然、スクォッターであると宣言されたりする等がある。これらの場合、スクォッターとスラム（一般の貧困地域）の区別は、かならずしも自明ではない。長い植民地時代を経たフィリピンでは、今なお土地所有関係が確としないこともある（土地は、もともと統治者やその代理人の所有とされていた）。

　マルコス時代に、スクォッターは犯罪とされた。アキノ政権以降、スクォッター居住は居住者の権利とされるに至った。しかし、スクォッターの強制撤去は続いている。住民の不安は尽きない。住民は、強制撤去を回避するため、さまざまな努力を行う。スクォッターは生活共同体であり、そこには、縦横に張りめぐらされた住民ネットワークがあり、生活向上をめざす諸活動が展開されている[13]。まず、スクォッターを生活空間として既成事実化する。スクォッターの場所、形成の時期・経緯によって、その努力は一様ではない。バランガイを組織する、通路を舗装する、飲料水タンクを設置する、電線を架設する、

教会や集会所を作る、防犯・治安の巡回を行う等である。いずれも、住民自前の地区改善である。すべてのコミュニティ活動は、撤去回避の目標の追求へと収斂する。「不法占拠」者である住民のバランガイが、公認されることはない。しかし電力会社が、料金を支払うことを約束に、スクオッターに電線を架設したりする。また、家畜（鶏、山羊、豚）の飼育、作業所を作り、雑巾縫いや衣服の仕立て、石鹸・蝋燭作り、菓子作り等を行う。共同出資でサリサリストアを経営する。頼母子（小金融）を組織する。「ケソン市が応援してグラミン銀行（Grameen Bank 貧しい人々を対象に無担保で少額融資を行う銀行）がたくさんでき、貧しい人に役立っている」[TPS.Nov.16th,2006] という新聞報道もある。いずれも、住民自前の生活改善である[14]。最後に、強制撤去の危機に及んで、住民は、撤去のモラトリアムを行政機関や裁判所に訴える。支援団体（NGOや労働組合）や住民組織の上位団体の支援を受けて、嘆願書を出す。ロビー活動を行う。署名を集める。集会を開く。示威行進をする。しかし多くの場合、これらの必死の努力の成果が、突然の強制撤去により一挙に潰え去る。強制撤去が回避できない場合は、再居住地の補償と移転費用を要求する。マルコス時代には、強制撤去の際、住民が郷里に帰るようにと、当座の食費と旅費が支給されたこともあった。

塵芥集積場の（元）スモーキー・マウンテン[15]は、1950年代より再生資源回収を目当てに、人々が住み始めた。そして1972年に1回目の強制撤去を受け、83年に2回目の強制撤去を受けた。その都度、住民はマニラ郊外へ再居住した。しかし、そこには仕事がなく、多くの人がスモーキー・マウンテンに戻った。その後も人口が増加し続け、最大3,500世帯、2万人余に達した。住民は2つのバランガイを作り、堆積した塵芥の中の通路を舗装し、飲料水タンクを設置し、集会所を作る等の地域づくりを行った。同時に、行政が居住を認めるよう交渉を重ね、居住認可の証書を買った。しかし1993年、政府は、「マニラの恥」スモーキー・マウンテンの撤去を決定し、塵芥の投棄を段階的に減らすと宣言した。1995年、最後の強制撤去が行われた[16]。住民と警官隊が衝突し、1名死亡、数

名重傷の流血事件となる。住民の 2,000 世帯余は、近くの仮設住宅団地 (4 階建、34 棟) に、他の人々は郊外 3 カ所の再居住地に移された。スクオッター撤去後の跡地は、中層アパート・商業地区として再開発された ［NHA.2001b:3］[17]。

住民の願いも空しく、強制撤去は起きる。作業員や行政職員、警察官に住民が抵抗し、衝突する。怪我人が出る。時には死者も出る。このような流血の光景が、今なお、日々繰り返されている。

バクラランの水路で囲まれた埋立地に 116 のバラック、376 世帯 1,000 人を超えるスクオッターがある。そこには、物売りを仕事にするムスリム・マナイ*族の人々が住む。人々は 1989 年から住み始め、数度の強制撤去を受けた (2003 年 4 人死亡、04 年 2 人死亡、09 年 1 人死亡)［PDI. Jan.12th.2007］。宗教と部族が同じ住民の結束は強く、撤去の度に激しく抵抗し、死者や怪我人が出る流血の惨事になる。そこを市域にするパサイ市は、その後も、大通り (Roxas Boulevard) との間の水路に橋を架けることを禁じている〔住民代表の話。2010 年 8 月 26 日〕。

スクオッター住民の運動は、強制撤去の回避を越えて、居住権獲得の運動に極まる。先にみたように、政府の政策も、強権的な撤去から居住権の認可を模索する方へ移った。宅地開発事業、スラム改善事業、コミュニティ抵当事業、社会住宅の建設等がそれである。しかし、非貧困層の住民はともかく、融資金の返済はおろか、利子の支払いさえ困難な住民にとって、居住権の取得は遠い夢である。彼ら彼女らに可能な居住権獲得の途とは、居住権を再定義するか、居住権を持っていると言い張るかしかない。このため、住民と地主 (企業や開発業者) の間の裁判が、後を断たない。もとより、全般に居住権の帰趨において、地主の意志が決定的である。ただし、スクオッター運動が成功した例もある。1970 年代に、世界銀行の援助を受け、海岸埋立てと土地分譲によって、居住権を獲得したマニラ市西部のトンドがそれである。失敗した例もある。こ

の方が圧倒的に多い。前掲のスモーキー・マウンテンが、その1つである。そこでは、自前の地区改善や行政交渉の努力が、すべて水泡に帰した。かつて政府（マグサイサイ*政権）は、「東南アジア最大のスラム」トンドを、スクオッターから住宅地へ格上げした（それでもなおマニラ湾岸のマルコス通り沿いには4,000世帯を超えるスクオッターが連なる〔調査協力者Cの話。2010年8月25日〕）。その時トンドには、先駆的な住民組織であるトンド第一区組合[*18]があった。これとは対照的に、政府は、「フィリピンの恥」スモーキー・マウンテンを撤去し、住民を他へ移し、跡地の整備を開発業者に委ねた。スクオッターの命運には、地域や運動を包む政治情勢が絡む。小さな偶然が命運を左右することもある。

4. 運動の条件

スクオッターの条件

　スクオッターは、多様な住民を含む地域社会である。その多様性が、しばしばスクオッター運動の帰趨を決する。ここで、セント・ジョセフ（St. Joseph）大学による、ケソン市のスクオッター調査（前掲報告）を事例に、スクオッター住民の基本属性をみておく。まず、7つのスクオッターの調査対象者（夫）887人の内、76.8％が地方出身者であった（報告から著者が計算したものである。以下同じ）[19]。4人弱に1人がマニラ出身である。マニラ出身者が増加している[20]。マニラへ移住した動機は、「仕事を探しに」が45.6％で、その他「勉学のため」「親族を頼って」「都会に憧れて」等の理由がめだつ。ここに、「仕事」を筆頭としながらも、移住動機の多様性が指摘される。現住地での居住期間は、5年以内25.3％、6～10年19.4％、11～20年32.0％、21年以上23.4％％であった（4スクオッターでの回答）[21]。ここで、居住期間にばらつきがある。しかし報告には、大半のスクオッターは1970年代に膨張したとある。就労は、雇用者63.6％、失業者32.6％であった。失業率の高さが指摘される。雇用上の地位は、常雇31.0％、臨時雇い32.8％であった（4スクオッ

ター)。就労率や雇用上の地位から、不安定な就労状態が指摘される。職業は、サービス業従事者63.1％、販売従事者10.3％（6スクオッター）、製造工程従事者6.8％であった。「サービス業」に「販売」を加えると73.4％に及ぶ。この大半は、インフォーマル部門の就労者であると思われる。「サービス」「販売」の中身の記載がないので、新貧困の実態は不明である。「専門職」「経営管理」「事務」の就労者の比率が小さく、全体に低位の熟練度にある就労者からなる。これは、先の不安定な就労状態に照応する。収入階層は先述の通りである。回答者の土地の占有状態に関するデータはない。家屋の所有関係は、自己所有46.1％、借家・借間44.8％であった。借家・借間が多く、それを業とするシンジケートの存在が推測される。最後に、土地問題についてはどうだろうか。調査者の「重要な地域課題はなんですか」の問いで、「土地問題」と答えた人は8.7％に留まった。むしろ「薬物中毒」「環境衛生」「社会サービス」の回答が多い。住民の日常意識において、土地問題は後景に退いている。しかし、当該調査のスクオッターの経歴を見ると、どのスクオッターも、かつて土地問題で紛糾し、裁判や衝突等を経て今日に至っている。その過程で、住民が運動に組織されてきた。住民の居住権や地域改善の問題に対する関心は、高い。「土地問題」と答えた人が少ないのは、その成果の上での（相対的な）安定期にあるためと思われる。

運動の環境

　スクオッターは、数千世帯のものから数世帯のものまでさまざまである。当然、大きいスクオッターの方が運動の構築に有利である。そもそも、集住こそがスクオッターの持続性を可能にしている。居住の集合性は、スクオッター運動の第一の条件である。その運動は、コミュニティの組織が主体となる。スクオッター住民は、出身地、移住動機、居住期間、就労状態、職業、所得、地域問題への関心等において多様である（フィリピンでは少数部族コルディレラやバジャウ等の例を除いて、出身地ごとの住み分けは弱い〔スクオッター問題活動家の話。2006年11月5日〕）[22]。近年は、住民の階層格差が広がっている。しかし住民の間の貧困、スクオッター、劣悪な住環境という共通利害が、人々

に結束を促している。生活条件の同質性が、住民の異質性を超克している。もちろん、異質性が勝って運動が成立しない、成立しても分裂を繰り返すスクオッターも多い。

スクオッターは、濃密な政治空間である。1980年代、マニラのスクオッターは、共産ゲリラ・スパロウ*と自警団ビジランテ*の暗闘の主戦場であった。例えば、マニラ市中部のサンパウロ*では、夜間、スパロウが浸入する（とされた）地区の入口に、自警団の検問が敷かれた。スモーキー・マウンテンの傍らを流れるマララ川*には、時どき両手を針金で縛られた屍体が浮かんだ〔著者も目撃したことがある。1987年〕。スクオッターは、いつも政治勢力の草刈場であった。2001年の大統領選挙で、「貧者の味方」エストラダ候補がパヤタスで金をばら撒いたといわれる〔パヤタス活動家の話。2002年8月20日〕。2004年の大統領選挙で、アロヨ候補が、タンクローリーで飲料水を配った〔著者も目撃した。2004年5月〕。他方で、スクオッター住民の政治意識も高い。マルコス追放のピープルズ・パワーⅠでも、エストラダ追放のピープルズ・パワーⅡでも、スクオッター住民が、ストリートの行動の中心にいた〔1986年、若者たちが、基地を出る戦車の前に座り込んだ、兵士を説得した、マラカニアン宮殿になだれ込んだ等と、著者に誇らしげに語った〕。スクオッター運動は、このような政治空間の中で展開される[23]。

スクオッター運動は、地域の権力構造を介して行われる。スクオッターには多様な形態があり、権力構造も一様ではない。住民の間には、組織の地位、経済力、居住の地位、来住の経緯、出身地、姻戚関係に規定された、政治的威信の体系がある。例えば家主は、借家・借間人よりコミュニティ活動への参加度が高いという調査がある［Berner.1997:133.139］。人々は、このような政治環境の中で政治に関与する。個人間・集団間のネットワークを介し、人々の協働と競合の関係が築かれる。そしてこの全体が、居住権獲得の運動に収斂されていく。

運動の組織

　スクオッター運動は、3種類の組織によって担われる［Nolasco.1991=94:48-53］。1つ、バランガイである。一般に、バランガイは、フィリピンのフォーマルな行政組織であり、議長と役員は公選され、行政から財政援助を受ける［大坪.2001:219-244］。無権利居住のスクオッターのバランガイは、行政的には非公認である。バランガイへの参加は、原則として任意である。ゆえに、スクオッターとバランガイの関係は、一様でない。スクオッターには、バランガイを持つ地域と持たない地域がある。バランガイを持つ地域には、独立型と、隣接する一般地域のそれに併合される型がある。いずれも、公式には認知されない。ゆえに、行政の援助も、公認の繋がりもない。また、バランガイには、地域包括型と非包括型がある。さらに、行政交渉の主体となるバランガイとならないバランガイがある。前者では、バランガイが、居住権認可の嘆願やロビー活動を行う。その場合、議長の権限は大きい。後者には、包括型バランガイが多い。そこには、貧困者だけではなく、非貧困者や地主、シンジケートも含まれる。ゆえに、利害が一致せず、バランガイは、運動の主体になりにくい。2つ、住民自身の組織（people's organization）である。スクオッターには、種々の住民組織があり、互いに協働・競合の関係にある。まず、生活組織がある。家主組合、母親学級、青年団、頼母子講等がそれである。その上に、個別課題に取り組む組織が作られる。そのもっとも基底的な組織が、地域改善や居住権獲得をめざす住民組織である。住民組織の政治力には、資源（資金や上位組織を持つ、行政とのコネを持つ等）の大小に応じて、差異がある。組織相互の関係も並存、協働、競合と多様である。多くの組織は、バランガイ（議長）の承認のもとにあるが、バランガイから自立した組織もあれば、それと対立する組織もある。

　スクオッター住民の全国組織カダマイ*は、戦闘的労働組合「五月一日運動」の傘下にあります。パヤタスにもその支部があります。それは、塵芥崩落の犠牲者の救援活動とエストラダ追放運動を通して、勢力を広げました。それは、バランガイから自立して、むしろバランガイとは対抗的な

関係にあります〔カダマイに所属する住民は 300 人である。パヤタス活動家の話。2002 年 8 月 4 日〕。

3つ、NGOである。これは、外部の人間・団体が担う支援組織であり（住民を含むこともある）、スクオッター問題の受苦・受益の主体たる住民組織とは、立場を異にする。一般に、フィリピンは、NGO活動が盛んな国である。スクオッターにも、地域・都市・全国・国際レベルの多くのNGOが入り、地区の問題全般を支援している。外国の資金援助による、または外国人が主体のNGOも少なくない。NGOと住民組織が協働して動く時、そこに、分業関係が生じる。前者が、住民への呼びかけ、裁判訴訟の手続き、議会のロビー活動、広報活動を主導し、後者が、住民への説明や住民動員の役割を担う。NGOも、資金・組織の力に応じて政治力に差がある。多くはバランガイの承認のもとにあるが、それと無関係の組織も少なくない。

5. 運動の展開

居住権の顛末

社会問題は、当の被害者（や支援者）が問題の解決を世（権力）に訴え、その責任を問い、世の人々がそれを認知してはじめて成立する。社会問題は、つねに社会的に構築される。社会問題の定義もその処遇も、当事者と権力のポリティクスの中で決まる。スクオッターの居住権問題も、同じである。スクオッターの居住は不法か否か。居住権とは何か。それは社会が決める。実際、政府の居住権の定義は、スクオッター住民（と支援者）の定義との競り合いの中で、変遷してきた。ここに、都市公共空間と居住をめぐる、市民社会論に関わる根源的な論点が立ち上がる。「空間的諸実践が意味を持つようになるのは、（中略）特定の社会諸関係のもとにおいてであり、それは社会的行為の過程において『使い尽くされ』、あるいは『作りかえられる』のである」〔Harvey.1990=99:285〕。1950 年代に、マグサイサイ大統領は、トンドで、住

民組織の戦闘的な闘いに直面し、海岸埋め立て地の随時払い下げを行った。ここでは、スクォッター居住には、代替地での居住権が含意されていた。1975年に、マルコス大統領は、「スクォッター居住は犯罪である」とした。ここでは、スクォッター居住は、都市の治安を脅かす反社会的行為とされた。1986年に、アキノ大統領は、危険地帯等を除き、スクォッターの「強制撤去のモラトリアム」を宣した。ここでは、スクォッター居住は、住宅不足を凌ぐための緊急避難として認知された。1992年に、都市開発住宅法が成立し、「強制撤去の原則禁止」が謳われた。ここでは、スクォッターの居住権は、不可侵の人間的権利の1つとされた。このように、スクォッター居住は、概して「犯罪」から「権利」へ変遷してきた。それは、スクォッター運動の成果であり、都市公共空間の拡大である。

　しかし問題は、法の話だけでは終わらない。まず、スクォッター居住が権利となっても、世の人々の態度は、容易に変わらない。世の人々は、スクォッター居住を「不法」と思っている。次に、法の理念が実現されるか否かは、実際のアクターの力関係に懸っている。一方に、居住権の要求がある。他方に、地主の利害がある。地価が高騰し、土地活用へのニードが高まる。地主は、強制撤去も辞さない。警察官が動員される。行政にそれを押し留める力がない。こうして、居住権の肯定派と否定派が衝突する。いずれの力が大きいか。それが、強制撤去の有無とその帰趨を決める。

都市土地改革

　スクォッター居住の定義は、時を経て、不法なスクォッターから実質的な権利居住へと変わってきた。それは、居住権概念の拡大である。とはいえ、有権利居住の実質的な保障はないし、スクォッターも減少していない。では、どうすれば、スクォッター問題は解決するのだろうか。その展望は、どのように描けるだろうか。政府は、社会住宅や融資事業、再居住等の政策により、スクォッターの解消を展望する。しかし、それらに大きな期待はできない。スクォッター問題は、貧困問題であり、住宅問題であり、その解決は、政治と社会全体の変革に関わる。しかし今は、この点の議論は横に置こう。他方で、スク

オッター運動は、1980年代ほどの元気がない。それはなぜだろうか。運動の閉塞は、どうすれば突き破れるだろうか。

スクオッター運動の最終目標は、都市土地改革（urban land reform）にある。それは、土地の実質的な占有者に所有権を与える（または、安価に売却する）という理念である。その理念を実現するためには、2つの条件が充足されなければならない。1つ、土地所有権の解釈の変更である［Karaos.1993:88］。それは、居住権を人間的権利として、つまり、都市公共空間から排除されない権利として認めることを意味する。それは、私有財産制度の根幹に関わる問題である。新たな法解釈の雛形は、まだ出ていない。それを出すには、土地の占有者を所有者に変更することの正当性が、十分に社会に浸透しなければならない。2つ、都市土地改革を可能にする政治構造の変革である。地主出身議員が多い議会で、改革法が通るのは至難のことである。農地改革の場合は、政府が地主から土地を安価に買い取り、それを耕作者に払い下げる方途が採られてきた。その政策に、大統領就任直後のマルコスもアキノも、意欲的であった。アキノは、自らの土地の一部を小作に分与した。しかし、政権の保守化とともに、上からの改革は、あっけなく潰え去った。他方で、農民運動は、政府と交渉し、公有の遊閑地や無所有地を耕作者に解放する運動を展開してきた。しかしその効果も、小さなものに留まっている。都市土地改革も、同じ轍を踏むのだろうか。それとも、別の道を辿るのだろうか。鍵はひとえに、スクオッター住民の居住権獲得の運動とその社会的受容の大きさに懸っている。

6. 市民社会

運動の転回

犯罪から権利へ。スクオッターから居住公認へ。これが、政府のスクオッター居住の定義と理念の変遷であった。これは、政府とスクオッター運動のポリティクスの転回点でもある。では、スクオッター運動は、この過程でどう転回したのだろうか。ここで、運動の転回の類型的な整理を試みたい

[Karaos.1993;1996;1998]。その転回の中に、私たちは、運動の可能性、グラスルーツな市民運動の範型、さらに、市民社会の成熟の如何を見ることができる。

　権威主義的なマルコス政権は、スクオッター運動を弾圧した[24]。運動は、これに実力闘争をもって応じた。1986年、ピープルズ・パワーで生まれたアキノ政権は、スクオッター運動に転換をもたらした。民主主義政権は、スクオッター政策立案へ運動の参加を促し、政府と運動の協働をめざした。運動もそれに応じた。アキノ大統領が召集した都市貧民のための大統領委員会（PCUP）に、運動も参加した。ここで、マルコス時代の運動を体制変革型と、アキノ以降の運動を制度改革型と命名するとしよう。すると、それぞれの運動型は、次のように対照される。まず、体制変革型である。それは、都市土地改革を戦略とし、スクオッター問題の根本的な解決をめざす。また、体制批判のイデオロギーをもって実力闘争を展開し、ストリートでの民衆議会で政府を弾劾する。運動組織は、統一と団結のもと種々の部門を包含した組織であり、政党と住民の共闘関係の媒体となる。その場合、活動家が運動の中心を担う。次に、制度変革型である。それは、政策への住民参加、政府との協働により、制度的な改革を通して居住権の獲得をめざす。その中で、あれこれの個別課題が、会議やロビー活動等の交渉を経て、技術的・合理的に解決される。運動組織は、さまざまな部門間の連携のかたちを取り、また、政府、住民、NGOの間の協働が図られる。その主役は、テクノクラート型の専門家（弁護士やNGO）である。ただし、このような描写は、あくまで類型的なものである。実際の運動は、これら2つの型の間のどこかにあった（ある）。

　スクオッター運動は、弾圧と闘争の体制変革型から、参加と協働の制度改革型へ転回してきた。前者では、街頭行動による政府への圧力、官憲による活動家の逮捕と投獄が、政府と運動のポリティクスを特徴づけた。後者では、交渉と妥協、居住権獲得への段階的な前進が、ポリティクスを特徴づけた。国家住宅計画と都市開発住宅法、大統領令772号の廃絶は、その成果でもあった。同時に、体制変革型と制度改革型は、今日展開されるスクオッター運動の2つの型でもある。多くの運動組織は、NGOの支援のもと、行政と交渉し、

目標の実質を達成しつつある（かにみえる）。そのような改革型が、スクオッター運動の大勢を占めている。他方で、スクオッター住民の全国組織カダマイは、戦闘的なスクオッター運動を展開している。それは、「五月一日運動」や他部門（労働者、農民、知識人、宗教家、学生等）の諸組織と連携し、スクオッター改善の活動を行いながら、その先に、根底的な都市土地改革を展望する。パヤタスで2000年に、台風の豪雨で堆積した塵芥の崩落が起こり、多くの住民が土に埋まった（第2章の注39）。「塵芥の山が津波のように襲ってきました。家ごと下敷きになりました。娘がまだ土の中なのです」〔犠牲者の父親の話。2004年5月15日〕。カダマイのパヤタス支部は、政府にこの事件の責任を追及した。その中で住民の支持を広げ、パヤタスの運動の一勢力に伸張した（この父親もカダマイのメンバーである）。そして、反エストラダのキャンペーンを展開し、ピープルズ・パワーIIの大衆運動に合流していった。

　ここに、スクオッター運動の評価をめぐる問題が生起する。体制変革型は、理念主体の運動であり、犠牲が多い割に居住権獲得への成果が小さく、これに対して、制度改革型は、居住権獲得に向けて着実に前進する、と言われる。はたしてそうだろうか。その評価は簡単ではない。制度改革型においては、現実的成果に固執し、妥協を重ねるあまり、運動は、ますます権力（行政、開発業者）の思惑に包摂され、居住権獲得の目標達成は、遠ざかるばかりとなりかねない。しかも、そのような交渉型民主主義の限界を乗り越えるのは、至難のこととなる。1987年に、都市貧民問題大統領委員会の委員を辞したスクオッター代表は、著者に「委員会は、都市貧民の懐柔と篭絡の役割しか果たしていない。私は、都市貧民を裏切ることはできない」と語った（1987年9月23日）。これに対して、体制変革型は、都市土地改革なくしてスクオッター問題の根本的解決は望めない、政治体制の変革なくして都市土地改革は望めない、という運動の旗を下ろさない。その上で、制度改革の持つ戦術的意義が強調される（体制変革型も、個別的課題の解決による制度改革を日常活動とする）。居住権の獲得、つまり、都市公共空間を居住の場に読み替える闘いは、どのように達成されるのだろうか。その場合の民主主義はとは何だろうか。グラスルーツの運動とは何だろうか。問いは、スクオッター運動と民主主義の質に関わってい

る。

市民社会

　フィリピン人は、2度、直接行動により大統領を追放した。とくに1986年の民衆蜂起は、独裁政権を打倒する民主主義革命としてあった。マルコス失脚の原因の1つは、スクオッターのバランガイの議長層が、マルコスから離反したことにあった、と言われる。街頭行動の主役は、都市底辺層であった[25]。この事実こそ、彼ら彼女らが市民であった／市民になったことの証左である。そして、アキノ政権が成立した。民主化の季節の中で、民衆の政治空間（言説の公共圏）が拡大した。「参加」や「エンパワーメント」が、人々の合言葉となった。フィリピンに「市民社会」が現れたと言われた。政治が悪ければ大統領を放逐できる。これが人々の自信になった。しかし貧しい暮らしは続いた。人々の不満は強く、人々は、人間としての尊厳を脅かされることに我慢しない。こうして人々は、2001年、2度目のピープルズ・パワーを発揮した。

　スクオッターの世界も、同様であった。犯罪者と烙印された住民は、人間の尊厳を取り戻し、居住権を獲得するため、政治行動に決起した。スクオッター居住の自由が、政府に要求された[26]。政府も、それに押されて、政策立案への住民の参加を促した。多くの住民組織が生まれ、それを多くのNGOが支援した。これら市民社会集団（civil social group）が、「国家と市民社会の介在者となった」[Rebullida.1999:9]。つまり、政府と住民の間、開発業者と住民の間にあって、住民の権利を擁護した。スクオッター住民の政治的自立、住民組織やNGO等市民主導の問題解決、そして市民による社会の再構築。政府も、もはやそのような「民衆の活力」を無視することはできなくなった（『中期フィリピン開発計画 1993-98年*』）。マニラは、市民による持続的な社会発展の軌道に乗ったかに見える。

　しかしそれは、スクオッター物語の半分でしかなかった。権威主義的な政権は瓦解したが、権威主義的な官僚機構とスクオッター住民の権威依存（コネ、収賄、ポピュリズム）は、残った。他方で、経済のグローバル化のもと、スクオッターの強制撤去が頻発する。住民は、撤去を逃れるため、生きるため、個

別の利得に縋りつく。相互扶助*の伝統文化も、その方向で機能する。「物乞い根性をなくし、権利だけでなく義務も引き受け、互いの利害を、自由で責任ある市民として調整しあう真の民主主義」[Carroll.2004:18]は、まだ遠い。そこには、次の厳然たる現実がある。2度のピープルズ・パワーを経てなお、多くの人々は、スクオッターを脱出できていない。住民は階層分化し、貧困層は膨張し、底辺層の人々は一層周縁化しつつある。住民の政治意識の覚醒とは裏腹に、尊厳ある居住の条件は遠い。

　このような現実は、住民運動や政治参加の意味を問い、市民社会の質を問うている。市民社会とは、「国家や資本による人間の支配に、個人や集団の自発的な諸活動によって抗い、自らの諸関係を民主化しつつ、国家、経済自体の民主化を達成するような社会」[Frago & et.al.2004:9-11]、つまり、権力から自立的な公共空間の成立をいう。とすれば、フィリピンでの市民社会の成熟は、はるか先である[27]。フィリピンは「弱い国家」と言われる。政府は、財源不足のため住宅政策を開発業者と市場原理に委ねた。その結果、市民社会が資本の利潤獲得の餌場と化した。スクオッター運動は、「活発であるが、社会の構造を変革するほどの力は、持つことができない」[Karaos.1998:143]。それでも、スクオッター住民は、「新しい社会的文化的諸規範を掲げ、それを政治的要求へと移し替えていくことのできる社会層」[Castells.1983=97:322]とされる。マニラのスクオッター住民は、生活の現実に埋没していくのだろうか。それとも、またストリートに現れるのだろうか。そして、公共空間の占有に対する社会的承認を獲得するのだろうか。スクオッター住民の自由への逡巡と苦闘は、まだまだ続く。

注
1) スクオッター居住の世帯数は、1999〜2000年の間に24.1%も増加している。スクオッター居住の世帯数・人口は、資料により一致しない。そこには、世帯数・人口の算出方法の問題がある（と思われる）。ここでは、そのおおよその傾向を見ることでよしとする。とはいえ、居住世帯数は減っていない。他の資料と重ね合わせて、そのことは確認できる。
2) スクオッターには火事が多い。「マラテ*のスクオッターで火事があり、50家屋の73家族が焼け出された」[TPS.Oct.26th,2006]。火事の度に、火事は地主が住民を追い出すため

に行った付け火だったという「流言」が飛ぶ。実際、家事の後、有刺鉄線が張られて、住民が入れないというケースが少なくない。
3) その地区区分は、次の通りである。Ⅰ地区－マニラ市、Ⅱ地区－ケソン市、パシッグ市、マリキナ市、マンダルヨン市、サンファン市、Ⅲ地区－カロオカン市、マラボン市、ナヴォタス市、バレンズエラ市、Ⅳ地区－パサイ市、マカティ市、パラニャーケ市、モンテンルパ市、ラスピニャス市、タギッグ市、パテロス町。これは、大統領令921号に則った行政区分である。
4) マニラの経済は、外縁部のリージョンⅢ・Ⅳまで拡大し、工場や人口の郊外化と遠隔化を急速に促した［小玉.2001:256］。
5) 都市底辺層は、仕事を求め、また住居を追われて、都市内でたえず移動している。マニラの底辺社会には、スクオッターを渡り歩く膨大な数の移動人口がある。
6) 数字は、セント・ジョセフ大学の報告を著者が計算したものである。それは、世帯月収5,000ペソ以下の世帯率を指す。1996年のマニラの貧困線は、世帯月収4,830ペソであった。当時、1ペソは約2.5円であった。
7) 1戸当たり18万ペソとは、業者が回収可能な、つまり、住宅購入者に返済可能な限度額として設定された（A・M・カラオスAnna Maria Karaos女史による情報から。2002年9月5日）。
8) 1976年、政府は、再居住地での雇用創出を図って「全国工場立地プログラム」を立ち上げた。しかし、その実効性は小さかった［小玉.2001:246］。
9) プロフェッショナル・スクオッターとは、スクオッターで土地を買い占める、勝手に開拓する等して、新入者や無住居者に土地や家屋を売却する、貸与する等を行う人々（の組織またはシンジケート）を指す［URC.1997:54］。政府のスクオッター政策（かつて、住民に居住権認可の証明書を出したケースがあった）や、複雑な土地管理行政（土地所有の登録や名義変更の手続きに3年を要するという）が、彼らの出現を可能にしている［TPS. Jan.28th, 2007］。
10) 政府による住宅建設の遅れは、財源不足の他に、土地購入や住環境整備をめぐる行政と地域の合意が容易でないことに原因がある［Karaos & Payot.2006:67-68］。また、行政組織が非効率性（中央と地方の連携を阻害する官僚制）にも原因がある。
11) タギッグ市で、軍人の墓地を拡張するため、軍用地内のスクオッターが撤去されて、300世帯1,800人が排除された。行政は、住民はホームレスになるしかないと、土地の一部を住民に割譲するよう軍と交渉中である［PDI.Oct.14th,2006］。
12) 次の論文に、2001年のアロヨ政権下の強制撤去18の事例が、紹介されている［IBON.2001b］。
13) マニラのスクオッター・コミュニティについての事例研究は、いくつかある。例えば［Jocano.1975］や［Kelvin.1996］。とくに前者では、文化人類学者により、ムラ（village）

としてのコミュニティ生活が、詳細に描かれている。
14) コミュニティ活動では、女性の役割が大きい［Berner.1997:131-132］［Murphy.2001: 12-13］。スクオッター運動を牽引する女性活動家は多く、住民代表となる女性も多い。
15) スモーキー・マウンテンの名は、集積されて山をなす塵芥が自然発火して、いつも煙が立ち上っていることに発する。日本人ジャーナリストが命名したと言われる。
16) その後、マニラの塵芥は、マラボン市等の数カ所の集積場へ運ばれている。最大の集積場は、ケソン市北部の再居住地区パヤタスである。そこには、市内のスクオッターを撤去された人々が移住し、2004 年に 5,000 世帯 4 万人が住む。再生資源回収人は 4,000 人と言われる〔パヤタス活動家の話。同年 5 月 6 日〕。さらに 1999 年、トンドのマニラ湾の一角に、元スモーキー・マウンテンの住民を中心にスクオッターができた。名前はスモーキー・マウンテン II である。最初 500 世帯ほどであったが、現在は 3 つのバランガイ 1,000 世帯を超える規模に膨張した（バランガイ II には 300 のバラックに 500 世帯が住む）。マニラ市内から収集されたゴミ（トラック 100 台分／日）が、岸壁に停泊する運搬船に積み込まれる。ゴミはブラカン州やリサール州に運ばれる。住民は、その船の上で再生資源を収集する。また、バランガイ II では、その他、人々がまっ黒になって木炭を製造している〔バランガイ II の議長の話。2010 年 8 月 25 日〕。場所はマニラ湾の第 18 埠頭で、再生資源の収集人（scavenger）には、元スモーキー・マウンテンでゴミの収集をしていた人が多い［PDI.Oct.18th.2006］。
17) アパートは 6 階建、27 棟で 1,944 ユニットある。1 ユニットが 15 畳ほどで、炊事場とシャワー・トイレがついている。家賃は月額で、1 階 1,000 ペソ、2 階 600 ペソ、3 階 300 ペソ、4・5 階 300 ペソ、6 階 200 ペソである〔2007 年 1 月 31 日〕。
18) トンド第一区組合は、1971 年に組織され、マルコス時代の恐怖政治の下で、スクオッターの住民運動の先導役を果たした。多くの指導者が、逮捕、投獄、時には殺害された。トンド第一区組合は、フィリピンの住民運動のモデルとして、海外にも知られている。運動の経緯については、次の書に詳しい〔佐々木.1982:250-261〕。
19) 一般にマニラに、同郷出身者だけで作られるスクオッターはない。その点は、インドネシアのスクオッター（カンポン Kampung）と異なる。スクオッター内の小区画が、同郷者で占められることはある。
20) パヤタスでも、マニラ生まれの人口が増加しており、その年長組は、結婚世代に達したと言われる〔活動家の聞き取り。2002 年 8 月 4 日〕。それは、マニラ人口全体の傾向でもある。
21) 集計方法が異なる、データの信憑性に疑義がある等の場合は、末尾にそのスクオッターを除いたスクオッター数を記す。
22) 先住民の場合は、部族ごとに住み分ける傾向が強い。タギッグ市のムスリム地区（人口 7 万人）でも、人々は出身部族ごとに住み分けている〔地域活動家の話。2006 年 12 月 29

第 5 章　居住と運動　147

23) 2007 年に、フィリピン共産党の非合法活動を監視するとして、マニラ、ケソン、カロカン、タギッグのスクオッターに軍隊が駐留した。それは、左派の人々から、戒厳令にも等しいやり方だと批判された［PDI.Mar.4th.2007］。
24) 1985 年 7 月、著者は、スクオッター運動団体の事務所で、監獄から出所したばかりの若者に会った。監獄の非人道的な待遇の話になり、若者はシャツを脱いだ。その背中には、拷問で焼かれたケロイドが浮き出ていた。著者と一緒だった女性は、嘔吐した。若者は、低い声で、闘いは続けると呟いた。
25) 1986 〜 87 年、著者はいくつかのスクオッターで、若者たちが、あの時「私はエドサ（通り）で戦車の前で座り込んだ」「私はマラカニアン宮殿に駆け込んだ」「私はルネタ公園で夜を明かした」と、得意げに話すのを聞いた。
26) 1986 年、アキノ大統領は、就任直後、（条件つきで）スクオッター撤去の全面停止を宣言した。しかし、その 2 週間後には、20 のスクオッターの 3,000 世帯が強制撤去され、警官隊との衝突で住民 6 人が死んだ［Guzman.1996:9］。
27) 民主主義的な改革が進む一方、左派系や人権派の活動家を暗殺する政治的殺人（political killing）が頻発している。暗殺の典型は、覆面をした 2 人組がモーターバイクに乗り、すれ違いざま、後部座席の男が、ターゲットをピストルで狙撃するというやり方である。著者の友人は、バギオ市で、日中の市場の雑踏で、ナイフで首を狙われ、大声を出して難を逃れた〔友人の話。2004 年 5 月 9 日〕。人権団体カラパタン＊によれば、アロヨ政権下の 2001 〜 06 年の間に、全国で 752 人が殺害された。その内、319 人が左派系の活動家である。それ以外に 180 人が失踪中である［PDI.Sept.30th,2006］。多くの人々が殺されているとの、国際世論の批判を受けて、政府は調査委員会を作ったが、ほとんど機能していない。暗殺の目撃者は、報復を恐れて証言を拒むからである。暗殺に軍や警察が関与しているという批判もある。著者は、2008 年 12 月 10 日に、セブ市＊で反アセアン（ASEAN）の示威行進に参加した。その時、参加者（犠牲者の遺族や友人）が、犠牲者の顔写真と、いつどこで殺されたかを書いたプラカードを掲げて、行進した。写真の波が亡霊のように揺れて、それは、不気味で沈鬱な光景であった。

第6章　ストリートの貧者※

　本章では、マニラの、新労務層・新貧困層の最底辺にある〔ストリート〕ホームレスの実態、つまり、出身・人口・分布・凌ぎ（仕事）等を分析する。とくに、スクォッターの撤去とホームレスの形成、および、経済のグローバル化とホームレスの形成に焦点を当てる。

1. 問題の所在

　子どもは7人です。16歳と12歳と11歳と8歳と3歳と1歳半と4カ月です。田舎はカガヤン（渓谷）です。15年前にマニラに出てきました。田舎には何度か帰りました。子どもを学校にやりたかったのもあります。長い間シャワーを浴びていないので、体もすっかり汚れました。明日はユーピー*へ行って、きれいにしてやります。野宿は小さい子には大変ですし、病気の子もいるので、田舎へ帰ろうと思います。でも、バス代が足りません。なんとかしたいのですが〔2006年11月28日〕。

　これは、ケソン市の街角で、店舗が開く朝6時頃から夜11時頃まで、所帯道具を積んだプッシュカートを押して再生資源を回収し、夜は店舗のシャッターの前で寝るホームレス・ファミリーの父親の話である。その後、通行人に石を投げられて、妻が顔に怪我をし、それを機に、妻と女の子4人が郷里へ帰っていった。しかし、郷里では食べ物がなく、このままでは子どもが飢え死にすると、1カ月ほどでマニラに戻ってきた。父親は、バス代をカンパした著者に、すみません、すみませんと繰り返した〔2007年2月6日〕。

　産業国都市で、ホームレス（「ニュー・ホームレス」）が増加し、社会問題となり、政策課題となってきた。ホームレス研究も蓄積されてきた。他方で、途上国都市でもホームレスが増加している［Levinson.2004］。ホームレスは、スクオッターにも住めない、途上国都市の最底辺の人々である。ブラジル・サンパウロでは、1990年代に、「ストリートを寝ぐらとするホームレス」が増加し、その数は10万人を超えた〔サンパウロ大学教員 Maria Cecilia Loschiard Dos Santos の話。2000年8月15日〕。マニラで、ストリートの人々（*tuong grasa* たかる人、*palaboy* 放浪する人）の存在は、近年の新たな事象ではない。しかし今、ホームレスが増加し、ストリート世界の様相が変わりつつある。途上国

都市では、これまで、大規模なスクォッター問題に圧倒されて、ホームレスに対する関心は希薄であった。ホームレスは、せいぜい、スクォッター問題の一部と見做されるだけであった。マニラでも、ホームレスの存在は、いまだ社会問題として成立していない。ゆえに、ホームレスについての行政資料や先行研究は、ストリート・チルドレンに関するものを除いて、皆無に等しい[1]。

A・J・パディラ（Arnold J. Padilla）は、近年のマニラで極貧家族（extremely poor families）が増加し、スクォッターに家を建てたり、借りたりする余裕のない人々が、プッシュカート、防潮堤や歩道、橋の下、歩道橋、高架橋、道路の中央分離帯、夜には無人のストリート、寺院や公園の芝生等で目立つようになったと指摘した［Padilla2000:5-6］。そして、それらの人々を、スクォッターの居住者と区別して、可視的ホームレス（visible homeless）、永久的ホームレス（permanent homeless 一般社会に戻れない人々の意味か）、現代の放浪者（modern nomads）、さらにマニラ・ジプシー（Manila's gypsies）等と呼んだ。しかし、彼の記述もここまでである。本章では、このような実情の中、収集できた情報をもとに、マニラのホームレスの実態を明らかにし、そこに存する研究・政策の諸問題について考察する。途上国都市のホームレスも、産業国都市のそれと同様、経済のグローバル化に伴う都市変容の産物である［Aoki.2006:1-13］。ホームレスにこそ、都市変容の諸相が集中的に表象されている。本書の仮説に則って言えば、ホームレスは、新労務・新貧困の最下層にある人々である。本章が、圧倒的なスクォッター問題の中で、ホームレスの問題に注目するのも、それに「経済のグローバル化と（途上国）都市」研究の戦略的意義を見いだすからである。

2. ストリートの人々

マニラのストリートには、どのような人々がいるだろうか。著者が見聞したままに、ストリートの人々を列挙すると、次のようになる[2]。

仕事をする人々

　これは、ストリートで新聞・菓子・タバコ等を売るヴェンダー（vendor）や、市場の前で荷物を搬送するキャリアー（carrier）、バス・エフエックス（FX マイクロバス）・ジープニー（jeepney ジープに似た改造車）・トライシクル（tricycle ペダルを漕ぐ、またはモーターサイクルの乗り物）の運転手、大声で客に乗車を呼びかけるバーカー（barker）等、ストリートのインフォーマル職種に携わる人々である。また、辻芸人がパフォーマンスをしたり、（視覚）障害者が、エレキギターを弾いて、歌を歌ったりする。これらの人々は、（たいていはスクオッターに）住居がある。そして、朝にストリートに出て商売をし、夜に家に帰る。ゆえにこの人々は、厳密にはホームレスではない。しかし、ヴェンダーやキャリアー、バーカーや辻芸人には、住む家がなく、夜もストリートに留まって（プッシュカートやトライシクルで寝る人もいる）、日銭を稼ぐ人々がいる。これはホームレスである。ホームレスは、何かの仕事をしなければ生存が叶わない。ホームレスも働いている。こうして、外見だけで、スクオッターの人々とホームレスを識別することは、簡単ではない。

　　2006年12月末、マニラの市街地南端のターミナル、バクラランのロハス・ブルーバード*の舗道に、200人ほどの老若男女が、荷の傍らで飯を炊き、食事をしている。ミンダナオの少数部族バジャウの人々である[3]。一帯のストリートに、コミュニティができている。子どもが遊び、母親が赤ん坊に授乳する。腰にサロンを巻く人が多い。話す言葉は部族の言葉である。若者たちは、小さな金属の筒を3つ束ねた楽器をもち、それを叩いて、大道芸の練習をしている。
　　若者たちが、2人1組で仕事に出かける。マニラの市街地を走るバスに飛び乗り、1人が通路に坐ってブリキの太鼓を叩き、もう1人が空き缶を差し出して、乗客から小銭を集める。車内を一巡すると飛び降りて、次のバスに移動する。その動きの軽やかなこと。そして夜が更けて、バクラランのコミュニティに帰ってくる。老若男女が、ストリート・コミュニティで夜を明かす〔観察記録より。2006年12月30日〕。

スクオッターを追われた人々

　ストリートには、スクオッターから来た人が多い。中には、スクオッターを撤去されたが、再居住地へ移転することを拒んで、元の地区のストリートに留まる人々もいる。スクオッターの人々は、住む土地に対する居住権がない。その意味で、そもそも、スクオッターの居住者もホームレスである。ここでは、その人々をスクオッター・ホームレス（squatter homeless）と呼ぶ[4]。フィリピンで、（ストリート・）ホームレスに対する固有の関心が希薄なため、スクオッター（・ホームレス）とホームレスの関係についての研究もない。全国住宅局は、その資料で、スクオッターとホームレスを表6-1のように区別している［NHA.1993］。

　表によれば、スクオッターは特定の場所に定着した人々、ホームレスはたえず移動し、寝場所が定まらない人々とされる。しかしここで、次のような問題が生じる。まず、シェルターとは何かである。シェルターを持たないスクオッター・ホームレスはいない。しかし、樹木や壁にシートを引っ掛けて雨を凌ぐ、プッシュカートを板で囲んで寝場所を作る等をシェルターと呼ぶなら（廃車に住む人もいる）、ホームレスにもシェルターを持つ人がいることになる（本章冒頭のホームレス・ファミリー homeless family も、当時は、空き店舗の前に板で囲いを作り、そこで寝ていた）。次に、寝場所の移動である。スクオッターとは、人々が土地を占有して集住する、実質上の居住地を指す。ゆえに、生活拠点は固定している。これに対して、ホームレスは、たえず移動する人々とされる。しかしホームレスも、実際は、寝場所を特定の地域に定めている。寝場所に頓着せずに日々移動するホームレスは、むしろ少ない。安全で確

表6-1　スクオッターとホームレスの違い

スクオッター	ホームレス
シェルターを持つ	シェルターを持たない
特定の寝場所を持つ	寝場所をたえず移動する
都心部や河川敷、塵芥集積場等に近い所にいる	どこにもいる（ストリートや公園、橋の下にもいる）

［NHA. 資料］

実な寝場所を確保するのは、容易なことではない。最後に、寝場所の状態である。これは、どこに寝るかというより、人々が特定の場所に「集住する」か否かが、ポイントとなる。スクオッターは、特定の場所に一定数の人々が住む地区であるため、定着する場所は、永続的に集住できる場所に限られる。これに対して、ホームレスは、単身で、または家族とともに、分散して移動する人々である。そのため、生活する場所は（スクオッターよりも）制約されない。ゆえに、表にあるような「どこにもいる」という状態になる。しかし集住も、スクオッターとホームレスを区別する決定的な指標とはならない。著者が訪れた、クリークにあるスクオッターは、2006年4月に撤去され、4世帯が元の地区に点在していた。これはもはや、集住とはいいがたい。しかしそこには、シェルターがあり、家財道具があり、家族生活があった。撤去の際に1世帯5,000ペソの保証金を貰ったが、近くに戻った人もいる〔住民の話。2006年11月8日〕。他方で、公園等では、数十人のホームレスが固まって暮らしている。

　要するに、スクオッター・ホームレスとストリート・ホームレスを画然と区別する指標はない。両者は、限りなくボーダーレスである。その上で、双方の中心的特徴は、次のように対照される。スクオッター・ホームレスは、特定場所に集住し、固定的で永続的なシェルターで生活する人々である。これに対して、ストリート・ホームレスは、固定的で永続的なシェルターを持たず、特定地域のストリートを単身で、または家族と移動する人々である。換言すれば、ストリート・ホームレス（以下ホームレス）は、スクオッターにも住めない、スクオッター・ホームレスのさらに下層に位置づく人々である[5]。

　著者が訪ねた2つのスクオッターで、「ここにホームレスはいますか」と聞いた。その問いに、いずれも居住者は、「いません。親のない子もいません。家のない人は、親族の家に住んでいます」と答えた。人々は、自らとホームレスを明確に区別していた〔タギッグ市の鉄道敷のスクオッターで。2006年11月5日〕〔マニラ市の橋の下のスクオッターで。2006年11月8日〕。スクオッターは、緊密に統合された人口密集区であり、

余分の空間はなく、外からホームレスが入るのは容易でない〔調査協力者Cの話。2009年12月4日〕。

ホームレスの最大の供給源は、スクオッターを撤去されたが、再居住地を保障されなかった人々である（と思われる）。その意味で、ホームレスの実態の把握にとって、スクオッターの動向の把握は、重要である。さらに、再居住区へ移ったが、そこからマニラに戻ってストリートに留まる人々がいる。スクオッターを撤去されて、マニラ郊外の再居住区に移転したが、そこには収入獲得の機会がない。そのため、移転前の仕事を続けようと、マニラに戻る人があとを絶たない[6]。著者が訪れたいくつかのスクオッターでは、住民が、再居住区への移転を躊躇していた。その最大の理由は、「再居住地には仕事がない」という心配であった〔タギッグ市の鉄道敷のスクオッターで。2006年11月8日〕〔マニラ市の運河堤のスクオッターで。2006年11月8日〕。

　　家を撤去されても再居住地へ行かない人がいますね。元の地域周辺で仕事をしている人は、移住できません。経費と時間がかかるので、マニラへ通うこともできません。そんな人たちは、他に住む家を探すしかないです。それができない人は、仕事はあっても、住む家がありません。ですから、ホームレスになるしかないです。そんな人たちが多いです〔NGO_2書記長の話。2006年11月6日〕。

こうして、再居住区の家に妻や子どもを置いて、マニラに「出稼ぎ」に出る人や、再居住地の家を売って、マニラに戻る人が出てくる。後者には、マニラに戻って親類縁者の家に寄留できる人と、寄留できる家がない人がいる。後者の人々が、ホームレスになる。

地方から出て来た人々

今日も多くの人々が、地方からマニラへ流入している（その数は低減している。第2章を参照）。その多くは、スクオッターに住む親類縁者の家に寄留す

る。新来者の80％がスクオッターに入るという指摘もある［URC.1997:25］。しかし、マニラ都心部のスクオッターの撤去が進むに伴い、スクオッターに入れない人が増加している。この人々が、ターミナル駅界隈や公園、墓地等で、荷物を抱えて寝起きする。この人々はホームレスである。この人々は、さらに3つに分類される。まず、マニラに移住するつもりで出てきた人々である（この人々には、マニラに来て1～2カ月の人が多い［ホームレスの収容施設ホセ・ファベラ・センター*のケースワーカーの話。2010年8月24日］)[7]。次に、マニラ近郊に家をもち、そこに家族を置いて、マニラに出稼ぎに出た人々である。この人々は、公園等に寝起きしながら働き、定期的に家に帰る。これは、週・月の一定期間ごとに、マニラ近郊とマニラを往復する出稼ぎ者（circular migrant）である。この人々は、厳密にはホームレスではない。最後に、災害や戦争による難民である。フィリピンは、台風等の災害頻発国である。また地方では、新人民軍やムスリムの武装グループと国軍（および米軍）との戦闘が続いている。このような災害や戦火の中で、家を失い、また、生命の危機に曝されて難民となる人々が出ている。全国の都市難民は、2005年に260万人で、06年9月までに300万人に達したと言われる［PDI.Oct.15th.2006］。この人々が、無一物の状態で故郷を逃れ、親類縁者を頼って、都市へ出る。しかし、親類縁者のない人々は、ホームレスになるしかない。マニラにも、災害や戦争のため故郷を出たという、ミンダナオやルソン北部の人々が少なくない（と思われる）[8]。

　2006年12月25日夕刻。ルネタ公園*・リサール公園*（2つの公園は隣接している）の広大な広場で、多くの人々がピクニックを楽しんでいる。その中に、公園で暮らすホームレスが混じっている。夕闇が迫る。家族連れが持ち物を片づけ、敷物を畳んで家路に着く。しかし、夕闇の中で、坐って動かない人、寝そべる人、散乱したビニール等を収集する人の影が見える。その1人に話しかける。彼は、2つの公園に、数千人のホームレスがいるという。公園管理人と警察官は、外国人観光客が来るからと、たえずホームレスを追い立てている[9]。しかし12月16日、クリスマス休暇

の時期に入り、市は、ホームレスが公園に留まることを許可した。公園で寛ぐ市民が増加することで、ホームレスの追い出しが困難になったからである。ホームレスは、公園に来る市民や観光客を相手に、物売りや再生資源収集人、物乞い等をして、日々の生活を凌ぐ。普通は、夜に公園を追い出され、朝に公園へ戻り、夜まで留まる。

　クリス（Kris）は、40歳代の建設労働者である。田舎を出て、マニラで建設労働をしていたが、契約が切れて失職し、9月から公園で暮らしている。所帯道具は、破れた袋が1つである。中は、クッキーが少しとバナナが1本だけである。友人のカルロス（Carlos）は、40歳代の料理人である。彼も、田舎を出て、レストラン等の調理場を転々として、10月から公園で暮らしている。2人とも、時どき、公園から仕事に出かける。雨が降る時は、木陰や近くの建物、歩道等に避難する。彼らは、収入を得るため、公園でビニールのシーツを売る。シーツは、行楽で来た人が坐ったり、夜には体を覆ったりする。1枚13ペソで仕入れて20ペソで売る。また、捨てられたシーツを集め、洗って、それを売る。ホームレスは、いつも警察官に追い立てられている。中には、警察官と組んで、物売りをする場所代を20ペソ巻き上げる「悪い奴」もいる。クリスマス・シーズンは、多くの人が公園に来るので、商売もしやすい。この時期は、田舎からも多くの人が出てくる。そして、公園で寝起きしながら、仕事を探す〔調査協力者Bとともに聞き取り。2006年12月25日〕。

先住民

　地方からマニラへ出稼ぎに出る人々に、もう1つのグループ、先住民がいる。土地も生活手段もないルソン島北部・中部の先住民（イゴロットやアエタ）や、ミンダナオやパラワン島等のルマッドやバジャウの人々が、マニラに出稼ぎに出てくる。その一部が、ダウンタウン（キアポやクバオ、バクララン等）で、ストリートで寝起きしながら、ヴェンダーや物乞いをする[10]。クバオを中心にエドサ通りには、物乞いのシンジケートもあると言われる〔先住民

問題のNGO₃活動家の話。2006年12月6日〕。12〜1月には、クリスマスと新年の景気を当て込んで、ヴェンダーや物乞いの出稼ぎが増加する。時期が過ぎると、一部の人々は田舎に帰り、一部の人々はマニラの親類縁者がいるコミュニティに入り、さらに一部の人々は、ストリートに留まる[11]。この最後の人々が、永続的なホームレスになっていく。

　コルディレラの人たちがクリスマスの時期に集団でやってきて、ヴェンダーをしています。子どもたちは物乞いをします。クリスマスが終わると田舎に帰ります。一部の人々は、キアポに留まって仕事を続けます〔キアポのドロッピング・センター代表の話。2006年11月13日〕。

　子どもの親には、ストリートで暮すムスリムの親もいます。彼ら彼女らは、キアポのムスリム・コミュニティと繋がっています。コルディレラの人たちが出稼ぎタイプのホームレスだとすれば、彼らはいわば定住タイプのホームレスといえるでしょうか〔同センターのボランティアの話。2006年11月20日〕。

ストリート・チルドレン

　フィリピンで、ストリートの子どもの悲惨な姿が、貧困の象徴として行政・NGO・研究の関心を集めてきた。ゆえに、ストリート・チルドレンについての資料や研究は、少なくない。これまで、ホームレスは、ストリート・チルドレンの調査・研究に包括されてきた。ストリート・チルドレンとは、生活の大半をストリートで過ごす18歳以下の幼児・児童・未成年者を指す〔Ruiz. website〕。そこには、さらに4つのタイプが区別される。1つ、学校が終わるとストリートに出て仕事をし、夜には家族の元へ帰る子どもである（children on the street）。この子どもは、ストリートで働いて家族の生計を助けている。ストリート・チルドレンの70％がこれに該当する。2つ、ストリートで暮し、たまに家族の元へ帰る子どもである（children of the street）。ストリート・チ

ルドレンの 20％がこれに該当する。3つ、家族に遺棄されたり、無視されたりした子どもである[12]。これは、家族と完全に絆を断った（断たれた）、狭義のストリート・チルドレンである。ストリート・チルドレンの5％がこれに該当する。4つ、ストリート・ファミリー（street family）の子どもである。この子どもは、家族とともにプッシュカートを押して街を移動し、夜になると、目当ての場所で寝る（本章冒頭の引用例の子どもがこれに該当する）[13]。これらストリート・チルドレンのあり様は、ホームレスの全体像を知る上で、貴重な情報源となる。第4のタイプはもとより、第2・第3のタイプも、子どもがホームレスであるだけではなく、彼ら彼女らの家族も、多くはホームレスか、ホームレスに近い状態にあるからである[14]。

3. ホームレス像の構築

　このような分類は、ストリートにいる人々をそのままふり分けたものである。人々の中には、ホームレスでない人々も含まれる。結局、ホームレスを暫定的に定義するならば、「固定的で永続的なシェルターを持たず、寄留する住居も持たず、一定範囲の空間（ストリート等）を個人で、または家族と移動しつつ、そこで寝起きする人々」ということになるだろう。しかし、スクオッター・ホームレスの底辺部分は、ホームレスとボーダーレスである）。上記の分類カテゴリーでいえば、ヴェンダーの一部、スクオッターの家を撤去されたが、再居住地を保障されなかった人々の一部、または、再居住区からマニラに戻って、ストリートに留まる人々、移住するつもりで、または出稼ぎで、さらに難民として地方から出て来た人々の一部、出稼ぎの先住民の一部、ストリート・チルドレンとその親の一部。これらの人々が、本章でいうホームレスということになる[15]。

　ホームレスとは、具体的にどのような人々だろうか。マニラのホームレスの全体像を描くに足る資料や研究は、まだない。ホームレスに関する資料で入手できたのは、マニラ首都圏の、ストリートの人々（vagrant）や物乞い

(mendicant)等を一時収容する施設であるホセ・ファベラ・センター*の収容者に関する資料だけである。それに対して、ストリート・チルドレンについては、行政的にも注目され、児童福祉の立法措置もなされている（大統領令603号の児童青年福祉法*、共和国令7610号の児童虐待搾取防止特別保護法*等）。それに応じて、ストリート・チルドレンに関する資料や研究も、散見される。ゆえにここでは、まず、ストリート・チルドレンに関する資料、とくに子どもたちの親に関する情報から、ホームレス像を推察し、次に、それを一時収容施設の資料で補強するという方法を取ることにする。

3.1. ストリート・チルドレン

まず、ストリート・チルドレンに関する資料から、ホームレス像を推察する。

ホームレスの数

ホームレスの人口をダイレクトに教える資料はない[16]。これに対して、ストリート・チルドレンについては、次のような数字が報告されている。ユニセフ・フィリピン*は、1991年にストリート・チルドレンの全国調査を行い、マニラで10万7,005人のストリート・チルドレンを数えた［NYC.1998:144］。児童福祉会議*は、2000年に、外見からストリート・チルドレンと分かる子どもを4万4,435人確認した［CWC.website］。E・ポリオ（Emma Porio）は、マニラに、1988年に5万～7万5,000人のストリート・チルドレンがいるとした［Porio.1994:112］[17]。この最後のものにほぼ等しい数が、マニラのストリート・チルドレンの数として、報告書や論文等で採用されている。先に述べたように、ストリート・チルドレンの70％は、親・家族とともに暮らすか、親・家族との間を行き来している。本章は、この子ども（広義のストリート・チルドレン）に注目する。というのも、彼ら彼女らの親・家族の相当数が、ホームレス状態にあると推察されるからである。また、子どものいない単身のホームレスもいる。これらの成人ホームレスにストリート・チルドレンを加えると、マニラのホームレスは、10万人をはるかに凌駕すると推察される[18]。

このセンターに来る人も増えていますし、マニラ全体でも、ホームレスはおそらく増えていると思います。キアポ、クバオ、マカティ、オルティガス等の繁華街に多いのではないでしょうか。それから墓地、例えば北部墓地*にも多いですね。このような実態に対応するために、この施設も拡張する予定です。現在は150人が定員ですが、これを200人以上にする計画です。ちなみに今日は222人のクライアントが入っています。超満員です〔ホセ・ファベラ・センター職員の話。2006年12月4日〕。[19]

ホームレスの分布

　ホームレスがストリートで生きるには、日々、生活資源が入手できなければならない。彼ら彼女らに確実に生活資源が入手できる場所とは、人が集まり、物が繁く流通する場所である。社会福祉開発省*が1998年に行った全国調査によれば、ストリート・チルドレンは、ストリート（36.5％）、市場（8.0％）、教会・娯楽地区（12.4％）等におり、一般に、娯楽・商業地区、バス・ターミナル、港湾、公園等に多かった［Ruiz. website］。前掲（注18）の資料によれば、2,100人の対象者（ホームレス）が保護された地域の分布は、マニラ市40.8％、ケソン市18.9％、タギッグ市7.1％、パサイ市6.9％、パラニャーケ市5.5％、マンダルヨン市5.0％等であった［DSWD-NCR.2006］。マニラ市やケソン市等、大きな繁華街のある自治体で、援護の対象者が多かった。

　生活資源を入手する場所と夜に寝る場所が異なることもある。また、子どもと成人では、活動や就寝の場所が異なることもある。（成人）ホームレスでは、繁華街の他、河川や運河等の危険な場所や墓地等の寂しい場所が加わる。とはいえ、ホームレスの活動・就寝の場所は、ストリート・チルドレンのそれとおおむね同じとみてよい。ストリート・チルドレンの親／家族も、子どもの近くにいる。マニラで、著者が多くのホームレスを目視した地区として、キアポ（教会・商業地区、ターミナル）、クバオ（商業地区、ターミナル）、バクララン（教会・商業地区、ターミナル）、サンタアナ（商業地区）、サンタメサ（商業地区）、ディヴィソリア（市場）、ナボタス（漁港）、就寝場所としてルネタ

公園、リサール公園、北部墓地等があった[20]。これらはいずれも、ストリート・チルドレンが多いとされている地域である。

　教会周辺からパシッグ川にかけて、1,500人を超える人々がストリートで暮らしています。その内、ホームレスは少なくとも1,200〜1,300人はいるでしょうね。これにストリート・チルドレンが加わります〔キアポのドロッピング・センター代表の話。2006年11月13日〕。

　北部墓地は、市営の墓地と私有の墓地からなる。少なくとも2,000人のホームレスが、市営の墓地を中心に、墓と墓の隙間や、墓を収めた装飾建築物の屋根の下で暮らしている。ホームレスの数は増加傾向にある。ホームレスの多くは、墓守りや墓地の清掃等をする。墓守りの報酬は、月50ペソ前後である。ホームレスは、生計を補うために、墓地の内外でヴェンダーや再生資源収集、物乞い、建設労働等をしている。ヴェンダーは、墓参りの人々に花や蝋燭を売る。インド人から高利（月2割）で金を借りて、墓地内でサリサリストア（雑貨店）を営む人もいる。再生資源収集人は、墓地内外のゴミ箱でプラスチックや瓶等を収集したり、レストランの勝手口で食べ物をもらったりする。物乞いは、墓地周辺のストリートで通行人に金銭を乞う。いずれも、夜は墓地の建築物の屋根の下で寝る（「ホームレスが北部墓地に4,000人、その他の墓地や中国人の墓地を合わせて2万人はいるでしょうね」〔NGO$_2$代表の話。2006年11月20日〕）。

　1982年に、ミンダナオからマニラに出てきました。ここに来る前は、夫は建設現場で働いていました。でも、肺結核になって、重労働ができなくなりました。それで生活に困って、ここに来ました。ここでは墓守りをしています。でも、月50ペソの報酬では生活できません。それで、お金を借りてサリサリストアを開きました。利子が高いので、やりくりが大変です。夫には時どき、栄養をつけるため、50ペソもする豚の内臓を買います。その関係で、屠場の仕事を貰うこともあります。上の娘が18歳に

なります。もうすぐお店の販売員に就職する予定なので、おおいに助かるはずなのですが（家族は、墓の横の店の小さな部屋で暮らす）〔ホームレス女性（50歳代）の話。2000年12月31日〕。

　1986年に、ビサヤからマニラへ出てきました。そして、そのままここへ来ました。夫は墓守りでしたが、病気で死にました。この墓の下に埋葬しました。今、9歳と10歳の娘がいます。月50ペソの収入しかないので、暮らしが大変です。それで、再生資源の収集や物乞い等、いろんなことをしています。それで、娘をどうにか公立学校へやっています。娘の1人は小学1年生ですが、発育不全で体が小さく、病気ばかりしています。あまり長生きできないでしょう。死んだら、娘もこの墓の下に埋めてやります（家族は、セメントで固めた墓の敷地に、プラスティックで簡易な屋根を作って暮らす）〔ホームレス女性（40歳代）の話。2000年12月31日〕。

ストリート・チルドレンの家族

　ホームレスは、ストリートでどのように生活を凌いでいるだろうか。その実態を明らかにするには、ストリート・チルドレンの親の情報が参考になる。社会福祉開発省マニラ首都圏局は、2005年4～6月に、ストリート・チルドレン606人とその親に対する更生援助事業を行った［DSWD-NCR. 2004a］。マニラ市キリノ通り*では、サンパギータ（フィリピンの国花）*を売る30人のストリート・チルドレンとその親たちが事業に参加した。これらの家族は、フィリピン国有鉄道・北部、同・南部の整備に伴って、スクオッターの家を撤去されて、再居住区へ移動する直前の、ホームレス状態にある家族であった。子どもたちの親の仕事は、皿洗いや料理手伝い、運転手、洗濯、タバコ売り、雑巾売り、トライシクル運転手、瓶売り、ジープニーのバーカー等であった。1日の稼ぎ（以下同じ）は、50～200ペソで、250ペソを超えたのは3家族のみであった（2005年のマニラの労働者の1日の最低賃金は、300ペソである）[21]。パラニャーケ市では、21人のストリート・チルドレンが事業に

参加した。子どもたちの親の仕事は、サンパギータ売りが10人（その内4人が200〜300ペソを稼いだ）、バクラランの飲食店から残飯を貰い、それを売る人が11人であった（200〜300ペソを稼ぐ人もいた）。家族は、教会周辺のストリートに掘立小屋を建てて住んでいた。パサイ市では、10人のストリート・チルドレンが事業に参加した。子どもたちの親の仕事は、バルート*（孵化したあひるの卵）売り2人（100〜200ペソの稼ぎ）、食べ物売り4人（200〜300ペソの稼ぎ）、魚売り1人（200ペソの稼ぎ）サリサリストア経営1人（300ペソ）、サンパギータ売り1人（30ペソの稼ぎ）であった（親1人の仕事は不明）。ケソン市では、15人のストリート・チルドレンが事業に参加した。子どもたちの親の仕事は、サンパギータ売りが12人（150〜200ペソの稼ぎ）で、3人は子どもを置いてマニラ近郊（ブラカン）へ移住していた。家族すべてが、2005年に行われたスクオッター撤去の犠牲者で、全国住宅局の世話で小部屋を借りて住んでいた。サンファン市では、10人のストリート・チルドレンが事業に参加した。子どもたちの親の仕事はサンパギータ売りで、ミネラル水を売る人もいた。

　これらのストリート・チルドレンは、マニラのストリート・チルドレンのごく一部であり、事業に参加した子どもたちという点で、サンプルも偏っている。しかし、それでもそこから、子どもたちと同様、親・家族も、ホームレスか、限りなくホームレスに近い状態の人々であることが分かる。仕事は、ほとんどストリートのヴェンダーであり、生活は平均200〜300ペソ／日と極貧水準であり（マニラの最低生活費は、2000年に1人590.3ペソ／日であった）[NSO.website][22]、居住は、ストリートや小部屋の一時住まいという状態であった。中でも、スクオッターの家を撤去されて行き場を失った家族が多い。このように、ストリート・チルドレンの傍らには、ホームレスの親・家族か、それに近い状態の親・家族が控えている（すべての親・家族がそうだということではない）。

　　このドロッピング・センターには、30人の子どもが来ています。この子たちの親は、ほとんどこの界隈（のストリートや広場）にいます。ほと

んどがヴェンダーです。中には、トライシクルの運転手をする父親や、売春をする母親もいます。子どもたちも、サンパギータやキャンディを売ったり、雑貨品を売ったりしています。かっぱらいやすりをしている子もいます。ドラッグを売る子もいます。そんな子どもたちは、時どき大金を手に入れています。私たちの活動は、子どもたちにそうしたことを止めさせるのが目的です〔キアポのドロッピング・センター代表の話。2006 年 11 月 13 日〕。

2007 年 2 月 2 日夜、同センターのストリート・チルドレンのアウトリーチに参加した。地点は 3 カ所である。1 つ、キアポのムスリム・コミュニティである。菓子の配給に、40 人ほどの子どもが集まる。子どもの親・家族は、ヴェンダーやトライシクルの運転手で、市場横の通路の壁沿いにできたスクオッターに住む（おりしもその一角が、メトロマニラ開発局*により撤去されて、300 世帯、1,500 人を超える人々が、その周辺でホームレスになった。それでも、地域を離れる人はほとんどいない）。2 つ、キアポに隣接するサンタ・クルツ*の繁華街である。30 人ほどの子どもが集まる。子どもの親・家族も、夜は商店の軒下等で寝るホームレスである。3 つ、キアポ教会前の広場である。30 人ほどの子どもが集まる（広場界隈だけで 80 人の子どもがおり、中には、親に遺棄された子どもも少なくない）。子どもの親・家族は、ほとんどがヴェンダーで、夜は、広場や商店の軒下に寝る〔路上観察より。2006 年 11 月 13 日〕。

3.2. ホームレス

ホームレスの情報について、ホセ・ファベラ・センターが作成した資料がある［JFC.2006］。この施設の収容者は、おおかた（75.2％）が、ストリートを清掃するメトロマニラ開発局の清掃人により発見され、説得されて、送られてきたホームレスである。クバオやマカティのビジネス街では、朝の通勤ラッシュ前にホームレスを「保護」して、施設へ送る。ゆえに、ストリートにホー

ムレスが見当たらない。ホームレスの中には、施設送りを嫌って、キアポ等他の地区へ移動する者もいる。こうしてホームレスは、マニラの中を周遊している〔キアポのドロッピング・センター代表の話。2010年8月28日〕。同センターに、2006年1～6月に2,794人のホームレスが収容された。その内訳は、一時通過者461人、物乞い86人、ストリート生活者（street dweller）2,193人、強制排除の犠牲者42人、その他12人であった。収容者の年齢は、17歳未満（幼児、児童、未成年者）34％、18～24歳19％、25～59歳44％、60歳以上3％であった（計2,803人）。大多数の子どもには親がいた〔ケースワーカーの話。2006年12月4日〕。親にもホームレスが多いが、スクオッターに住む者もいる。収容者の婚姻歴は、離婚69人、年少者189人、内縁関係231人、単身者1,718人、既婚者499人、寡婦73人であった（計2,780人）。収容者のジェンダー別は、男性72％、女性28％であった。収容者の生誕地はマニラ内46％、マニラ外54％であった。マニラ外の地域は、ビコール、ビサヤ、ミンダナオ等、全国に及んだ。

　これらのデータから、次の事柄が指摘される。1つ、収容者は、子どもから壮・高齢層まで広範な年齢階層に分布している。2つ、それに照応して、婚姻歴の有無も、年少者から寡婦まで多様である。単身者が過半数（61.8％）を占める。既婚者や内縁関係者も、多くは、施設収容時には単身生活者であった（と思われる）。3つ、マニラ首都圏で生まれた収容者が半数に近い。これは、収容者に幼児や児童、未成年者が少なくないことから、当然の結果である。しかしそこには、ホームレスが地方出身者だけではなく、マニラで生み出されている実態が窺われる。

　収容者の居住地（施設収容時にいた地域）は、マニア首都圏第一区（マニラ市）6％、第二区（マンダルヨン市、マリキナ市、パシッグ市、ケソン市、サンフアン市）30％、第三区（カロオカン市、マラボン市、ナボタス市、バレンズエラ市）8％、第四区（ラスピニャス市、マカティ市、マンダルヨン市、パラニャーケ市、パシッグ市、パテロス町、タギッグ市）21％、そしてマニラ首都圏外35％であった（計2,745人）（本書冒頭に掲載の地図を参照）。収容者の65％が、マニラ各地区（とくに第二区と第四区）から送られてきてい

た。これがホームレスの実際の分布を反映しているとすれば（それを裏づける術はないが）、ホームレスは、まず、首都圏の中心（第一区）からその周縁部に拡散していると推測される。次に、第三区は首都圏の最貧地域であるが、ホームレスは、その第三区よりも、ストリートでの生活資源が豊富な地域を選んでいると推測される。

　収容者の、施設収容に来る前の仕事は、運転手19人、運転助手5人、物乞い53人、駐車場見張り人（parking boy/girl）12人、配車人8人、労働者96人、種々のヘルパー43人、バーカー41人、ヴェンダー113人、再生資源収集人99人、年少者63人、ストリート・チルドレン6人、学生9人、その他133人であった（計722人）。ヴェンダー、再生資源収集人をはじめ、物乞い、駐車場見張り人、配車人、バーカー、運転手、運転助手等、すべてストリートでの仕事である。ここで労働者とは、手間賃稼ぎの日雇労働者のことで、ストリートから仕事に出る人々を指す。このように（当然にも）、ホームレスはストリートで、または、ストリートを経由して生計を支えている。

　ホームレスの仕事は、ヴェンダー、再生資源収集人、手間賃稼ぎ（配車・見張り人やバーカー、靴磨き）、物乞い、非合法的活動（かっぱらい・すりやドラッグ販売、売春）に集約される。ホームレスには、親方に雇われ、または商品を借り受けてヴェンダーになる人が多い。これに対して、非合法的活動に専念するホームレスは、少数である。ホームレスの三大仕事は、再生資源収集人、物売り、物乞いである。再生資源収集人には、寄せ屋から資金を借りて、缶・瓶・紙・金物等を買い取る人、捨てられた缶・瓶・紙・金物等を収集する人、使えなくなった靴・鞄・玩具等、なんでも収集する人、廃品の中から食べられる物を収集する人といった仕事の序列がある。プッシュカートや自転車を持つ人、借りる人（2009年に、ディヴィソリアやトンドでプッシュカート・自転車の賃貸料は1日20ペソであった［PDI.Nov.23rd,2009]）、持たない人の序列もある。物乞いにも、楽器を演奏したり、芸を見せたりする人、子ども（哀れを誘う容姿の子ども）を抱く人、ただ手を差し伸べて物乞いをする人等のいくつかのタイプがある[23]。

　あるスクオッターで住民の仕事を尋ねたところ、1人が「ベガー」と答えた。

周囲の人々もそれに頷いた〔前掲パサイ市のスクオッターで。2006年11月8日〕。つまり、物乞いも1つの正当な仕事であり、スクオッターでもそのような理解が、通念となっている。

4. ストリートへ

　ホームレスの多くは、マニラ（首都圏）の外から流入した人々である。ホセ・ファベラ・センターの前傾資料によれば、過半数のホームレスが、マニラの外を生誕地とする人々であった。しかし、若いホームレスを中心に、ホームレスは、マニラで生まれた世代に交替しつつある。換言すれば、マニラの経済社会構造の中に、ホームレスを階層として生み出すメカニズムが形成されつつある。その解明こそ本章の課題（の1つ）であった。その場合、スクオッターの存在が最大の鍵をなす。スクオッターこそ、ホームレスの最大の供給源だからである。ホームレスの実証研究がない現在、このような見解は推察に留まる。しかし、前掲の諸資料から、また著者の見聞から、スクオッターを排除されてホームレスになる人々は、確実に増加している。ストリート・ホームレスが、スクオッター・ホームレスから析出されつつある。では、それはどのようにしてだろうか。ここで、その析出過程の一端を、スクオッターの分析を通して明らかにする。

　　ホームレスは確実に増えています。つい近年まで、そんな状態ではなかったと思いますよ。どうして増えたかって。それは、スクオッターを撤去されて、行き場を失った人が増えたからです。スクオッター撤去が増えていますから、まだまだ増えるでしょうね。残念なことですが〔NGO₁活動家の話。2006年11月8日〕。

スクオッターの撤去

　前章の記述を想起されたい。グローバリゼーションの中、政府は、都市インフラの整備を進めた。既設の高架鉄道Ⅰの延長や新路線Ⅱの敷設、環状道路や高速道路の延長、河川や運河の整備等の事業が行われた。また、危険地区の整備や街の美化政策が推進された。河川や運河では、両岸10m以内の居住が禁止された〔NGO₁活動家の話2006年11月8日〕。鉄道線路敷では、両側15m以内の居住が禁止された。しかし政府は、深刻な財源不足の問題を抱え、都市改造の財源の調達を金融機関に、住宅供給を開発業者に委ねた。また政府は、財源不足の補塡のため公有地の民間払い下げを進めた。そこへ不動産資本が参入した。こうして、住宅政策は市場原理に包摂されていった。

　これらすべてが、スクオッターの撤去を招いた。マニラで、1992～95年に105件のスクオッター撤去があり、2万116家族が撤去された[Karaos.1996:10-12]。1999年に、モンテンルパ市のスクオッターでは、1,600家族が撤去され、全家族がホームレスになった[Padilla.2000:16]。2000年、パシッグ川河岸のスクオッター300家族が撤去された[Padilla.2000:16]。2001年だけで18件、1万48家族が撤去された[Padilla.2002:6]。2005年、政府はマニラの北部（カロオカン市北部、マラボン市、バレンズエラ市、マンダルヨン市）から南部（カロオカン市南部、マニラ市、マカティ市、タギッグ市、パラニャーケ市、モンテンルパ市）を縦貫する国有鉄道の整備に着手した。また同時に、河川敷や運河の整備を始めた。これらを含めて、2005年現在で

表6-2　スクオッターからの撤去実施家族と今後予定の家族

	移住予定家族	移住実施家族	今後予定家族
北部鉄道	38,588	22,318	16,270
南部鉄道	50,013	6,753	43,260
パシッグ河川敷	10,827	6,095	4,732
運河堰	26,120	5,073	21,047
インフラ予定地	7,945	7,127	368
合　計	133,043	47,366	85,677

Medium Term Philippines Development and National Housing Authority by [Karaos & Payot.2006:76]

スクオッターを排除された家族数、および 2010 年までの間に排除予定の家族（世帯）数は、表 6-2 の通りである［Karaos & Payot. 2006: 76］。

　表によれば、マニラで、5 年間に 13 万家族を超える家族がスクオッターから排除されることになる。2000 年に入って、メトロマニラ開発局や公共事業高速道路省*、全国住宅局によるスクオッターの撤去も、増加している。2004年にマニラで 341 の撤去があった（その内 120 のスクオッターが、警察官の実力行使を伴った）［Karaos & Payot.2006:75］。2005 年に 233 の撤去があった（その内 80 のスクオッターが、実力行使を伴った）[24]。前掲 NGO₁ によれば、2005 年 10 月～ 6 年 4 月の間に、4,591 家族、2 万 2,955 人がスクオッターから排除された［Karaos & Payot.2007:75］

　　キアポでスラムの撤去が続いています。住民の 90％以上、300 世帯の 1,500 人ほどが、撤去の後も周辺のストリートに住み続けています。そのため、ホームレスが急増しています〔キアポのストリート・チルドレンのドロッピング・センターの所長の話。2009 年 12 月 1 日〕。

　　昨日、タギッグ市の西ビクタンで、国軍兵士 100 人によるスクオッター撤去があり、100 家屋、住民 300 世帯が排除された。住民は投石をもって撤去に抵抗し、これに対して、兵士は威嚇射撃を行った。この衝突で、少なくとも 9 人が負傷した。家屋の撤去跡から 12 個の火炎瓶が発見された。「私たちは鼠みたいだ。私たちには代わりの家がないのだ」［PDI. Oct.13th,2006］。このままでは 300 世帯 1,800 人がホームレスになってしまうと、市当局が土地の一部を住民に分譲するように軍に要請した。住民の一部は、元の場所に留まり、解体された家の建材を売ったりして、当座を凌いでいる［PDI.Oct.14th,2006］。

ストリートへ

　都市開発住宅法には、スクオッターの撤去に関して、住民の居住権擁護の観点から、危険地区を除いてスクオッターの撤去を原則禁止する、撤去する場合は住民に事前通告を行う、撤去には裁判所の決定を必要とする、撤去対象者には住宅資金を優先的に融資する、公有地に住む撤去対象者には再居住地を宛がう等の規制が盛られている。しかし、多くの撤去が、事前通告も裁判所の決定も再居住地の補償もなく行われ、抵抗する住民に多くの怪我人が出ている。マニラで、1992～95年にスクオッターを撤去された2万116家族の内、再居住地が補償された家族は43％であった［Karaos.1996:10-12］。1999年、モンテンルパ市で撤去された1,600家族には、再居住地が宛がわれなかった。2000年、パシッグ川河岸で撤去された300家族には、再居住地が宛がわれなかった［Padilla.2000:16］。また、次の論文には、2001年のアロヨ政権下における撤去と人権侵害の18例が、詳述されている［IBON.2001b］。さらに2005～06年に、国有鉄道の沿線以外の1,591家族が撤去され、その内、再居住地を宛がわれたのは23.8％で、立ち退き料を貰ったのは37.0％であった［Karaos & Payot.2006:77］[25]。

　　1992年の都市住宅開発法の制定以前にあったスクオッターの撤去には、再居住地が保障されることになっていますが、それ以後にできたスクオッターの撤去には、再居住地が保障されません。私たちは、それらのスクオッターの撤去の監視にも重点を置いて活動をしています〔NGO₁活動家の話。2006年11月8日〕。

　再居住地を宛がわれなかった人々は、代替の居住地を探すか、親類縁者の家（たいていは別のスクオッターに住む）に寄留するか、それらが叶わない人々は、ホームレスになるしかない。仕事や子どもの学校の都合で、再居住地への移転を拒絶して、元のスクオッター近くでホームレスになる人々もいる。他方で、再居住地へ移転した人々は、どうだろうか。再居住地の多くは、マニラ（仕事の場）から遠く、周囲に就労機会もなく、生計が成り立たない。また、

電気や水道、学校や病院等の生活施設がなく、生活が困難である[26]。こうして、多くの人々が、再居住地からマニラへ戻ることになる。マニラで生活の拠点が確保できる人はまだよい。それができない人は、ホームレスになるしかない。再居住地を宛がわれなかった人々、再居住地から戻った人々、さらにそれらの人々の内でホームレスになった人々の全体の数は、不明である。しかし、これらの人々が、確実に、ホームレスの最大の供給源になっている（と思われる）〔NGO₁活動家の話。2006年11月8日〕[27]。

5. グローバリゼーション

5.1. ニュー・ホームレス

　アメリカでは、1980年代以降、ダウンタウンの一角（skid row）に滞留する、中・高年齢の白人男性を中心とするホームレス（skid rower）が減少し、性・年齢・エスニシティが多様化し、市街地に拡散し、市民に可視的な「ニュー・ホームレス」が増加した［Levinson.2004:108,392］。日本でも、1990年代以降、仕事にあぶれて寄せ場周辺のストリートに留まり、仕事が出ると労働現場に戻るという、仕事とストリートの循環型の日雇労働者が減少した。そして、いったんストリートに排出されると、ふたたび労働現場に戻ることのできないホームレスが増加した。これに、社会底辺から排出されたさまざまな人々が加わった。そしてホームレスは、駅や公園、河川敷等に定着し、市民に可視的な存在になった。日本でも、この人々が「ニュー・ホームレス」（野宿者）と呼ばれるに至った［笠井.1995:11］。

　途上国都市マニラで、ストリート生活者は、近年に現れた人々ではない。地方からの新来者で、仕事と住居を得ることができず、ストリートに野宿する人は、昔からいた。物乞いをして放浪する人もいた。その数も少なくなかった。しかしそれらの人々は、都市人口の過半数に及ぶスクオッター・ホームレスに圧倒されて、せいぜい、その一部と見做されるに留まった。しかし1990年代以降、ホームレスがさらに増加した。その数は特定できないが、市民の間にも

そのような認識が広まっている。ホームレスが、商業地区、娯楽地区、ターミナル、市場、教会、公園、墓地、港湾等、市街地のストリート・公共空間の至る所に目立つようになった。そして彼ら彼女らは、「不可視の」集住空間を作るスクオッター・ホームレスと区別されて、「可視的ホームレス」と呼ばれるに至った［Padilla.2000:5-6］。ホームレスが確実に増加し、その人々をめぐる問題が、「ニュー・ホームレス」の問題として社会的に成立するのは、今や時間の問題である。

　（新しい貧困がもたらす－引用者）新しい周縁性による都市空間の占拠は、2つの形態をとる。1つは、黙許されたゲットーとしてであり、そこでは取り残された人々が、社会の主流からは目に触れないところで居住を許されるというわけである。もう1つは、「ストリート・ピープル」（住所不定者）が都市の中心地域に表だって姿を現すという、危険な戦略であると同時に生存のためのテクニックである［Castells.1983=1997: 236］。

5.2.　ホームレスの形成

　途上国都市におけるホームレスの増加は、産業国都市におけるニュー・ホームレスの増加に照応するものである。それらの現象の基底にあり、それらの現象を生じているもの、それはグローバリゼーションである。もとより、マニラにおけるホームレスの増加には、マニラの歴史的な脈絡に規定された固有の経緯がある。フィリピン（マニラ）経済はどうして離陸できないのだろうか。フィリピン（マニラ首都圏）の政府は、どうして貧困や住宅の問題を解決できないのだろうか。問題の背景には、どのような政治・社会・文化の構造があるのだろうか。当然、これらの問いが別途に問われ、解明されなければならない。その点を念頭に置きつつ、ここではその前に、どうしてグローバリゼーションがホームレスの増加を生じているのかを問い、そのマニラにおける一般的過程を説明することにしたい。グローバリゼーションがホームレスを生じる過程は、互いに関連しあう5つのサブ過程から構成される。

生活機会の増大

グローバリゼーションは、マニラでもサービス経済の膨張を招いた。それは、ストリートにおける生活機会の増大をもたらした。まず、ショッピング・モールやコンビニエンス・ストア、ファミリー・レストラン等が増加した[28]。それにより、食べ物や生活品等、ホームレスがストリートでの生活を凌ぐ生活資源が増大した。市民の消費水準の向上に伴って、物乞いの機会も増大した。これを、困窮する人々をストリートへ誘う〈プル要因1〉とする。

次に、サービス経済の膨張は、労働のインフォーマル化を促した。そして、インフォーマル職種が膨張した。その底辺にあって、ストリートでの仕事（ヴェンダーや再生資源収集人、バーカー等）が増加した（第2章を参照）。また、新たなインフォーマル職種が現れた。その底辺にあって、清掃人や荷物運搬人、サンドイッチマン、駐車場見張り人、走り使い等の仕事が増加した。これらは、ホームレスの生活機会の増大をもたらした。これが困窮する人々をストリートへ誘う〈プル要因2〉とする。

階層の下降圧力

グローバリゼーションは、労働の柔軟化と契約化をもたらした。それらは、労働者に就労の不安定と実質賃金の切り下げを導いた。近代企業（多国籍企業を含む）においても、最低賃金に満たない（飢餓）賃金で働く労働者が増加した。それは労働者の生活困窮を招いた。ある人は、副業（たいていはインフォーマル職種）を持った。ある家族では、他の家族員が就労した（これもインフォーマル職種）。ある人は、企業のフォーマル職種からインフォーマル職種に転職した。このような労働事情は、労働者の窮乏化と階層的な下降圧力を強めた。そしてそれは、労働階層の底辺にある人々のホームレス化の一般的な背景となった。これを、人々をストリートへ押し出す〈プッシュ要因1〉とする。ここではそれをストリート化（streetization）と呼ぶとしよう。ただし、窮乏化する人のすべてがホームレスになるわけではない。生活崩壊の土壇場で、親類縁者の救済ネットワークを持たない、一部の人のみがストリートに流出していく。

スクオッターの撤去

　グローバリゼーションは、土地の商業利用のための都市再開発を促した[29]。それは、政府の公有地の払い下げやインフラ事業、危険地区の整備、街の美化等も、資本競争に照応する上からの都市改造であった。その結果、都心部からスクオッターの撤去が進んだ。そしてスクオッターが、遊閑地・荒廃地が残存する都心周辺で増加した。スクオッターを撤去されたが、再居住の土地を保障されず、また再居住を拒絶し、かつ寄留できる親類縁者のない人々は、ストリートに留まった。再居住地へ移動しても、そこで生計の方途がない人々は、マニラに戻った。そして、寄留できる親類縁者のない人々もストリートに留まった。さらに、地方からマニラに出てきたが、スクオッターにも入れず、寄留できる親類縁者のいない人々も、ストリートに留まった。これらすべてを、人々をストリートへ押し出す〈プッシュ要因2〉とする。

政策の頓挫

　グローバリゼーションは、新自由主義のもと、小さな政府を生んだ。また、途上国政府の財政危機が進行した。その結果、ホームレスに関わる諸政策が、頓挫をよぎなくされた。まず、都市底辺層（スクオッター住民）に対する雇用創出の政策が頓挫した。次に、スクオッター住民に対する土地確保と住宅建設の政策が頓挫した。再居住の恩恵も一部のスクオッター住民に留まった。こうして、貧窮者がホームレスになるのを防ぐ政策が頓挫した。さらに、ホームレスを救済する雇用・福祉政策が頓挫した。マニラの場合、医療等の緊急援助と6つの収容施設[30]への一時収容を除いて、見るべきホームレス対策はない。これらすべてを、人々をストリートに留まらせる〈プッシュ要因3〉とする。

6. 途上国のホームレス研究

　経済のグローバル化は、このような経済・空間過程を介してホームレスを生んだ。困窮した人々をストリートへ誘う諸要因〈プル要因1〉〈プル要因2〉、

およびストリートへ押し出す諸要因〈プッシュ要因1〉〈プッシュ要因2〉〈プッシュ要因3〉が複合的に機能し、ホームレスが社会層として形成されていく。もとより、ホームレスが生まれる事情は、国や都市ごとに異なるし、困窮した人々がホームレスになる事情も、無限に多様である。しかし、経済のグローバル化のもと、産業国と途上国の諸都市で、ほぼ同時に「ニュー・ホームレス（new homeless）」が生まれている。マニラでも、その過程が進行している。この事実は動かない。「ニュー・ホームレス」は、経済のグローバル化の進行の表徴となっている。経済のグローバル化のもと、都市底辺層の人々の労働と居住は、どのように変容しつつあるのだろうか。貧困の原因と性格は、どのように変容しつつあるのだろうか。そして都市底辺層は、どのように再編されつつあるのだろうか。「ニュー・ホームレス」の研究は、これらの問いを解明する戦略的な切り口となる。途上国都市（マニラ）のホームレスの研究は、始まったばかりである。

注
1) 研究者も行政職員も、ホームレスの研究や資料はないという。著者は、どこでも「大変ですね」と労われる。新聞では、「火事で焼け出された住民がホームレスになった」という話か、ストリート・チルドレンの記事が出るくらいである。これが、フィリピンの現状である。
2) 以下、著者の参与観察や面接、既存の諸資料をもとに、ストリートの人々について描く。
3) バジャウはモロの13部族の1つであるが、ムスリムではない。海辺に家を作る貧しい漁民で、伝統的なコミュニティをもち、海洋生活の中で自らの言語や風習、音楽を伝承している。マニラに出ても、タガログ*を話さず、バクララン等のコミュニティを拠点に、辻芸人や物乞いをして暮らす〔NGO₄活動家の話。2007年1月21日〕。
4) スクオッター政策の基本を定めた都市開発住宅法では、スクオッター住民は、「困窮したホームレスの市民」（underprivileged and homeless citizens）と表現されている。しかし、スクオッターには非貧困層も住んでいる。他方で、貧困世帯の底辺部分は、生活実態において（ストリート・）ホームレスと大差ない。
5) NGO₂代表は、スクオッターには1つの家屋に数家族が住むことが多い。その場合、家主をスクオッター住民とみて、その他の家族は、ホームレスと見るべきではないかと言う〔同代表の話。2006年11月20日〕。実態は、その通りであろう。しかし本章では、その他の家族もスクオッター居住者と見做す。1つの部屋に同居生活をして、部屋代は月に1,000

ペソ、安くても700〜800ペソはするという。とすれば、月に最低5,000ペソの定収入がないと、部屋を借りて暮らすことができない。それは、定収入のないホームレスにはできない話である。

6) 4つの再居住区の調査によれば、住民（600人）の職業構成は、失業26.5％、未熟練労働12.8％、運転手13.8％、販売（ヴェンダー）15.5％、建設（日雇）8.7％、農業（家庭菜園）2.3％、家政婦1.5％、技術者8.8％、サービス職5.3％、職人2.0％であった［ICSI.2000］。失業率が高く、技術者を除いてすべてインフォーマル職種である。また、スクォッター住民の職業構成と比べて職種が少なく、販売、家政婦、サービス職等の比率が低い［UPA.2004:17］。マニラ郊外のサンマテオ市*の山中の再居住地で、住民に仕事を尋ねた。すると返事は、家畜飼育、ヴェンダー、再生資源収集人と返ってきた［2006年11月20日］。職種がいかにも少ない。

7) A・J・パディラは、ホームレスの最大の供給源として地方からの新来者を挙げている［Padilla.2000:6］。しかし、実態はそうではないだろう。地方からの新来者は減少しており、新来者はたいてい、親類縁者を頼ってのチェーン・マイグラント（chain migrant）である。

8) かつて（1987年）、著者のマニラ滞在中に、ミンダナオにおける政府軍と新人民軍・ムスリム軍との戦闘の激化により、多くの人々がマニラ（首都圏）に逃れて、マニラ市内の大学（フィリピン工科大学*）のキャンパスで野営した。そして、その野営を人権問題として認めるかどうかをめぐって、大きな議論が起きた。その時、キャンパスを開放した人権派の学長が狙撃されて、重傷を負った。

9) 公園法（Park Law）は、午後9時〜午前5時の間、公園から市民を締め出す。ホームレスのテント等は、即座に撤去される。ゆえに、都心部の公園にホームレスのテント等はない。目的は、夜間の犯罪防止である。しかし実際は、公園に敷物を敷いて夜を過ごすホームレスは多い。

10) 社会福祉開発省マニラ首都圏局は、2004年1〜3月に、584人の困窮者に緊急援護を行った。その内訳は、ストリート・チルドレン405人、成人ホームレス109人、先住民70人であった［DSWD-NCR.2004b.website］。これらの先住民も、ホームレスとみてよいだろう。

11) ルソン島中部出身の先住民は、マニラに4つのコミュニティを持つ。その人口は不明である〔先住民問題NGO₃活動家の話。2006年12月6日〕。ミンダナオ出身の先住民（多くはムスリム）の人々は、5つのコミュニティを持つ。その人口は推定20万人という〔先住民問題NGO₄活動家の話。2006年12月12日〕。キアポの公営市場周辺の歩道で商うムスリムのヴェンダーが、年末年始の交通渋滞の原因になるとして排除された。ヴェンダー組織（パシッグ・ムスリム連盟*）の代表は、それでは生活が立ち行かない、せめて公営市場の前で商うのを許可してほしいと市役所に申し出た。それに対して、権利金等1万ペソを払って市場で商売しているヴェンダーから、市場の前で安い品物を売られてはかな

わないと反対した。2週間前には、箱が爆発して3人が負傷する騒ぎまで起こった［PDI. Dec.20th,2006］。このムスリム組織には、300人のヴェンダーが参加している。

12）経済のグローバル化は、人間関係の個人化を進め、多くの貧困家族を解体している。遺棄される子どもだけではなく、遺棄されて、ストリートに現れる老人（ストリート・エルダー street elder）も増加している［PDI.Dec.22nd 2006］。

13）社会福祉開発省マニラ首都圏支部の資料によれば、ストリート・チルドレンになる原因として、次のものを列挙している。親や子の失業・半失業状態、子育てを放棄した親、家族の強いモノ消費志向の価値観、家族のトラブル、家庭環境、親の犯罪、親の不道徳、親の暴力、女は家にいるべきだという伝統的な家族価値、子育ての知識・スキルの欠如、新たな価値観の出現による伝統的価値との衝突。

14）ストリート・チルドレンは、大人になっても、学歴がないのでストリート生活を脱することは困難である。その結果、犯罪組織に入る者も多い。女の子では、多くは13～14歳で妊娠し、子をストリートで育てる。ストリート・チルドレンの多くは、ストリート生活を世代間で再生産していく〔調査協力者Cの話。2009年12月4日〕。

15）ストリートでの物乞いの規制・取締りに関する法（大統領令1563号の浮浪禁止法*、1978年制定）には、mendic（生活手段をもたず、きちんとした仕事もなく、仕事に就こうともせず、もっぱら物乞いをする人）、exploited infant or child（放浪生活をしながら物乞いする、8歳以下のこども）、habitual mendicant（スクオッター等に住みながら、物乞いする人）を分類している［DSWD-NCR.無題資料］。

16）全国住宅局でも社会福祉開発省でも、ホームレスはたえず移動する人々だから数や分布をカウントすることはできない、と説明する。研究者もそのように書いたりする［Padilla.2000:6］。しかしホームレスは、特定地域の範囲で移動する、つまり、特定地域に定着ないし半定着する人々である。ゆえに、少なくとも概数のカウントは可能である。それは、欧米や日本で経験した通りである。むしろマニラの場合、ストリートで働く人々で、ホームレスとそうでない人をどう見分けるのか、スクオッター・ホームレスとホームレスの境界線をどこに引くのかという技術的な問題が、ホームレスのカウントを困難にしている。いずれにせよ、現状は、研究者も行政もマスメディアも、そこまで議論を詰めるほどに、ホームレス問題の深刻さを感じていない、またはそこまで手が回らないということであろう。

17）ストリート・チルドレンは、ワーキング・チルドレン（working children）でもある。国家統計局によれば、2005年10月に、農業や製造業、小売業、家業手伝い等で働く5～17歳の子どもは、全国で210万人［PDI.Nov.18th,2006］、マニラに20万人［Porio.1994: 109］いると言われる。この一部が、ストリート・チルドレンである。

18）社会福祉開発省メトロマニラ局は、2006年1～6月に、マニラの繁華街で121回のアウトリーチ活動を行い、延べ2,100人のホームレスを援護した［DSWD-NCR.2006］。そ

第 6 章　ストリートの貧者　179

の内訳は、ホームレス52%、ストリート・チルドレン40%、ストリート・ファミリー8%であった。

19) 2007年1月22日に施設を訪れた時の収容者は246人であった。収容者は増加する一方だという。収容者は、平均2～3カ月センターにいた後、幼児（0～3歳）、子ども、女性、老人、精神障害者、職業訓練者等、収容者が抱える問題別に13の公的およびNGOの施設に移される〔同センター職員の話。2010年8月24日〕。

20) 十分に確認された事実ではないが、ルソン島の北・中部からマニラに出稼ぎに来る人は、マニラ北部のバス・ターミナルのモニュメント*界隈に、ルソン島南部からマニラに出稼ぎに来る人は、マニラ南部のバス・ターミナルであるバクラランに、さらにマニラ中心部のルネタ公園、リサール公園に、行く所がなくホームレス状態で留まる人が多いと思われる。これらの人々の一部が、仕事を得て、またはスクォッターに入り、残りの人々が、ホームレスとしてマニラ市内に散っていくものと思われる。このようなホームレスの空間の分布・移動の実態も、不明である。

21) あるジープニー運転手によると、1日の稼ぎが1万ペソあったとして、運転手の取り分はその13%の1,300ペソ、運転助手1,100ペソであった。これほど稼ぐ日は滅多になく、平均日給（8時間労働）は、300ペソであった。2年目に25ペソ、3年目に30ペソの割増しがついた〔スクォッターにて。2004年5月5日〕。

22) ヴェンダーには、ブンバイ*と呼ばれるインド人金貸しから借金をする人が多い。売り上げの20%を利子として毎日納めるという具合である。自営のヴェンダーよりヴェンダーに雇われた人の方が、利子を払う必要がなく得策である。商店等の店舗前のヴェンダーより、街頭のヴェンダーの方が、場所代を払う必要がなく得策である〔調査協力者Aの話。2009年12月3日〕。

23) ホームレスが関わる仕事が、しばしば規制の対象にされる。マニラ市は、2006年、交通渋滞の原因になるとして歩道、車道での洗車や廃品売買を禁止した［TPS.Nov.8th,2006］。

24) 2005年に、スクォッター撤去の際は実力行使を自粛すべしとの行政命令（ED152）が出されたため、実力行使の件数が減少している［Karaos & Payot.2006:75］。

25) 前掲のマニラ市の橋の下のスクォッター（53世帯）では、市行政から、一世帯5,000ペソの立ち退き料を条件に、撤去を通告されている。住民は、それを不服として、市行政と交渉を重ねている（2007年1月7日）。

26) 行政は、これらの不都合を回避するため、再居住の基本指針を、市内への移転に置いている。国有鉄道の移転計画では、（一部）それが実施されている。南部鉄道では、8,000家族に低価格住宅（3～4階建て、1戸32㎡、10万ペソで25年返済）への移転計画が示された［PDI.Jan.5th,2007］。市外への移転は、市内に再居住の土地が確保できない場合のみとされる。マニラ市やマカティ市の場合では、マニラ（首都圏）近郊のラグナやカビテ、ブラカン等が再居住地とされた〔住宅都市開発調整会議の職員の話〕［Karaos &

Payot.2006:72〕。

27) キアポでは、周辺のスクオッターが撤去されると、9割以上の人がその周辺に住み続ける。とくにパシッグ川の橋の下が多い。他のスクオッターに移る人は3%程度である〔ソーシャル・ワーカーの話。2009年12月10日〕。

28) 例えば、コンビニエンス・ストアのフィリピン・セブン・イレブン*は、1984年に第一号店が出され、2005年には253店に増加した。そのほとんどはマニラにある［Philippine Seven Corporation.website〕。ファースト・フード店のジョリビー*は、1975年に第一号店が出され、2006年には全国で566店に増加した〔Jollibee Foods Corporation.website〕。

29) マニラの各自治体において、「美しい街づくり」が進められている。ケソン市で、クリスマスから年末年始にかけて（12月1日～1月8日）、交通渋滞の原因になるとして、歩道や歩道橋のヴェンダーを排除し、指定された場所でのみ許可するという規制が始まった。これは、一切の例外を認めず、違反者は逮捕、商品没収に処するという厳しい規制である〔TPS.Dec.2nd,2006〕。繁華街の至る所で、日々、「違法」ヴェンダーを取り締まる警察官と逃げ回るヴェンダーの攻防が繰り返されている。「昨日、メトロマニラ開発局によるバクラランの舗道のヴェンダーの排除が行われた。また、ヴェンダーと彼らのコミュニティ（住民5,000人）を繋ぐ橋が解体された。ヴェンダーと住民はこれに投石で抵抗し、警察官は威嚇射撃を行った。この衝突で2人が死亡、3人が負傷した」〔TPS.Jan.6th,2007〕。「この地区ではこれまでも何度か撤去騒ぎがあった。パラニャーケ市当局は、一帯に、ヴェンダーが永久店舗をもてるようなモールを作るという計画を出している」〔PDI. Jan.12th,2007〕。しかし、多くのヴェンダーには、その永久店舗の借料が払えないと推測される。マニラ市では、歩道や車道を占拠する洗車店やくず物商店の新設許可が中止された。すでにある24の洗車店と114のくず物商店も、500～1000㎡の土地を確保するものについて許可するとされた〔TPS.Nov.8th.2006〕。パラニャーケ市では、タフト通りからロハス・ブルーバード通りにかけて歩道に統一された様式の販売店を作り、「違法」物売りが戻らないようにする計画である〔TPS.Jan.22nd.2007〕。

30) 収容施設の運営主体の内訳は、社会福祉開発省1つ、同首都圏局2つ、市3つである。その他、NGOが運営する施設が3つある〔DSWD-NCR. 2004b〕。施策は、原則として、ホームレスを3日間収容する。施設を退所すれば、ホームレスはストリートに戻る。施設は、ホームレスに田舎に帰るチケットを支給するが、田舎に帰っても生活できないので、チケットを売って生活に充てる者もいる〔キアポのドロッピング・センター代表の話。2010年8月28日〕。また、貧困者に無料で診療・手当てを施していた病院が廃院になった〔ボランティアAの話。2010年9月1日〕。

※本章は、コミュニティ・自治・歴史研究会編『ヘスティアとクリオ』5号、東北大学吉原直樹研究室、2007年、31-52頁に掲載された論文を修正・補充したものである。

終　章　**都市底辺に入る**

　本書は、途上国都市の研究のパラダイム転換を期して、新労務（層）・新貧困（層）を鍵概念とする理論仮説を提示した。そして、それを導きの糸に、マニラを事例に、都市底辺層の労働と生活の実態の若干の諸相を分析し、解釈した。人々の労働と生活は、劇的に変容しつつあり、その動態こそ、理論仮説の妥当性の（可能的な）根拠となるものである。とはいえ、本書は、その検証に向けたワンステップでしかない。検証と仮説修正の往復は、まだまだ続く。経済のグローバル化の中、都市底辺層はどこへ向かうのか。その予見のためにこそ、理論仮説の切れは、鋭くなければならない。

本書は、おもに統計資料に依り、都市底辺層の労働と生活の実態分析を行った。都市底辺層の参与観察や聞き取りのデータは、断片的に挿入するに留まった。質的データの収集や聞き取りの方法、そこに生起する方法論の問題についても、議論しなかった。それらは、次の仕事とされた。その理由は序章に書いた。とはいえ最後に、都市底辺層の調査に関わる体験を、一言付しておく。それが著者の調査であった。

　資料やデータの収集は、都市底辺の人々との出会いであった。研究所・図書館・役所・本屋を回って統計資料や報告書等を収集する傍ら、人々に会い、話を聞き、動き、人々の行動を観察する。これが、調査の基本であった。人々との出会いには、さまざまな「人間の問題」が随伴した。そして時どき、「調査する私」の存在を揺るがすアポリアが立ちはだかった。

　マルコス時代末の 1985 年、ケソン市の河川敷のスクオッターで強制撤去があった。ある朝、突然、警察官と撤去チームが地区を包囲した。そして住民に、直ちに退去せよと通告した。住民が撤去に抵抗し、警察官が住民に発砲した。たちまち流血の愁嘆場となり、2 人の少年が射殺された。そして 1 カ月後、100 世帯を超す大方の住民が逃げ、家屋等の残骸が残る荒れ地に、17 世帯が残った。著者は、新聞記事を片手に地区を訪ね、偶然、撤去の時に息子を射殺された両親と会った。その後親しくなり、著者は、両親の「家」（バラック）に通い、両親が、著者を隣人に紹介した。著者は、隣人と親しくなった。両親は、隣人に、息子を射殺した警察官を告訴する裁判の証人になるよう依頼した。しかし隣人は断った。当時、証人に立つことは、勇気の要ることであった。また行政が、両親の懐柔に好条件の転居を提案した。両親は断った。この他、いくつもの利害が絡み、両親と隣人の間に次第に亀裂が深まり、対立し始めた。両親と隣人の双方が、著者の前で相手を誹謗した。双方が、同調者を集め、対立は地区を引き裂いた。こうして著者は、分裂の渦中に立たされた。著者は、両親と隣人に、「分裂すればお互いに損を見る。団結しなくては」と「正論」を述べた。しかし両親と隣人は、賛同はしたが、互いの溝は深かった。著者

は、なす術もなく、心配するだけであった。同時に、余所者の著者の存在が、もしや地区の分裂を煽ってはいないか。著者は、そのような自己猜疑に駆られた。ならば、どんな責を取るべきか。それとも去るべきか。著者は懊悩した。これが、マニラに入って受けた「通過儀礼」であった。

著者には、これが最初の体験ではない。日本の大阪・釜ヶ崎でも、類似の体験は時どきあった。調査に、このような懊悩は不可避である。調査とは、生活者の世界への闖入であり、人々の生活（情報）を研究へ簒奪する行為である。他方で、調査（の行為）は、生活者にとって生活の一部となる。調査者は、他者でありつつ、生活者が構築する人間関係の１人となる。調査者は、生活者の利害関係から無縁ではなく、つねに、特定の利害の選択を期待される。その度に、調査者は、他者でありつつ、参与を迫られ、選択を迫られる。そして、右往左往する。調査という行為を自問する。私は、何をしに来たのか。何をしたいのか。それは、人々にとってどうなのか。その結果をどう引き受けるのか。調査者は、いつも正解を探している。そして、いつも正解を外す。調査者という私の存在。「調査の問題」は、ここから始まる。

1995年、マニラ市の塵芥集積場のスモーキー・マウンテンで、3,500世帯の家屋が撤去された。その時、住民と警官隊の衝突で１人が死亡し、19人が負傷した。撤去後、かつて政府が与えた居住認可の証書を盾に、警備員が銃を構える鉄条網の中で居残り続ける牧師がいた。名はアントニオ。彼は、裁判で政府を告発するにも金がなく、教会組織の支援もなく（時たまの著者の激励くらいで）、銃で狙撃される等の脅迫を受けながら、孤独な闘いを続けた。1999年、アントニオは、30人の警察官により、鉄条網の外へ放逐された。十字架を頂いたバラックも焼かれた。しかしアントニオは、その夜、ふたたび鉄条網の中へ「侵入」した。アントニオは言った。「私はマルコスを支持しました。でも今は、私は政府にとって危険人物なのです。これが、神の導きなのです。私がここにいないと、散らばった信徒に帰る所がなくなります」。アントニオの抵抗に勇気を得て、

まず家族が鉄条網の中へ戻った。次いで20世帯が戻った。小さなコミュニティが復活した。アントニアオは、塵芥集積場の跡地に、アパートを建設する労働者を相手に、小さな休憩所を開いた。しかし2001年、アントニオは、信徒とともに、小屋を焼かれ、殴られ、ふたたび鉄条網の外へ放逐された。その後1年、アントニオは、鉄条網の外の川の橋の下で頑張った。しかし、洪水で家財道具が流された。アントニオは、友に説得されて、ケソン市へ移転した。そして2003年、アントニオは、精も根も尽き果てて、神の元へ旅立った。

　これは、スクオッター撤去と闘った牧師の語である。厳格なバプティストの牧師は、一度だけ涙を見せた。そして熱く神の言葉を説いた。無信仰の著者は、洗礼さえ受けた。苦難は彼だけではない。都市底辺の人々には、苦難が生活である。そこには、悲しい話が詰まっている。幸せの願いが詰まっている。著者は、人々の境遇に憤り、悲劇に涙し、苦闘に共感した。そして著者は、都市底辺の人々に魅入られた。しかし著者は、しばしば立ち止まった。著者は、本当に都市底辺の世界が見えたのか。人々の生が理解できたのか。そのために、肝心な事実が掴めたのか。著者はいつも自問した。時には、自らの無知に愕然とした。貧しい妻が、50ペソ（約100円）の金で家族6人の1日の食を賄う。客の著者さえもてなす。その手腕は手品師にも等しい。著者は、そうした生活の基本さえ、理解できていない。人々の豊かさも、理解できていない。それは、調査の精密さの問題ではない。根源的な他者性に発する問題である。
　にもかかわらず、著者は、強引に、数字に意味を読み込み、人々の言葉を解釈する。調査とは、傍若無人な、つまり、事実を取捨選択し、それを解釈の型に嵌め込む暴力である。息子を殺された両親の話も、強制撤去に抗う牧師の話も、著者は、その断片を切り取ったにすぎない。どの切り方が正しいのか。どの解釈が正しいのか。それは、正解なきアポリアである。あるのは、正解への過程だけである。著者は、人々の心の深淵を覗く不確かさと、不安に耐えなければならない。それが、他者の世界に闖入する者に課せられた罰である。しかしそれでも描きたい。そして伝えたい。そのような願望と後悔の反復は、まだまだ続く。

謝　辞

　著者は、多くの方がたの協力を得て、参与観察と聞き取り、資料収集を行うことができた。中でも、労働と生活の詳細を語ってくれた労働者・スクオッター住民・ホームレスの方がた、および、とりわけ多大な協力を戴いたスクオッター住民のAntonio S. Irinco牧師（故人）、労働運動家のJoselito Ustareszさん、Antonio Pasualさん、Buddy Carranzaさん、NGO代表のSol Balberoさん、研究所職員のMarilou Torres-Abejarさんに心より謝意を表する。そして出会って後、他界されていった方がたに、心より哀悼の意を捧げる。

　本書で用いた写真は、友人のJohn F. Lagmanさんによるものである。彼のご協力に心より謝意を表する。

　本書は、日本学術振興会の2013年度研究費補助金（研究成果公開促進費課題番号255164）の交付を受けて刊行されたものである。

　本書の準備から刊行に至るまで多大なご助力をいただいた（株）大学教育出版の佐藤守社長に心より謝意を表する。

　マニラの調査で人々と交わり、資料を整理し、執筆する。その時、いつも助け、支えてくれた青木泰子さんに心より謝意を表する。彼女との議論は、本書の随所で活かされている。

参照文献

Abera-Mangahas, Alcestis. 1998. "Violence against Women Migrant Workers: The Philippine Experience." In *Filipino Workers on the Move: Trends, Dilemmas and Policy Options*. Cariño, B.V., ed. Philippine Migration Research Network of Philippines Social Science Council. Manila. 45-80.

Alock, Pete.1993. *Understanding Poverty*. New York: Macmillan.

青木秀男.2000.『現代日本の都市下層 ― 寄せ場と野宿者と外国人労働者』明石書店.

Aoki, Hideo. 2006. *Japan's Underclass: Day Laborers and the Homeless*, Melbourne; Trans Pacific Press.

青木秀男編著. 2010.『ホームレス・スタディーズ ― 排除と包摂のリアリティ』ミネルヴァ書房.

青木秀男. 2012.「ホームレスの国際比較のための方法序説 ― フィリピン、日本、アメリカを事例に」『理論と動態』特定非営利法人社会理論・動態研究所　5号. 128-148頁.

足立眞理子. 1999.「グローバリゼーションとジェンダー ― フェミニスト政治経済学に向けて」『アソシエ』「季刊」アソシエ編集委員会. 1号. 95-108頁.

Arroyo, Dennis M.1990. *Labor Report 1990: Sectoral Distribution, Worker Welfare and the Potential of Union Activity*. Social Weather Station, Inc. Manila.

朝日新聞（大阪版）2000年5月22日; 2004年12月6日; 2005年9月27日; 2005年10月6日; 2006年4月26日; 2006年3月14日.

Asis, Maruja, M. B. 2005. *Preparing To Work Abroad: Filipino Migrants' Experience Prior to Deployment*. Philippine Migrant Rights Watch. Manila.

Balisacan, Arsenio M.1994. "Rasing Living Standard of Urban Poor." working paper.

─────. 1997. "Have the Poor Benefited from Recent Episodes of Economic Growth?" Working paper.

Balisacan, Arsenio M., Felipe M, Medalla and Ernesto M.Pernia.1994. *Spatial Development, Land Use, and Urban-Rural Growth Linkages in the Philippines*. National Economic and Development Authority. Manila.

Balisacan, Arsenio M.et.al.1996. "Spatial Development, Land Use, and Urban-Rural Growth Linkages in the Philippines." working paper.

Ballescas, Maria Rosario Pikero.1996.（「在日フィリピン人労働者の多様な状況」山田満里子訳『日本のエスニック社会』駒井洋編著. 明石書店. 93-120頁）.

Banzon-Bautista and Cynthia Rose. 1998. "Culture and Urbanization: The Philippine Case." In *Philippine Sociological Review*. 46. Philippine Sociological Society. Manila. 21-45.

Battistella, Graziano & Maruja M. B. Asis. 2003. "Irregular Migration: The Underside of the Global Migration of Filipinos." In *Unauthorized Migration in Southeast Asia*. Battistella, G. & Maruja M.B. A. eds. Scalabrini Migration Center. Manila. 35-127.

Baum, Scott. 1998. "Global Cities in the Asia Pacific Region: Some Social and Spatial Issues of Integration into the Global Economy." In *Philippine Sociological Review*. 46. Philippine Sociological Society. Manila. 1-20.

Bauman, Zygmunt.1998. *Work, Consumerism and the New Poor* (2nd Edition). Open University Press, UK Ltd.(= 2008.『新しい貧困 ― 労働、消費主義、ニュープア』伊藤茂訳. 青土社.)

Belgosa Business Communication, Inc.1997. *Philippine Regional Profile 1997: Metro Manila*.

Berner, E.1997. *Defining a Place in the City: Localities and the Struggle for Urban Land in Metro Manila*. Ateneo de Manila University Press. Manila.

Cabuag, Villy G. 2003. "Four centuries of Philippine migration". In *Philippine Migration Journalism: A Practical Handbook*. In Statistics on Philippine Migration. Sicam, Paulynn Paredes ed. Institute on Church and Social Issues. Manila. 2-28.

Cariño, Benjamin V.1998. "Introduction." In *Filipino Workers on the Move: Trends, Dilemmas and Policy Options*. Cariño, B.V. ed. Philippine Migration Research Network of Philippines Social Science Council. Manila. 1-8.

Carroll, John J. 2004. "Democracy from Below?" In *Intersect: Truly Present*. 19-3. Institution on Church and Social Issues. Manila. 12-18.

Castells, Manuel.1983. *The City and the Grassroots*. Edward Arnold Ltd. (= 1997.『都市とグラスルーツ ― 都市社会運動の比較文化理論』石川淳志監訳. 法政大学出版会)

Castells, M.1999. *Global Economy, Information Society, Cities and Regions*. (『都市・情報・グローバル経済』大澤善信. 青木書店)

Chi, Ying. 2005. "Labor Migration to Japan: Policy versus Reality." (Unpublished) via KCF. Manila.

Chiuro-Tordecilla, Charito. 2004. "Eradicate Extreme Poverty and Hunger." *Intersect*. 19-4. Institute on Church and Social Issues. Manila. 4-9.

Chossudovsky, Michel. *The Globalization of Poverty: Impacts of IMF and World Bank Reforms*. 1999. (『世界の貧困化 ― IMFと世界銀行による構造調整の衝撃』郭洋春訳. 柘植書房新社)

Collado, Paula Monica G. 2003. "Who are the Overseas Filipino Worker?" In *Filipino Diaspora: Demography Social Networks, Empowerment and Culture*. Mamoru Tsuda ed. Philippine Migration Research Network and Philippine Social Science Council. Manila. 23-39.

CWC, Council for the Welfare of Children. http://www.cwc.gov.ph/data-streetchildren.html (2006.11.26).

DOLE, Department of Labor and Employment.1991. *Employment Report*. Manila.

―――. 1994. *1993 Yearbook of Labor Statistics*. Manila.

―――. 1996. *1995 Yearbook of Labor Statistics*. Manila.

―――. 1998. *1997 Yearbook of Labor Statistics*. Manila.

―――. 1999. *Current Labor Statistics, 1999, Third Quarter*. Manila.

DSWD-NCR, Department of Social Welfare and Development-National Capital Region. 2004a. *History of SAGIP KALINGA Protect*. Manila.

―――. 2004b. *Statistical Data* (2004.1-3). Manila. http://www.ncr.dswd.gov.ph/images/articles/statdigest-1Q2004.pdf (2006.12.3).

―――. 2006. *Sagip Kalinga Community-Based Project: 1st Semester, 2006*. Manila.

―――. 無題名資料. Manila.（2006 年 11 月 28 日入手.）

EILER, Ecumenical Institute for Labor Education and Research.1988. *GTU: Course on Genuin Trade Unionism*. Manila.

Endeiga, Dolores A.1999. "Who are the Urban Poor?" in *Housing of the Urban Poor: Politicies, Approaches, Issues*. Rebullida, Dolores A. Endria and Gerakline M. Santos eds. UP CIDS. Manila. 19-34.

Frago, Perlita M, Sharon M. Quinsaat and Verna D.Q. Viajar. 2004. *Philippine Civil Society and the Globalization Discourse*. Third World Studies Center. Manila.

Friedmann, John.1995. "The World City Hypothesis." In *World Cities in a World-System*. Knox, Paul L. & Tasyor, Peter J. ed. Cambridge University Press.（=1997.『世界の大都市』大六野耕作他訳. 鹿島出版会. 191-201 頁.）

Fröbel, Folker. 1980. *The New International Division of Labour*. Cambridge University Press. US.

福島康志. 1994.『フィリピンの労働事情』日本労働研究機構.

不二牧駿. 2001.『路地の経済社会学―タイのインフォーマル部門について』メコン.

Geertz, Cliford.1963. *Agricultural Involution: the Process of Ecological Change in Indonesia*. University of California Press.（=2001.『インボリューション―内に向かう発展』池本幸生訳. NTT 出版）

Go, Stella P. 1995. "Of barangays, institutional mechanism, and international labor migration." In *Regional Development Review*. 16-1. United Nations Centre for Regional Development. Nagoya. 160-168.

―――. 1998. "Towards the 21th Century; Whither Philippine Labor Migration?" In *Filipino Workers on the Move: Trends, Dilemmas and Policy Options*. Cariño, B.V. ed. Philippine Migration Research Network of Philippines Social Science Council. Manila. 9-44.

Guzman, R.B.1996. "Housing and Urban Development", *IBON People's Policy and Advocacy Studies*, IBON Philippines Inc. Manila. 1-19.

Hall, Thomas D. 1996. "The World-System Perspectives: A Small Sample from a Large Universe". In *International Sociology*. 66-4. 440-454.

Harris, John. R. and Mchael P. Todaro. 1970. "Migration, Unemployment and Development: A Two-Sector Analysis." In *American Economic Review*. 60-1. 126-142.

服部民夫・船津鶴代. 2002.「アジアにおける中間層の生成とその特質」『アジア中間層の生成と特質』服部民夫・船津鶴代・鳥居高編著. アジア経済研究所. 3-36頁.

Harvey, Davis. 1990. *The Condition of Postmodernity*. Blackwell Publishers. US. (=1999『ポストモダニティの条件』吉原直樹監訳. 青木書店.)

Haywood, Jenny A.1999. "Poverty: From the Lingering Crisisi." In *IBON Facts and Figures*. 22-3/4. IBON Foundation Inc. 15-28.

秀島敬一郎.1992.『海外職業訓練ハンドブック　フィリピン』海外職業訓練協会

Hill, Richard Child and Kuniko Fujita. 2003. 'The Nested City: Introduction.' In *Urban Studies: An International Journal for Research in Urban and Regional Studies*. 40-2. University of Glasgow. 207-217.

Hirsch, Joachim.1998. "Vom Sicherheitsstaat zum nationalen Wettbewebsstaat." *ID Verlag*. Berlin. (=1998.「グローバリゼーションとはなにか」古賀進訳『情況』情報出版. 2-32頁.)

穂坂光彦.1997.「アジアのインフォーマル居住地への政策照応」『寄せ場』10. 日本寄せ場学会. れんが書房新社. 145-161頁.

IBON, IBON Philippine Databank and Research Center.1996a. *IBON Facts and Figures*, 19-4.

―――. 1996b. *IBON Facts and Figures*. 19-9. Manila.

―――. 1999a. *IBON Facts and Figures*, 22-3/4. Manila.

―――. 1999b. *IBON Facts and Figures*. 22-21/22. Manila.

―――. 1999c. *Birdtalk: Yearend Economic and Political Briefing*. Manila.

―――. 2001a. *Trade Union, IBON Facts and Figures*. 24-8. Manila.

―――. 2001b. *Raw Data: Forced Eviction under the Macagapal-Arroyo Government*, Manila.

―――. 2005. *Facts and Figures*. 28-6. Manila.

ICSI, Institute on Church and Social Issues.1998. *INTERSECT: The International Communicator*, 13-11. Manila.

―――. 2000. *Socio-Economic Survey of Project － Affected Persons (PAPs) - Second Monitoring Term*. Manila.

池野旬.1998a.「序論」『アフリカのインフォーマル・部門再考』池野旬・武内新一編著. アジア経済研究所. 3-17頁.

―――. 1998b.「タンザニアの農村インフォーマル・部門国民経済の新たな担い手を求めて」『アフリカのインフォーマル・部門再考』池野旬・武内新一編著. アジア経済研究所. 145-176頁.

池野旬・武内新一編著.1998.『アフリカのインフォーマル・部門再考』アジア経済研究所.

ILO, International Labour Organization.1997.*Urban Informal Sector in Metro Manila*. Manila.

伊藤光利・田中愛治・真淵勝.2000.『政治過程論』有斐閣.
伊豫谷登士翁.1993.『変貌する世界都市 ― 世界と人のグローバリゼーション』有斐閣.
Indon, Reginald V.1998. 'Keeping the Ship Afloat.' In *INTERSECT*. 14-7. Institute on Church and Social Issues. Manila. 5-7.
JFC, Jose Fabella Center. 2006. センター収容者に関する資料.
Jocano, F. 1975. *Slum as a Way of Life: A Study of Coping Behavior in an Urban Environment*. New Day Publishere. Manila.
Jollibee Food Corporation http://www.franchise.nfo.ph/Featured/Franchise-Profile/Jollibe-Foods-Corporation.html (2007.1.30)
Joshi, Gopal.1997. *Urban Informal Sector in Metro Manila: A Problem or Solution?* International Labour Organization of the Philippines. Manila.
海外労働事情.1999.6.30. http://www.jil.go/kaigaitopic/1999_06/phillipP02htm
KCF, Kanlungan Centre Foundation, Inc. 2003. *Fast Facts on Filipino Labor Migration 2003*. Manila. 1-20.
Karaos, Anna Marie.1993. "Manila's Squatter Movement: A Struggle for Place and Identity." In *Philippine Sociological Review*. 41-1/4. Philippine Sociological Association. Manila. 71-91.
─── . 1996. *An Assessment of the Government's Social Housing Program: ICSI Occasional Paper* 1. Institute on Church and Social Issues. Manila.
─── . 1998. "Fragmentation in the Urban Movement: Shift from Resistance to Policy Advocacy." In *Philippine Sociological Review*. 46-3/4. Phillipine Sociological Association. Manila. 143-157.
Karaos, Anna Marie & Junefe G. Payot. 2006. "The Homes Promises Couldn't Build." In Civil Society Monitoring of the Medium Term Philippine Development Plan (MTPDP): Assessment of the Two Years (2004-06). The Caucus of Development NGO Networks (CODE-NGO) ed. Manila. 67-87.
笠井和明.1995.「いわゆる『ホームレス』問題とは ― 東京・新宿からの発信」日本寄せ場学会『寄せ場』8号　現代書館　5-14頁.
Kelvin, S. 1996. *Leaving the Slum: The Challenge of Relocating the Urban Poor*. Institute on Church and Social Issues. Manila.
菊地京子.1992.「外国人労働者送り出し国の社会的メカニズム ― フィリピンの場合」『外国人労働者論 ― 現状から理論へ』伊豫谷登士翁・梶田孝道編著.弘文堂.169-201頁.
北原淳・高井康弘.1989.「東南アジアの都市化と都市社会」『東南アジアの社会学－家族・農村・都市』北原編著.世界思想社.53-73頁.
Kim, Won Bae. 1996. "Economic Interdependence and Migration Dynamics in Asia," In *Asian and Pacific Migration Journal*. 5-2/3. Scalabrini Migration Center. Manila. 303-317.
木村昌孝.2002.「フィリピンの中間層形成と政治変容」『アジア中間層の生成と特質』服部民

夫・船津鶴代・鳥居高編著.アジア経済研究所.169-200頁.
KMU, Kilusang Mayo Uno. 1999.10.6. *News Release*. Eメール配信. Manila.
―――. 1999.11.12. *News Release*. Eメール配信. Manila.
―――. 2000.6.8. *News Release*. Eメール配信. Manila.
―――. 2000.7.18. *News Release*. Eメール配信. Manila.
―――. 2000.7.21. *News Release*. Eメール配信. Manila.
―――. 2000.7.26. *News Release*. Eメール配信. Manila.
―――. 2000.11.12. *News Release*. Eメール配信. Manila.
―――. 2000.1.1. *News Release*. Eメール配信. Manila.
―――. 2002.1.4. *News Release*. Eメール配信. Manila.
Knox, Paul L. & Peter J. Taylor eds.1995.*World Cities in a World-System*. Cambridge University Press.(=1997.『世界都市の論理』藤田直晴訳編.鹿島出版会.)
小玉徹.2001.「スクオッターと都市社会運動」『アジアの大都市［四］マニラ』中西徹・小玉徹・新津晃一編著.日本評論社.245-264頁.
児玉谷史朗.1998.「ザンビアにおける経済危機と都市インフォーマル・部門」『アフリカのインフォーマル・部門再考』池野旬・武内新一編著.アジア経済研究所.101-143頁.
古屋野正伍・北川隆吉・加納弘勝編著.2000.『アジア社会の構造変動と新中間層の形成』.こうち書房.
今野裕昭.2000.「インドネシアの都市中間層―工業化と都市中間層」『アジア社会の構造変動と新中間層の形成』古屋野正伍・北川隆吉・加納弘勝編著.こうち書房.54-81頁.
Levinson, David. (ed.).2004. *Encyclopedia of Homelessness*. US: Sage Publisher, Inc.
松岡利通.1992.「近代世界のジレンマ－世界システム論と生産様式接合理論の射程」『近代世界における労働と移住』池本幸三編著.阿吽社.1-36頁.
松薗祐子.1998.「就労構造と住民生活」『アジアの大都市［一］バンコク』田坂敏雄編著.日本評論社.191-209頁.
Merton, Robert K.1957. *Social Theory and Social Structure: Toward the Codifications of Theory and Research*. The Free Press(=1961.『社会理論と社会構造』森東吾他訳.みすず書房.)
宮本謙介.1999.「ジャカルタ首都圏研究の動向と展望」『アジアの大都市［二］ジャカルタ』宮本・小長谷一之編著.日本評論社.1-24頁.
MMHP, Metro Manila Housing Plan.1996.*Update on the Metro Manila Housing Plan*. Presented in the Meeting with the Metro Manila Mayors and Heads of National Government Agencies held on March 13. Manila.
Murphy, Davis and et.al. 2001. *A Social Movement of the Urban Poor: The Story of Sama-sama*, Urban Poor Research Consortium. Manila.
永野善子.2001.「フィリピンの都市と農村」『アジアの大都市［四］マニラ』中西徹・小玉徹・

新津晃一編著. 日本評論社. 49-69 頁.

中西徹.1991.『スラムの経済学 ― フィリピンにおける都市インフォーマル部門』東京大学出版会.

―――. 2001.「都市化と貧困 ― マニラの人口と雇用」『アジアの大都市 [四] マニラ』中西徹・小玉徹・新津晃一編著. 日本評論社. 71-91 頁.

Naerssen, Ton van.1993. "Squatter Access to Land in Metro Manila," *Philippine Studies*. 41-1. Ateneo de Manila University Press. Manila. 3-20.

NAFLU-KMU, National Federation of Labor Union-KMU.1980. *NAFLU-KMU Profile*. Manila.

Nera-Lauron, Maria Teresa.1999. *Economics, 1999 Edition*. IBON Foundation Inc. Manila.

NHA, National Housing Authority.1993. *Fast Facts on Philippine Housing and Population*. Manila.

―――. 2001a. *Fast Facts on Philippine Housing and Population*. Manila.

―――. 2001b. *Medium-Rise Housing Program*, Manila.

―――. 2004. *Fast Facts on Philippine Housing and Population*, Manila.

日本貿易振興会.1999.『ビジネスガイド　フィリピン』第二版.

新津晃一.1989.『現代アジアのスラム ― 発展途上国都市の研究』明石書店.

Nolasco, Cynthia D.1991. *The Urban Poor of the Philippines: A Situationer*, Manila（=1994『フィリピンの下層社会』アジア社会学セミナー訳. 明石書店.）

NSCB, National Statistical Coordination Board.1997. *1996 Philippine Statistical Yearbook*. Manila.

―――. 2000. *2000 Philippine Statistical Yearbook*. Manila.

―――. 2003. *2003 Philippines Statistical Yearbook*. (CD, Adobe Acrobat Reader). Manila.

―――. 2005. *Metro Manila: A Gateway in the Philippines*. Manila.

―――. 2007a. *Gross Regional Domestic Product*. Manila.

―――. 2007b. *Philippine Statistical Yearbook*. Manila.

NSO, National Statistics Office.1994. *1991 Family Income and Expenditures Survey*. Manila.

―――. 1995a. *Urban Informal Sector in Metro Manila*. Manila.

―――. 1995b. *1994 Census of Establishments. 5. Construction*. Manila.

―――. 1996a. *NCR Profile: National Capital Region*. Manila.

―――. 1996b. *Characteristics of Makeshift Dwellers in Metro Manila: Implications for Housing Policy*. Manila.

―――. 1996c. *1994 Family Income and Expenditures Survey*. Manila.

―――. 1997a. *1997 Philippine Yearbook*. Manila.

―――. 1997b. *Survey on Overseas Filipinos 1993-1995*. Manila.

―――. 1998. *Integrated Survey of Households Bulletin*. Series 96. Manila.

───. 1999a. *1996 Survey on Overseas Filipinos*. Manila.
───. 1999b. *1997 Family Income and Expenditures Survey*. Manila.
───. 2000. *Integrated Survey of Households Bulletin*. Series 105. Manila.
───. 2002a. *2002 Philippine Yearbook*. Manila.
───. 2002b. *2002 Survey on Overseas Filipino Workers*. Manila.
───. 2004. *Integrated Survey of Household Bulletin*. Series.112. Labor Force Survey. Manila.
───. 2005. *Integrated Survey of Households Bulletin*. Series 124. Labor Force Survey. Manila.
───. 2006a. *2005 Philippine Yearbook*. Manila.
───. 2006b. *Survey on Overseas Filipinos 2003 and 2004. A Report on the Overseas Filipino Workers*. Manila.
───. http://www.census.gov.ph/data/sectordata/2000/ie00p02af.htm (2006.12.19).
NYC, National Youth Commission. 1998. *Situation of the Youth in the Philippines*. Manila.
Ofrenco, Rene E.1995. *Globalization and Filipino Working Masses*. Foundation for National Studies. Manila.
OFW Journalism Consortium. 2003. *Philippine Migration Journalism: A Practical Handbook*. Institute on Church and Social Issues. Manila.
大坪省三.2001.「都市中間層のコミュニティと地方自治」『アジアの大都市［四］マニラ』中西徹・小玉徹・新津晃一編著．日本評論社．86-120頁．
太田和宏.1997.「『貧困』概念をめぐって」『アジア・アフリカ研究』37-2. アジア・アフリカ研究所．43-62頁．
Padilla, Arnold. J. 2000. "The Housing Crisis" In *IBON Special Release*. 53. IBON Foundation Inc. Manila. 1-20.
───. 2002. "The Economy in Midyear 2002: Macro Growth and People's Woes." In *IBON Facts and Figures*. 25-13. IBON Foundation Inc. Manila. 108.
Payot, Junefe Gilig.2004. "Moving with Dignity," In *Intersect: Philippine Democracy*. 19-1. Institute on Church and Social Issues. Manila. 10-15.
Pernia, M. Ernest.1994. "Spatial Distribution. Urbanization and Migration Patterns in the Philippines." In *Spatial Development, Land Use, and Urban-Rural Growth Linkages in the Philippines*. Balisacan, Arsenio M., Felipe M. Medella and Ernest M. Pernia eds. Manila.
PDI, *Philippine Daily Inquirer* (newspaper). Sept.30th, 2006; Aug.23rd, 1997; Aug. 24th,1997; Oct.1st, 2006; Oct.2nd, 2006; Oct.13rd, 2006; Oct.14th, 2006; Oct.15th, 2006; Oct. 16st, 2006, Oct.18st, 2006, Oct.27st, 2006; Oct.28st, 2006; Oct.29st, 2006; Nov.1st, 2006; Nov.6th, 2006; Nov.10th, 2006; Nov.18th, 2006; Nov.22nd, 2006; Nov.23rd, 2006; Nov.23rd, 2006; Dec.11th, 2006; Dec.15th, 2006; Dec.20th, 2006; Dec.22nd, 2006; Dec.27th, 2006; Jan.5th, 2007; Jan.12th,

2007; Jan.21th, 2007; Jan.28th, 2007; Feb.18th,2007; Mar. 6th, 2007; Mar. 7th, 2007; Nov.23rd, 2009. Manila.

Philippine Seven Corporation http://www.7-eleven.com.ph/ (2007.1.30)

Philomel, Buena and Arnold Padilla. 2002. "'Labor Feminization in the Context of Crisis and Globalization." IBON Foundation, Inc. *IBON Facts and Figures*. 25-6. Manila. 1-7.

PMM, Paper for the Meeting with Metro Manila Mayors and Heads of National Government Agencies.1996. *Update on the Metro Manila Housing Plan*.

POEA, Philippine Overseas Employment Administration. 図書室.2006.1.19. 資料.

Porio, Emma, Leopoldo Moselina, Anthony Swift. 1994. "Philippines: Urban Communities and Their Fight for Survival." In *Urban Children in Distress: Global Predicaments and Innovation Strategies*. Critina Szanton Blanc ed. UNICEF. Florence. 101-159.

Rhea Veda delos Santos.1999. 'Filipino Labor: In Good Working Condition?' In *IBON Facts and Figures*. 22-21/22. IBON Foundation, Inc. Manila. 1-15.

Rebullida, MA. Laurdes G.1999.'Changing Dynamics in Urban Poor *Housing*.' *In Housing the Urban Poor: Policies. Approaches, Issues*. UP CIDS. Rebullida, Ma. L. G. Dolores A. Endria and Geraldine M. Santos. Manila. 5-17.

Roque, Lualhati. 2005. "On the Losing End: The Migration of Filipino Health Professionals and the Decline of Health Care in the Philippines." In *Globalisation, World Trade Organisation and Forced Migration, Migrant Monitor*. Asia Pacific Mission for Migrants.ed. Hong Kong. 23-29.

Ruiz, Henry. "A Study of Policies and Programs in the Philippines Addressing the Right of Street Children to Education."http://www.childprotection.org.ph/monthlyfeatures/apr2k5b.doc (2006.11.26)

雑賀恵子. 2001.「エコノミーからエコ・ノモスへ — グローバリゼーション、ジェンダー、そして不法滞在」『寄せ場』日本寄せ場学会. れんが書房新社. 6-33 頁.

Santos, Rhea Veda delos.1999. "Filipino Labor: In Good Working Condition?" In *IBON: Facts and Figures*. 22-21/22. IBON Foundation Inc. Manila. 1-15.

Sardana, Ma. Conception E.1998. "Globalization and Employmenr Relations: The Philippine Experience." In *The Philippine Labour Review*. .22-1. Institute for Labor-Studies Department of Labor and Employment. Manila. 57-89.

佐々木徹郎.1982.『コミュニティ・デベロプメントの研究 — カナダの漁村とフィリッピンの都市の事例』御茶の水書房.

Sassen, Saskia. 1988. *The Mobility of Labor and Capital: A Study in International Investment and Labor Flow*. Cambridge University Press（=1992.『労働と資本の国際移動 − 世界都市と移民労働者』森田桐郎他訳. 岩波書店.）

佐藤忍.2002.「フィリピンからみた外国人労働者問題研究の現在」『大原社会問題研究所雑誌』

529. 法政大学大原社会問題研究所編 . 1-10 頁 .

Scipes, Kim.1996. KMU: *Building Trade Union in the Philippines, 1980-1994*. New Day Publishers. Manila.

Sethuraman, S.V.1980. *The Urban Informal Sector in Developing Countries: Employment, Poverty and Environment*. ILO, International Labour Organization. Manila.

Sicam, Paulynn Paredes ed. 2002. *Philippine Migration Journalism: A Practical Handbook*. In Statistics on Philippine Migration. Manila: Institute on Church and Social Issues. Manila. 167-197.

SJC, St.Josepf's College, Department of Arts and Sciences.1995. *An Updated Community Profile of the ESC's Adopted Urban Poor Communities*. Manila.

新保光二郎編著 .2002.『フィリピン・ハンドブック』フィリピン日本人商工会議所 .

Soriano, Ma. Teresa M. 1998. "Implications of International Migration: A Focus on the Philippine Experience." In *The Philippine Labour Review*. 22-1. Institute for Labor-Studies Department of Labor and Employment. Manila. 93-106.

Soriano, Ma. Teresa M. & Sardafia, Ma. Conception E.1998. "The Informal Sector in RP: Assessment of Needs and Available Resources for Development." In *Philippine Labour Review*. 22-1. Institute for Labor-Studies Department of Labor and Employment. Manila. 25-56.

Tabunda, Ana Maria L. 2007. "The Poverty Scorecard." In *Understanding Poverty: The Poor talk about what it means to be poor*. Paulynn P. Sicam. Ed. Institute for People Power and Development. Manila. 16-87.

高山正樹 .2000.「都市経済構造と中間層の成長」『アジアの大都市［三］クアラルンプル／シンガポール』第 3 章 . 生田真人・松澤俊雄編著 . 63-88 頁 .

田坂敏雄 . 1989.『東南アジアの開発と労働者形成』勁草書房 .

───── . 1998.「バンコク世界都市化仮説」『アジアの大都市［一］バンコク』田坂敏雄編著 . 日本評論社 . 1-41 頁 .

田巻松雄 .2000.「フィリピン社会の変容と中間層・市民社会」『アジア社会の構造変動と新中間層の形成』古屋野正伍・北川隆吉・加納弘勝編著 . こうち書房 . 82-106 頁 .

───── . 2005.「東・東南アジアにおける非合法移民」『社会学評論』56-2. 日本社会学会 .363-380 頁 .

Tabunda, Ana Maria L. 2007. "The Poverty Scorecard." In *Understanding Poverty: The Poor talk about what it means to be poor*. Paulynn P. Sicam. ed. Institute for People's Power and Development. Manila. 16-87.

Today (newspaper). May 1st,, 1998.

東京新聞 . 2004.7.29.「イラク撤兵とフィリピン出稼ぎ事情」.

TPS, *The Philippine STAR* (newspaper). Sept.30th, 2006; Oct.1st, 2006; Oct.3rd, 2006; Oct.4t,,

2006; Oct.9th, 2006; Oct.16th, 2006; Oct.26th, 2006; Nov.2nd, 2006; Nov.6th, 2006; Nov.8th, 2006; Nov.12th, 2006; Nov.13th, 2006; Nov.16th, 2006; Dec.2nd, 2006; Dec.16th,2006; Dec.18th, 2006; Jan.3rd, 2007; Jan.6th, 2007; Jan.22th, 2007.Jan.28th, 2007. Manila.

Tujan, Antonio A, Jr. 1998. "Globalization and Labor: The Philippine Case." In *Journals*. 15. Institute of Political Economy. Manila. 3-20.

Tyner, James A. 2000. "Global Cities and Circuits of Global Labor: The Case of Manila, Philippines." In *Filipino in Global Migrations; At Home in the World?* Aguilar, Filomemo V. JR. ed. Philippine Social Science Council. Manila. 60-85.

United Nations.2011.報告書 *United Nation-HABITAT*.

UPA, Urban Poor Association.2004. *Community and Household Profile of the Pook Daang -Tubo*. Manila.

URC, Urban Research Consortium.1997. *Metro Manila Urban Housing Study, Final Report*. Manila.

―――. 1998. *A Study of Land Values in Metropolitan Manila and Their Impact on Housing Programs: Preliminary Final Report*. Manila.

USAID, United States Agency for International Development.1992. *Urban Development Sector Review*. Ⅱ. Main Report. Manila.

Valbuena, Joyce P.1996. "Labor-Only Contracting: The Permanence of Contractualization." In *IBON: Facts and Figures*. 19-9. IBON Foundation Inc. Manila. 1-7.

Wallerstein, Immanuel and T.K. Hopkins. 1977. Patterns of Development of the Modern World-System.（=1991.『ワールド・エコノミー』山田鋭夫他訳. 藤原書店.）

World Bank .1996. *A Strategy to Fight Poverty: Philippines*.

山崎圭一.1991.「途上国経済と大都市化 ─ ブラジル・サンパウロを事例とする複合的都市化仮説」『大阪市大論集』63. 大阪市立大学経営学研究会. 27-53 頁.

山本郁郎.1999.「人口動態と就労構造の変動」『アジアの大都市［二］ジャカルタ』宮本謙介・小長谷一之編著. 日本評論社. 167-202 頁.

Yu, Joseph S.1996. "Informal Sector: Other Half of the Asian Miracle." In *INTERSECT: The International Communicator*. Institute of Church and Social Issues. Manila. pp.4-6.

―――. 2002."Poverty beyond Basic Needs and Growth Strategies." In *IBON Facts and Figures*. 25-4. IBON Foundation Inc. Manila. 1-11.

―――. 2003. "Who Will Protect the Migrant Workers?" In *IBON Facts & Figures*. 26-9. IBON Foundation Inc. Manila. 1-8.

フィリピン関係用語リスト

▶あ行

愛国者同盟（Bagong Alyansang Makabayan, BAYAN）

アエタ（Aeta）

アキノ・C（Aquino, Corazon）

アブ・サヤフ（Abu Sayyaf）

アヤラ財閥（Ayala Corporation）

アラネタ（Araneta）

アラバン市（Alabang City）

アロヨ・G・M（Arroyo, Gloria Macapagal）

暗黒の木曜日（Black Thursday）

アンティポロ市（Antipolo City）

イゴロット（Igorot）

イボン（IBON Foundation Inc.）

イロコス（Illocos）

エストラダ・J（Estrada, Joseph）

エドサ（Edsa）

エドサ通り（Edsa Boulevard）

エラップ追放労働者会議（Workers Against Erap, WAGE）

オルティガス（Ortigas）

▶か行

海外雇用庁（Philippine Overseas Employment Administration, POEA）

海外在留者不在者投票法（Overseas Absentee Voting Act）

海外出稼ぎ労働者福祉局（Overseas Workers Welfare Administration）

外務省（Department of Foreign Affairs）

カガヤン渓谷（Cagayan Valley）

家族収入消費調査（Family Income and Expenditures Survey, FIES）

カダマイ（Kalipunan ng Damayang Mahihirap, KADAMAY）

カビテ（Cavite）

カラガ（Caraga）

カラパタン（Karapatan）

カロオカン市（Caloocan City）

キアポ（Quiapo）
北トライアングル（North Triangle）
技術養成訓練局（Technical Education and Skills Development Authority）
教会・社会問題研究所（Institute on Church and Social Issues）
キリノ通り（Quirino Avenue）
緊急家族手当（Emergency Cost of Living Allowance）
ケソン市（Quezon City）
クバオ（Cubao）
クラーク（Clark）
高架鉄道Ⅰ（Manila Light Rail Transit , LRT）
高架鉄道Ⅱ（Mass Rail Transit, MRT）
高架鉄道局（Manila Light Rail Transit Authority）
公共事業高速道路省（Department of Public Works and Highways）
「五月一日運動」（Kilusang Mayo Uno, KMU）
国際労働機構（International Labour Organization）
国家経済開発局（National Economic and Development Authority, NEDA）
国家住宅計画（National Shelter Program）
国家住宅庁（National Housing Authority）
国家統計局（National Statistics Office, NSO）
国家統計調整局（National Statistical Coordination Board, NSCB）
コミュニティ抵当事業（Community Mortgage Program, CMP）
雇用労働省（Department of Labor and Employment, DOLE）
コルディレラ（Cordillera）
コルディレラ自治区（Cordillera Administration Region）
コルディレラ人民同盟（Cordillera People's Alliance, CPA）

▶さ行

サリサリストア（sari-sari store）
産業平和法（Industrial Peace Act）
三者会議（Tripartite Conference）
サンタアナ（Sta. Ana）
サンタクルツ（Sta. Cruz）
サンタメサ（Sta. Mesa）
サンタロサ（Santa Rosa）

サンパウロ（San Paulo）
サンパギータ（Sanpaguita）
サンフアン市（San Juan City）
ザンボアンガ半島（Zamboanga Peninsula）
サンマテオ市（San Mateo City）
サンミゲル（San Miguel Corporation）
ジェイ・エフ・シー（Japanese-Filipino Children, JFC）
児童虐待搾取防止特別保護法（Special Protection of Children against Child Abuse, Exploitation）
児童青年福祉法（Child and Youth Welfare Code）
児童福祉会議（Council for the Welfare of Children）
社会安全機構（Social Security System）
社会住宅（socialized housing）
社会情勢観測所（Social Weather Station）
社会福祉開発省（Department of Social Welfare and Development）
シューマート（Shoe Mart Department Store Philippines）
集合住宅（cluster housing）
住宅都市開発調整会議（Housing and Urban Development Coordinating Council）
自由労働者連盟（Federation of Free Workers, FFW）
食料栄養研究所（Food and Nutrition Research Institute）
ジョリビー（Jolibee Foods Corporation）
新人民軍（New People Army）
人身売買禁止法（Anti-Trafficking in Persons Act）
スービック（Subic）
スパロウ（Sparrow）
スモーキー・マウンテン（Smokey Mountain）
スル（Sulu）
西部ビサヤ（Western Visaya）
セブ／市（Cebu / City）
全国賃金生産性委員会（National Wages and Productivity Commission）
セント・ジョセフ大学（St. Joseph College）
相互扶助（bayanihan）
ソクサージャン（SOCCSKSARGEN）

▶た行

タウィタウィ（Tawi Tawi）
タガログ（Tagalog）
タギッグ虐殺事件（Taguig's Slaughter Event）
タギッグ市（Taguig City）
ダスマリニャス（Das Mariñas）
タタロン（Tatalon）
ダバオ（Davao）
地域労働事務所（Regional office of Bureau of Labor Relations）
地方雇用局（Bureau of Local Employment）
地方自治省（Department of Interior and Local Government）
地方自治体法（Local Government Code）
中期フィリピン開発計画 1993-98 年（National Economic and Development Authority, 1998-98）
中部ビサヤ（Central Visaya）
中部ルソン（Central Luzon）
調停員制度（Panel of Voluntary Arbitrators）
チョン・ウォン・ファッション（Chong Won Fashion, Inc.）
ディヴィソリア（Divisoria）
出稼ぎ労働者海外在留フィリピン人法（Migrant Workers and Overseas Filipinos Act）
東部ビサヤ（Eastern Visaya）
都市開発住宅法（Urban Development Housing Act, UDHA）
都市研究協会（Urban Research Consortium）
都市貧困層のための大統領委員会（Presidential Committee for Urban Problem, PCUP）
都市貧民問題大統領委員会（Presidential Commission on the Urban Poor, PCUP）
トンド（Tondo）
トンド第一区組合（Zone One Tondo Organization, ZOTO）

▶な行

ナボタス・市（Navotas / City）
南部タガログ（Southern Tagalog）
ニノイアキノ国際空港（Ninoy Aquino International Airport）
ネグロス（Negros）

▶は行

バギオ市（Baguio City）
バクララン（Baclaran）
パコ（Paco）
パサイ市（Pasay City）
ハシク（Harnessing Self-Reliant Initiatives and Knowledge, HASIK）
パシッグ川（Pasig River）
パシッグ市（Pasig City）
パシッグムスリム連盟（Pasig United Muslim Federation）
バジャウ（Bajau）
バシラン（Basilan）
パテロス町（Pateros Town）
パヤタス（Payatas）
パラニャーケ市（Parañaque City）
パラワン・島（Palawan / Island）
バランガイ（barangay）
バルート（balut）
バレンスエラ・市（Valenzuela / City）
ピープルズ・パワー（People's Power）
ピープルズパワー開発研究所（Institute for People Powers and Development, IPPD）
ビコール（Bicol）
ビサヤ（Visaya）
ビジランテ（vigilante）
ピナツボ山（Mt. Pinatubo）
フィリピン観光省（Department of Tourism）
フィリピン共産党（Philippine Communist Party）
フィリピン工科大学（Polytechnic University of the Philippines）
フィリピン航空（Philippine Airlines, Inc.）
フィリピン国有鉄道（Philippine National Railway）
フィリピン・セブン・イレヴン（Philippine Seven Eleven）
フィリピン労働組合会議（Philippine Conference of Labor Union）
フィリピン労働法典（Philippine Labor Code）
フィリンベスト・ランド（Filinvest Land Inc.）
フォート・ボニファシオ（Fort Bonifacio）
ブスアンガ（Busuanga）

ブラカン（Bulacan）
浮浪禁止法（Anti-Medicancy Law）
ブンバイ（Bumbay）
変革のための労働者同盟（Bukluran ng Manggagawa para sa Pagbabago, BMP）
北部墓地（North Cemetery）
北部ミンダナオ（Northern Mindanao）
ホセ・ファベラ・センター（Jose Fabella Center）
ボラカイ（Bolacay）

▶ま行
マカティ・市（Makati / City）
マグサイサイ・R（Magsaysay, Ramon）
マナイ（Manay）
マニラ首都圏（Metropolitan Manila / National Capital Region, NCR）
マニラ市（City of Manila）
マラカニアン宮殿（Malacañang Palace）
マラテ（Malate）
マラボン市（Malabon City）
マララ川（Malala River）
マリキナ市（Marikina City）
マルコス・F・E（Marcos, Ferdinand E.）
マンダルヨン市（Mandaluyong City）
民族民主戦線（National Democratic Front, NDF）
ミンダナオ（Mindanao）
ムスリムミンダナオ自治区（Autonomous Region of Muslim Mindanao, ARMM）
メトロマニラ開発局（Metropolitan Manila Development Authority）
メラルコ電力会社（Manila Electric Company, MERALCO）
メンディオラ（Mendiola）
モニュメント（Monument）
モロ（Moro）
モンテンルパ市（Muntenlupa City）

▶や行
ユーピー（University of the Philippines, UP）

ユニセフ・フィリピン（UNICEF-Philippines）

▶ら行
ラグナ（Laguna）
ラスピニャス市（Las Piñas City）
ラモス・F・V（Ramos, Fidel V.）
リサール（Rizal）
リサール公園（Rizal Park）
ルソン島（Luzon Island）
ルネタ公園（Luneta Park）
ルマッド（Lumad）
労働協約（Collective Bargaining Agreement）
労働組合全国連合（National Federation of Labor Unions-KMU, NAFLU-KMU）
労働雇用省（Department of Labor and Employment, DOLE）
労働人権センター（Center for Trade and Human Rights）
ロハス・ブルーバード（Roxas Boulevard）

索 引

▶A〜Z

A・J・パディラ　151, 177
A・M・カラオス　145
C・アキノ　53
E・ポリオ　160
G・バティステラ　93, 117
I・ウオーラースティン　8
J・A・タイナー　117
J・フリードマン　8
L・ロック　110
MA・L・G・レブリダ　25
M・A・マルージャ　93, 117
M・カステル　14
M・チョストフスキー　24
P・アロック　14
R・K・マートン　48
S・P・ゴー　93
S・サッセン　8, 25
T・V・ネーセン　59
W・B・キム　96
Z・バウマン　14

▶あ行

愛国者同盟　52-54, 60
新しい貧困　14
新たなインフォーマル職種　37, 39-40, 174
新たな中間層　12
新たな貧困　14, 25
新たな労務層　11
アンダークラス　14
イボン　42-43, 61-62
インフォーマル化　63
インフォーマル職種　88, 111

インフォーマル部門　4, 8-13, 15, 20, 24-28, 36-37, 39, 41-42, 46, 58, 64, 68, 88, 111, 116, 135
ウオーラースティン　23
運動の環境　135
運動の条件　134
運動の組織　137
永久的ホームレス　151

▶か行

海外雇用庁　95, 100, 102-103, 112
海外出稼ぎ者　23, 94, 102
海外出稼ぎの専門職化　118
海外出稼ぎの要因　93
外国出会い型　108
陰の世帯　92
可視的ホームレス　151, 173
過剰都市化　9, 12, 16, 25-26, 121
過剰都市化論　7, 9, 12, 14-17, 20, 23-24, 27, 121
家政婦　98, 100, 104-105, 107, 117, 177
家族収入消費調査　55, 59
カダマイ　137-138, 142
価値・期待モデル　92
希望のインフォーマル部門　28
旧中間層　11, 25, 27
旧富裕層　11
業者仲介型　108
行政仲介型　108
居住権運動　126, 131
居住権概念　139
グローカリゼーション　17
グローバル都市　7-9, 13, 17, 18, 115, 117

索 引 205

グローバル都市化　12, 26
グローバル都市化論　15
グローバル都市論　9
経済のグローバル化　3, 8-9, 11, 13-14, 17, 19-21, 23-26, 42, 44, 107, 115, 118, 120, 125, 143, 149, 151, 175-176, 178, 181
契約化　38, 44, 95, 107, 174
建設業　64
現代の放浪者　151
郊外化　20-21, 122, 145
工業化なき都市化　23
高生産性部門　37
構造的な相補性　96
公定の最低賃金　56
五月一日運動　49, 51-56, 60-62, 142
国際結婚　95, 98, 108
国際労働機構　10
国際労働機構（フィリピン支部）　36, 42, 46
国内出会い型　108
国内出稼ぎ者　109, 115
国家経済開発局　30
国家住宅計画　127, 141
国家統計局　31, 36, 43, 46-47, 55, 59, 117, 178
国家統計調整局　46, 55, 113, 117
コミュニティ抵当事業　125-126, 128-129, 133
雇用の契約化　38

▶さ行
再居住政策　126-129
最低生活費　43-45, 55, 61, 84, 86-88, 164
最低賃金　29, 34, 39-40, 42-45, 47, 49, 54-57, 61-62, 66-67, 75, 83, 86-89, 100, 102, 163, 174
佐藤忍　93
産業平和法　49
ジェイ・エフ・シー　107
社会情勢観測所　22, 26, 28, 60, 94
社会福祉開発省　161, 163, 177-178, 180
柔軟化　44
首座都市　9, 12, 23
首座都市研究　12
状況の定義　26, 47-48
新国際分業　8, 23
新中間層　11, 13, 15-16, 20, 22-23, 25, 27, 37, 41, 59, 91, 115
新中間流層　14
新中流層　13, 16, 20-23, 25, 27, 40
新貧困　7, 14, 45-46, 68, 88, 119, 135
新貧困層　14-17, 23, 27, 69, 86, 88, 149, 181
新富裕層　11, 13, 23, 25, 27, 37
新労務　7, 14, 38, 42, 63, 68, 88
新労務仮説　37
新労務者　88
新労務職種　25
新労務層　13-17, 20, 23, 29, 38, 69, 86, 91, 95, 149, 181
スクオッター・ホームレス　153-154, 159, 168, 172-173, 178
ストリート・エルダー　178
ストリート生活者　166, 172
ストリート・チルドレン　151, 158-165, 167, 170, 176-179
ストリート・ピープル　14, 173
ストリート・ファミリー　159, 179
ストリート・ホームレス　154

頭脳流出　　　92, 99, 101, 110-112
スモーキー・マウンテン　　65, 130, 132, 134, 136, 146, 183
スモーキー・マウンテンⅡ　　146
スラム改善事業　　127-129, 133
　制度改革型　　141-142
世界システム論　　8
世界都市　　8-9, 26
世界都市化　　8-9, 23
世界都市化論　　23
世界都市論　　9, 23-24
絶望のインフォーマル部門　　28
全国住宅局　　153, 164, 170, 178
相対的剥奪感　　28

▶た行
体制変革型　　141-142
大統領令772号　　126-127, 141
第二次都市　　20
高山正樹　　24
宅地開発事業　　129, 133
田坂敏雄　　23-24
田巻松雄　　27, 96
チェーン・マイグラント　　177
中枢都市　　8, 11-12, 17, 20, 23, 26-27
低生産性部門　　37
出稼ぎ産業　　103
出稼ぎ政策　　95, 100
出稼ぎの女性化　　107-108
撤去優先地区　　121-122, 127
ドーナツ化　　21, 122
都市インヴォリューション　　12, 25
都市開発住宅法　　127, 130, 139, 141, 171, 176
都市下層　　3, 26
都市雑業　　12-14, 25

都市底辺層　　3-5, 13, 15-16, 22, 46-48, 59, 64, 68, 121-122, 143, 145, 175-176, 181-182
都市土地改革　　139-142
都市貧困　　16
都市貧困層　　9-10, 12, 14-16, 25, 46, 119
都市貧民問題大統領委員会　　46, 59, 126
トンド第一区組合　　134, 146

▶な行
中西徹　　37, 106
新津晃一　　10, 41
ニュー・ホームレス　　150, 172-173, 176

▶は行
ハシク　　124
服部民夫　　26
パヤタス　　61, 121, 130, 136-138, 142, 146
バランガイ　　30, 57, 93, 131-132, 137-138, 143, 146
ハリス＝トダロ・モデル　　93, 116
半失業　　10, 21, 27, 31, 57, 100, 105-106, 178
半失業者　　34, 57, 65, 105
半失業率　　34, 106, 117
非正規居住地区　　24
貧困線　　14, 25, 28, 34, 37, 45-46, 55-57, 59, 61, 76, 87, 89, 124-125, 145
貧困の共有　　106
貧困発生率　　28, 46-48, 55, 106, 117, 124
フィリピン労働法典　　43, 58, 71-72, 100
フォーマル　　10
フォーマル部門　　8-13, 15, 20, 24-25,

28, 36-39, 41-42, 63-64, 68, 88, 116
フォーマル部門直接依存部門　41
フォーマル部門のインフォーマル化　38, 68
フォーマル部門の新インフォーマル職種　39
複合的都市化　26
プッシュ・プル理論　93, 116
船津鶴代　26
不法占拠居住地区　24
フリードマン　20, 23, 26
旧い中間層　12
プロフェッショナル・スクオッター　129, 145
ホームレス警察官　28
ホームレス・ファミリー　153
穂坂光彦　24
ホセ・ファベラ・センター　156, 160-161, 165, 168

▶ま行
マニラ・ジプシー　151
無権利居住地区　24
無資格出稼ぎ者　93, 112-113, 118

▶や行
山崎圭一　26
山本郁郎　106
予言の自己成就　48
弱い国家　19, 26, 144

▶ら行
流動的貧困層　22-23, 27
労働　44
労働協約　42, 44, 50-52, 54, 59, 78, 87
労働組合全国連合　51, 54, 60-61, 66, 68, 89
労働組合連合　51
労働雇用省　38, 42, 44, 49, 52, 57-58, 100, 102
労働のインフォーマル化　13, 15, 21, 29, 37-38, 46, 48, 174
労働の柔軟化　95, 174
労働の女性化　44, 107
労働法典　59
労務層　12

▶わ行
ワーキング・チルドレン　178

■著者紹介

青木　秀男（あおき　ひでお）

現　　職　特定非営利活動法人社会理論・動態研究所所長
最終学歴　大阪市立大学大学院文学研究科社会学専攻博士後期課程
　　　　　単位取得の上退学
学　　位　社会学博士（筑波大学）
主　　著　Japan's Underclass: Day Laborers and the Homeless. Trans Pacific Press, 2006.
　　　　　『ホームレス・スタディーズ ― 排除と包摂のリアリティ』（編著）ミネルヴァ書房、2010 年
　　　　　「ホームレスの国際比較のための方法序説 ― フィリピン、日本、アメリカを事例に」『理論と動態』5 号　特定非営利活動法人社会理論・動態研究所、2012 年

マニラの都市底辺層
― 変容する労働と貧困 ―

2013 年 10 月 25 日　初版第 1 刷発行

■著　者──青木秀男
■発 行 者──佐藤　守
■発 行 所──株式会社 大学教育出版
　　　　　　〒 700-0953　岡山市南区西市 855-4
　　　　　　電話(086)244-1268㈹　FAX(086)246-0294
■印刷製本──モリモト印刷㈱
■Ｄ Ｔ Ｐ──北村雅子

© Hideo Aoki 2013, Printed in Japan
検印省略　　落丁・乱丁本はお取り替えいたします。
本書のコピー・スキャン・デジタル化等の無断複製は著作権法上での例外を除き禁じられています。本書を代行業者等の第三者に依頼してスキャンやデジタル化することは、たとえ個人や家庭内での利用でも著作権法違反です。

ISBN978-4-86429-236-8